国家环境保护义务论

The State Obligation of
Environmental Protection

陈海嵩 著

图书在版编目(CIP)数据

国家环境保护义务论/陈海嵩著. —北京：北京大学出版社，2015.11
ISBN 978-7-301-26465-2

I. ①国… II. ①陈… III. ①环境保护—义务—研究—中国 IV. ①D922.684

中国版本图书馆 CIP 数据核字(2015)第 259709 号

书　　　名	国家环境保护义务论
	Guojia Huanjing Baohu Yiwu Lun
著作责任者	陈海嵩　著
责任编辑	郭瑞洁
标准书号	ISBN 978-7-301-26465-2
出版发行	北京大学出版社
地　　　址	北京市海淀区成府路 205 号　100871
网　　　址	http://www.pup.cn
电子信箱	law@pup.pku.edu.cn
新浪微博	@北京大学出版社　@北大出版社法律图书
电　　　话	邮购部 62752015　发行部 62750672　编辑部 62752027
印　刷　者	北京大学印刷厂
经　销　者	新华书店
	730 毫米 × 1020 毫米　16 开本　13.75 印张　239 千字
	2015 年 11 月第 1 版　2015 年 11 月第 1 次印刷
定　　　价	38.00 元

未经许可，不得以任何方式复制或抄袭本书之部分或全部内容。
版权所有，侵权必究
举报电话：010-62752024　电子信箱：fd@pup.pku.edu.cn
图书如有印装质量问题，请与出版部联系，电话：010-62756370

国家社科基金后期资助项目
出版说明

后期资助项目是国家社科基金设立的一类重要项目,旨在鼓励广大社科研究者潜心治学,支持基础研究多出优秀成果。它是经过严格评审,从接近完成的科研成果中遴选立项的。为扩大后期资助项目的影响,更好地推动学术发展,促进成果转化,全国哲学社会科学规划办公室按照"统一设计、统一标识、统一版式、形成系列"的总体要求,组织出版国家社科基金后期资助项目成果。

全国哲学社会科学规划办公室

目 录 | Contents

第一部分　国家环境保护义务的发展源流

第一章　国家环境保护义务的缘起 / 3

3　第一节　国家类型及其任务的历史变迁

8　第二节　环境保护国家任务的兴起

15　第三节　国家环境治理的典型措施

第二章　国家环境保护义务的目标与定位 / 26

26　第一节　现代环境治理中的国家形象

30　第二节　环境国家：国家环境保护义务的目标

36　第三节　"环境国家"中国家权力的定位

第二部分　国家环境保护义务的理论释义

第三章　国家环境保护义务理论渊源之辨析 / 57

57　第一节　基于演绎法的"基本权利—国家义务"研究进路

75　第二节　基于归纳法的"国家目标条款"研究进路

85　第三节　两种研究进路解释力之比较

第四章　国家环境保护义务的构成 / 88

88　第一节　环境保护国家任务类型划分的标准
94　第二节　国家的现状保持义务
99　第三节　国家的危险防御义务
110　第四节　国家的风险预防义务

第三部分　国家环境保护义务的实践展开

第五章　我国实现国家环境保护义务的路径分析 / 131

131　第一节　实现国家环境保护义务的规范路径
136　第二节　实现国家环境保护义务的实践路径

第六章　我国实现国家环境保护义务的制度结构 / 144

144　第一节　实现现状保持义务的制度设计
164　第二节　实现危险防御义务的制度设计
181　第三节　实现风险预防义务的制度设计

参考文献 / 198

第一部分

国家环境保护义务的发展源流

第一章 国家环境保护义务的缘起

第一节 国家类型及其任务的历史变迁

随着生产力的发展与社会组织化程度的加深,出于公共事务及管理的需要,"国家"得以出现并逐步发展为人类社会的基本组织形式。从词源上看,英文、法文、德文、意大利文和西班牙文中的"国家"一词都来自拉丁词根 Status。Status 的本义是立场、状况、条件或身份。中世纪的学者把 status 当成政治术语,既指统治者的优越地位和条件,也指王国的地位。现代英语中的 State 一词即从中而来,是特指国家的一个具政治色彩的概念,指"在国家疆域内建立政权并通过一系列制度实施权威的政治社会"。① 马克斯·韦伯则对近代意义上的国家给出了经典定义:在一既定领土内成功地要求对物质力量的合法使用实行垄断的人类社会。②

纵观历史上,尤其是西方社会国家的发展,国家类型的变化并不是以一种平和的方式发展的,每次都经历了巨大的变革。在经历的每个国家类型阶段,它都具有自己不同于其他阶段的明显特征。可以说,随着社会与时代的变迁,国家的基本职能也在不断发生着变化。根据德国学者沃尔夫的划分,历史上的国家类型主要包括:古代国家、中世纪国家、等级制国家、警察国、公民法治国、绝对领袖国等。就国家与法的关系而言,古代国家和中世纪国家并非现代意义上的主权国家,行政活动主要依靠个人关系而非权限与机构,不存在普遍适用的法律。在 14 世纪至 17 世纪的等级制国家中,统治的基础不再基于个人关系而是版图(领土),"国家"已经按照领主等级制而建立起来。此时,尽管存在司法的监督,但并没有超越国家权力之上的统一的、普遍认可的法律,不存在真正意义上的行政法。③ 应该说,前述国家类型都并非近代意义上的国家,缺乏明确的理论以明确国家职能。只有在等级制逐步正式化、法律化后,近代意义上的"国家"才得以出现,并转变为法学上的国家

---

① 燕继荣:《政治学十五讲》,北京大学出版社 2004 年版,第 45 页。
② 吴志华:《政治学原理新编》,华东师范大学出版社 1998 年版,第 40 页。
③ 参见〔德〕汉斯·J. 沃尔夫等:《行政法》(第一卷),高家伟译,商务印书馆 2002 年版,第 58—68 页。

理念。具体而言,近代意义上的国家包括警察国家、自由法治国、社会法治国等不同阶段,并产生相应的国家任务。

一、警察国家中的国家任务

在17世纪末期,欧洲大陆各国君主为了争取民心、强化国力,纷纷对传统的封建等级制进行改革,出现"警察国家"的理念及实践。在理论上,警察国家立基于英国著名学者霍布斯的国家学说。霍布斯的国家学说是在反对封建制度及其精神支柱——基督教神学的激烈斗争中提出来的。作为性恶论的代表人物,霍布斯认为,在缺乏公共权力的情况下,人们便在天性的驱使下互相侵犯,导致"一切人反对一切人的战争"。为此,就必须把大家的权力和力量托付给某一个人,或一个能通过多数的意见把大家的意志化为一个意志的多人组成的集体,通过相互签订契约的过程,使全体真正统一于唯一人格之中,便形成了国家。根据霍布斯的定义,国家是"一个人格,一大群人相互订立契约,使他们每个人都成为这个人格的一切行为的主人,以便在他认为适当时,为了大家的和平与共同防卫运用全体的力量和手段"。① 如此,国家是一个无比强大的"利维坦"(Leviathan),国家要存在并履行其保卫和平与安全的职能,就必须拥有与这一职能相关的全部的、至上的权力,而臣民应服从主权者的权力。

正是在将国家视为全能、神圣的"利维坦"式霍布斯学说的基础上,各国君主出于竞争的需要,采取了"开明专制"的方式并赋予警察部门极大的行政权力,对社会活动采取强制干预,造成了一种国家与市民社会相互重叠的状况。在"警察国家"中,"警察行为"不仅仅是一种维持社会治安秩序的"治安警察",还是一种提供人民外在幸福的"福利警察"。国家控制了大部分的经济生活及私人领域,除了担负纯粹保护的任务之外,还要提供诸如交通道路、用水供应、医疗设施等社会服务。② 此时,国家行使权力的行为已逐步摆脱无规则的状态,而是制定并公布各种法规来约束人民,法律和司法的重要性日益提升,并产生了影响极大的"国库理论"(Fiskustheorie)。该理论将国家分为两种法人形态:私法人和国家法人。私法人是解决国家与人民之间财产关系而产生的法人,此时,国家被视为一种"财产集合体",由国库作为权利义务的主体,具体由专门的公务员进行管理。在出现相关争议时,由该公务员作为代表与人民在普通法院进行诉讼。相对的,国家法人则代表传统意

---

① 〔英〕霍布斯:《利维坦》,黎思复、黎廷弼译,商务印书馆1997年版,第131—132页。
② 〔德〕哈特穆特·毛雷尔:《行政法学总论》,高家伟译,法律出版社2000年版,第14—15页。

义上的国家角色,在国内行使统治权,不接受法院的审判。国库理论的出现,使国家和人民在财产案件上具有了平等的地位,打破了专制国家中国家与君主财产不分的情况,代表了警察国家在法治上的进步性。① 总体而言,警察国家中尽管已出现了法治的雏形,但社会仍然处于国家(君主)权力的绝对控制下,国家是一个巨大的"利维坦"。君主拥有干预人民生活的权力,个人则必须加以忍受。

二、自由法治国中的国家任务

18 世纪末和 19 世纪初,由于受到法国大革命的影响,以启蒙思想和理性主义为基础的自由主义思想逐渐兴起,并极大地冲击到君主制度。开明专制也不再是理所当然的政府形式而受到批评。在国家学说上,自由主义者要求取缔全能的警察国家,削弱绝对统治的色彩,实行某种程度的宪法统治。威廉·洪堡的著作《论国家的作用》即代表了这一时期的主流自由主义思想。洪堡认为,国家本身不是目的,而是一种附属手段,作为目的本身的人不能为了国家而被牺牲。国家的目的是保护所有人的最充分的自由的发展,它的主要任务是关心公民的"负面福利",即保护个人权力免遭内部的破坏和外部的威胁。②

在自由主义思想的影响下,19 世纪欧洲各国自由市民阶层纷纷起来反对以君主及其行政机器为表现形式的国家管制和监督,要求将国家行政的活动范围限制到为保护公共安全和秩序、消除危险所必要的限度之内。③ 在法学上,这一国家类型的变迁是立基于法哲学家康德所提出的理性主义法律观。康德提出,法是以自由为依据的普遍法则,国家必须通过法律来规范个人的自由。国家是人类理性的产物,是"许多人依据法律组织起来的联合体"④。在此基础上,康德提出了"法治国"(Rechtsstaat)的概念,并由其后的法学家加以完善。具体而言,法治国是理性的法治国家,即:国家在人的共同生活秩序中实现了理性原则,它包括三个方面的内容:(1) 正式脱离了超越于人的国家形象和国家目的的设定,即国家并非为神所赐或者是神化的秩序,而是为了所有个体福利的政治共同体。国家秩序立基于单个的、拥有同等自由的、自决的个体与其在俗世的生活目的。(2) 国家的目的与任务是保障人身与财产的自由与安全,确保个人自由并使个人的发展成为可能。(3) 根据

---

① 陈新民:《行政法学总论》(修订七版),三民书局 2000 年版,第 12—14 页。
② 徐健:《19 世纪初德国的自由主义国家理论及其实践》,载《北京大学学报》2007 年第 2 期。
③ 〔德〕哈特穆特·毛雷尔:《行政法学总论》,高家伟译,法律出版社 2000 年版,第 16 页。
④ 〔德〕康德:《法的形而上学原理》,沈叔平译,商务印书馆 2005 年版,第 138 页。

理性原则来组织和规制国家行为。首先应承认公民基本权利、法律面前人人平等、财产权保障,其次是法官独立、司法保障、法律至上、代议制及其对立法权的分享。①

由于强调个人自由、排除国家干预,原初意义上的法治国被称为"自由法治国"(Liberaler Rechtsstaat)。自由法治国时代最主要的两个特征在于:第一,在个人、社会和经济领域,实行以自由竞争原则为基础的全面放任原则;第二,市民社会领域的法律保留。国家对经济社会和公民自由的干预,必须得到法律的授权。② 在某种意义上,自由法治国的实质是"为了保障人民'合法获得之权利'(WohlerworbeneRechte),并利用最严密的法律制度以及立法技术,将国家权力局限在法律所预定的范围之内,以保障人民的自由权利。"③在国家任务上,根据康德的观点,法治国中国家的任务是通过法律给予公民一个自由的空间并对此加以协商与保障,这是公民个人所不能的。至于公民个人所能做的,即追求幸福与福利,则不必由国家包办,而应放手让他们自己自由地寻找。假如国家像父亲关照子女那样对待臣民,亲躬他们的福利,这是最大的专制。④ 简言之,国家应扮演消极的"守夜人"角色,其任务仅仅在于维护社会正常运行所必需的安全秩序,以确保人民拥有最大程度的自由。

三、社会法治国中的国家任务

在自由法治国中,国家奉行"管得最少的政府是最好的政府"的信条,对社会生活实行消积不干预的政策。这方面最形象的表述是:"直到 1914 年 8 月,除了邮局和警察以外,一名具有守法意识的英国人可以度过他的一生却几乎没有意识到政府的存在。"⑤随着资本主义日益从自由竞争走向寡头垄断,由于自由放任政策而引发的一系列社会问题日益显现,如社会呈畸形发展,贫富差距日益拉大,阶级对立日趋严重。第一次世界大战结束后,由于战争引发的民生凋敝,使得社会更加动荡不安。此时,人们已不再满足于国家仅仅扮演"守夜人"的角色,而是要求其应积极地解决社会问题,实现社会正义。正如当时的学者所指出的,根据法治国的要求,政府必须履行三项职责:

---

① Bleckmann, Staatsrecht I-Staatsorganisationsrecht, Muchen: Carl Hezmannns Verlag KG, 1993, S. 188—189ff.
② 于安编著:《德国行政法》,清华大学出版社 1999 年版,第 3 页。
③ 陈新民:《德国公法学基础理论(上)》,山东人民出版社 2001 年版,第 115 页。
④ 郑永流:《法治四章》,中国政法大学出版社 2002 年版,第 89 页。
⑤ 〔英〕韦德:《行政法》,徐炳等译,中国大百科全书出版社 1997 年版,第 1 页。

国家防御、维持国内安全与秩序、司法。而在今天,仅是这三项服务已远远不够。在整个世界范围内发生的经济与工业的深刻变迁逐渐创设出各种新的、政府所担负的义务。① 有学者深刻地指出,自由法治国理论极力强调保障个人自由,但在社会不平等和阶级分化的情形下,政府为保障人民自由之不干预,反而成为有利于社会经济地位较强者之干预。② 20世纪30年代的大萧条彻底粉碎了人们关于私法神圣、市场万能的神话,希望政府有所作为,对社会进行全方位干预和积极影响成为公众普遍的要求。在此社会情形中,法治国的重心从个人自由逐步转向社会公平,形成了"社会法治国"(Soziale Rechtsstaat)理念。

"社会法治国"以促进社会正义为出发点,认为贫富差距是不良的社会制度所导致;国家应大力振兴经济,增加工作机会,扶助占社会大多数的中下阶层人民。这一理念集中反映在1919年德国《魏玛宪法》中。《魏玛宪法》第151条以下特别提到国家在经济生活方面的基本原则,乃在于达到保障所有国民都有能过符合人类尊严的生活。③ 就国家任务而言,根据社会法治国的要求,国家应提供个人需要的社会安全,要为公民提供作为经济、社会和文化等条件的各种给付和设施。1938年,德国著名公法教授福斯多夫(Ernst Forsthoff)发表了《当作服务主体的行政》一文,提出了"服务行政"的理论,集中反映了社会法治国中国家任务的变化。福斯多夫指出,法治国家之原则,是依法律来治理国家以及保障人权。但是,在20世纪这种情形已有改变。人民总是先求能够生存,才能要求享有自由。国家因此负有广泛照料人民生存照顾的义务,并受这种义务的约束。国家唯有提供生存照顾,确保国民的生存基础,方可免于倾覆之命运。自由主义法治国家的价值理念应进行检讨。"每个人都应该自求多福"是过去社会的信条,今日的社会,人民不再依赖传统的基本人权,而是依赖"分享权",这一新兴的"分享权"唯有依赖公权力的介入,方可实现其功能。④ 第二次世界大战后,随着国家作用的变迁和行政领域的扩大,政府在为人民提供物质帮助和各项服务方面的职责越来越突出,"生存照顾"成为国家的重要任务,表现为各种各样的行政给付行为,即国家所采取的积极提高、增进国民福利的公共行政活动。具体包括:通过

---

① 〔法〕莱昂·狄骥:《公法的变迁·法律与国家》,郑戈、冷静译,辽海出版社1999年版,第51页。
② 葛克昌:《国家与社会二元论及其宪法意义》,载《国家学与国家法》,月旦出版有限公司1996年版,第45页。
③ 陈新民:《行政法学总论》(修订七版),三民书局2000年版,第21—22页。
④ 陈新民:《"服务行政"及"生存照顾"概念的原始面貌》,载陈新民:《公法学札记》,中国政法大学出版社2001年版,第53页。

公共设施、公共企业,进行社会、经济、文化性服务的提供(供给行政);通过社会保障、公共扶助等进行的生活保护、保障(社会保障行政);资金的交付、助成(资助行政)。① 总体而言,社会法治国突破了传统自由主义对国家"消极无为"的束缚,强调国家应基于"生存照顾",通过积极行为,在社会、经济、文化等领域提供人民生活所必要的条件,积极地介入社会秩序的形成。在学说上,这方面的典型即为第二次世界大战后兴起的新自由主义法学派,其主张国家应当全面承担各种社会责任,广泛干预社会生活,积极解决各种社会问题,从而在建设一个既有公平又有效率,既有自由又有秩序的社会中发挥积极作用。②

综合上述对于国家类型及其特征的描述,可以对近代化以来国家形态的变迁进行概括:在第一阶段——警察国家中,警察和公务员对领主承担绝对的责任,行政活动范围广泛深入市民社会的各个方面,行政权力表现为不受法律约束或是法律赋予行政机关和领主的特权。在第二阶段——自由法治国中,行政权力对市民社会的干涉被最小化,仅在明确授权的情况下可以对公民的权利加以干预,行政权力被最大限度地缩小和限制。在第三阶段——社会法治国中,因应生存照顾的需要,国家权力提供公民所需要的经济、社会、文化等条件。一言以蔽之,国家公权力在受到法律约束的前提下,逐步深入社会的各个方面。

第二节 环境保护国家任务的兴起

一、环境问题的出现及演变

人类作为自然界的一员,在开始学会利用工具"改造"自身所居住的自然环境之前,同其他动物并无本质区别。在原始人类时期,人口的数量、生产力水平、社会发展都极为有限,人类对环境的影响尚未超出自然环境的调节能力,未对环境造成危害后果。环境问题的出现,开始于人类能够制造工具和驯化动物、培育植物,出现农业和畜牧业之后。从这一时期开始,人类活动对于自然界的影响才慢慢显示出来。在这个意义上讲,自人类文明进入农业时代开始,环境问题就一直存在。此时,为从自然界中获得更多的生活资料,人类开始开垦荒地、放牧牲畜,并向环境排放人类的代谢产物及农业、牧业废

---

① 〔日〕南博方:《行政法》(第六版),杨建顺译,中国人民大学出版社2009年版,第32—33页。
② 张文显:《二十世纪西方法哲学思潮研究》,法律出版社2006年版,第206页。

物,出现了过度开垦、过度放牧、植被破坏等问题。另外,城市的出现也造成了小范围的集中污染问题。但从整体上讲,此时的环境问题还仅限于局部范围,人与自然的矛盾并不突出。

环境问题的集中出现与爆发,是在近代工业革命之后形成的。以蒸汽机的发明为标志,机器劳动日益代替人工劳动,生产力水平迅速提高,人类改造、利用自然界的规模和强度得到了惊人的发展。在工业革命的巨大成就影响下,当时主流的观念认为,自然资源是无限的。一方面,自然资源是人们取之不尽用之不竭的生产、生活来源;另一方面,自然界具有无限的纳污、自净和更新能力。工业文明的成就,正是建立在人类利用自然界提供物质生活资料的"恩惠"和吸收废弃物的"宽容"基础上。① 而工业革命后兴起的资本主义体制为此提供了社会机制。在资本主义体制下,大自然作为无限的资源成为企业和个人自由利用的对象,资源只能在维持其价值的水平上得到保护。因此,随着资本主义的发展,环境依照私营企业的意志而任意改变,从而破坏了人类生存和生活环境的一体性和自然的内在秩序。②

如此,经济的增长随着工业文明的发展,使得生态环境所能承受的生态压力日益接近极限,资源环境的有限性与经济增长的无限性的矛盾逐渐尖锐起来,并以环境污染事件的形式显现在社会当中。从 20 世纪 30 年代开始,一系列公害事件在世界各国发生,被统称为"八大公害事件"③。进入 20 世纪下半叶后,环境污染与生态破坏问题不断恶化,打破了区域和国家的疆界演变成为全球性和长远性问题,对人类的生存与发展构成了严重的威胁。全球性生态环境问题主要有:荒漠化日益严重、森林资源的消失、野生动植物大量灭绝、人口急剧增长、饮用水资源日益短缺、能源的枯竭、渔业资源逐渐减少、普遍的环境污染、臭氧层空洞、温室效应。④

正如马克思所言,"文明如果是自然地发展,而不是自觉地发展,则留给自己的是荒漠"。⑤ 如果任由环境状况继续恶化,人类文明将不复存在。唯有重新看待人与自然的关系,对工业文明"自然无限"和经济增长的理念予以反思,才能保证人类社会的存续。环境保护的提出及发展,正是在人与自然关系问题上,人类从自发走向自觉的写照。尽管在历史上,不乏洞察到工

---

① 高中华:《环境问题抉择论》,社会科学文献出版社 2004 年版,第 36 页。
② 〔日〕宫本宪一:《环境经济学》,朴玉译,三联书店 2004 年版,第 76 页。
③ 包括:马斯河谷烟雾事件(1930 年)、洛杉矶光化学烟雾事件(1943 年)、多诺拉烟雾事件(1948 年)、伦敦烟雾事件(1952 年)、水俣病事件(1953 年)、四日市哮喘事件(1955 年)、米糠油事件(1968 年)、痛痛病事件(1931—1972)。
④ 陈埔成:《全球生态环境问题的哲学反思》,中华书局 2005 年版,第 30—33 页。
⑤ 《马克思恩格斯选集》第 1 卷,人民出版社 1972 年版,第 256 页。

业文明造成对人与自然之间矛盾的智者和身体力行保护自然的先行者,如梭罗在1854年出版著名的《瓦尔登湖》一书,提出"人要瞻仰大自然",应"在荒野中保护世界"的观点,并在1858年首先提出设立国家自然保护区的设想,被誉为"美国环境保护主义的先驱"。① 但直到20世纪60年代,环境保护并未引起公众的关注和重视,缺乏必要的社会基础,只能通过个别先行者的努力艰难地加以推进。1962年,美国生物学家蕾切尔·卡逊出版了《寂静的春天》(The Silent Spring)一书,揭露了因过度使用杀虫剂等化学药品而导致的环境污染和生态破坏问题,引起社会各界对环境问题的广泛关注。随着一系列问题的揭露,人们的环境意识得以被"启蒙"。1970年4月22日,世界上第一个"地球日"(Earth Day)活动在美国举行,共2000万人参加集会,要求政府采取措施保护环境,代表着环境保护运动的兴起。1972年6月5日,联合国召开第一次人类环境会议,通过《人类环境宣言》,呼吁各国政府和人民为维持和改善人类环境,造福各国人民和后代而共同努力,代表着环境保护在世界范围内获得普遍认可。

概括而言,从思想观念的角度看,尽管环境问题古已有之,但人类的环境保护观念并不是由于出现了环境问题才产生的。环境保护的思想,是20世纪70年代之后人们形成的共识,是在人类感受到自身面临困境之后进行反思的结果。② 而从行为角度看,环境保护则经历了一个从个别人自发举措和呼吁,到全社会自觉行为的过程。

二、环境保护国家任务的必要性

(一) 环境质量的公共物品属性

人类社会对于环境问题的认识,是随着环境保护的兴起而逐步深化的,而环境保护运动的最大诉求,即要求一个清洁、良好的生活环境。从经济学的观点看,"良好的环境"正是一典型的公共物品(public goods)。所谓公共物品,是指既没有排他性(可以阻止一个人使用某物品的特征)也没有竞争性(一个人使用某物品减少其他人使用该物品的特征)的物品。③ 对于环境质量的使用,即具有非排他性和非竞争性的特点:(1) 作为人类生存和发展的基础,环境资源具有共享性,个体对环境资源的依赖和享用,并不妨碍他人同时得到相应的消费。环境公共物品不能为任意单独的私人排他地享有,这

---

① 陈虹:《寻求荒野》,三联书店2001年版,第109页。
② 林娅:《环境哲学概论》,中国政法大学出版社2000年版,第40页。
③ 〔美〕曼昆:《经济学基础》,梁小民译,三联书店2003年版,第232页。

就意味着环境资源在供某个人或某一部分人利用的同时不能排除其他人的利用,从而产生了"搭便车"的现象。(2)环境资源在消费上具有非竞争性,即环境公共物品每增加一个单位的消费,其边际成本为零。良好的环境质量是大自然的赋予,只要人类不破坏,它的生产已经完成。环境污染使环境质量遭到破坏,此时环境公共物品就需要采取相应治理措施才能达到。由于环境自净能力的存在,每增加一个单位的环境公共物品的供给,并不需要相应增加一个单位的成本。

另外,环境质量还涉及整体不可分割的公共物品问题。有的环境质量商品的范围较小,如花园、公园主要属于社区;有的环境质量商品范围较大,如清洁的水、森林等环境效益属于整个地区或国家;有的环境质量商品范围更大,超出了国界而具有国际意义,如跨国界河流的保护、海洋资源与环境的保护、大气环境与臭氧层保护等等。① 可见,环境质量作为一种公共物品具有不可分割性,环境质量的供给与消费也涉及大范围内的公共利益,具有强烈的跨地域性和广泛性,环境问题从区域性向全球性扩展,从局部性向整体性的发展历程正是说明了这一点。不可分割和广泛性更加强化了环境质量作为公共物品的属性。

(二)环境保护中的市场失灵及其克服

在现代社会中,市场在资源配置中起到基础性作用,私人物品的市场与消费,都由市场完成。但经济学家普遍认为,由于市场自身的缺陷(市场失灵),市场无法自动形成公共物品的良好供给机制。"仅仅依靠市场力量,不能在公共物品和私人物品之间使资源配置达到最优,非排他性直接导致资源配置的价格价值失去作用。受到影响的公共物品,也包括'一个清洁的环境'。"②具体而言,在环境保护领域造成市场失灵的原因主要有:

1. 环境资源的产权难以明晰。市场机制能充分发挥作用的前提是存在明确的、安全的、可转移的产权,但这一点在环境与资源保护领域中往往难以实现,存在三种情况:(1)环境资源产权不存在或不安全,如空气、阳光、地下水、环境容量等重要环境要素,由于不是传统意义上的财产和特殊的物质形态,使其权属难以明确划定,造成事实的零价格,也就无法形成市场;即便法律规定归国家所有,由于缺乏有效的监督机制,所有者与使用者之间的产权关系也相当模糊。(2)部分环境资源在市场中没有充分反映其价值。如森

---

① 杨云彦主编:《人口、资源与环境经济学》,中国经济出版社1999年版,第317页。
② 〔瑞典〕托马斯·思德纳:《环境与自然资源管理的政策工具》,张蔚文、黄祖辉译,上海人民出版社2005年版,第39页。

林被砍伐后,木材的价格只反映了劳动和资本成本,未反映森林生态功能及其价值的损失所带来的成本,造成资源价格的扭曲和使用上的浪费;又如,有些资源虽在一定意义上存在市场,比如许可使用、按量付费,但由于使用权垄断、价格偏低等问题,没有反映生产中资源耗费的机会成本,也使得市场无法发挥作用。(3)由于法律或政治上的原因,环境资源进入市场往往存在较大的障碍。这使得一些资源的市场上参与者很少,相互之间的竞争很弱,无法形成完全竞争,是一种所谓的"薄市场",也无法有效发挥市场机制的功能。①

对于环境产权的缺失造成环境破坏的经典论述,是哈丁所提出的"公地的悲剧"。哈丁指出,在一个对所有人开发的草场,由于每个牧民都试图使自身利益最大化,最终的结果是牧场退化甚至是毁灭。现实中,大气层已成为化石燃料燃烧所产生的废气的排放地,海洋已经成为运输废物、石油污染物、核废料、生活污水及其他废物的排放地。② 这一著名论断明确揭示了产权不明晰与环境问题的相互关联。有学者即提出,环境质量之所以恶化,关键在于人们所使用的资源在所有权上规定得不够严密。大气、水、共有土地传统上就是公共拥有的财产,人们早已习惯可以随意使用这些资源,当需求上升到某种程度时就不可避免地产生损害。③ 应该说,由于环境资源在产权界定上的不明确,难以形成清晰、准确的市场价格,促成了人们对环境资源的过度使用。

2. 外部性(externality)问题的影响。所谓外部性,是指参加交易者的行为给与交易无关的第三人带来成本或收益。换言之,是指经济行为主体造成的后果由第三人承担的现象。根据对第三人造成收益还是成本,外部性可分为正外部性问题和负外部性问题。正外部性是指某行为主体的一项经济活动给社会上其他人带来好处,但自己却不能由此而得到相应的收益;负外部性是指某主体的经济活动给社会上的其他人带来危害,但自身却并不为此而支付相应的成本。

环境污染是典型的负外部性问题。企业在生产过程中排放的废气、废水直接影响到居民身体健康和环境质量,对社会构成了额外的成本,但市场自身却无法要求或促使企业减少排污。此时,生产活动的成本就没有由生产企业全部承担,而是部分转嫁给了其他人或整个社会,构成外部不经济。根据

---

① 张帆:《环境与自然资源经济学》,上海人民出版社1998年版,第17页。
② G. Harding, The Tragedy of the Common, 162 Science,1243—1248(1968).
③ 〔美〕塞尼卡:《环境经济学》,熊必俊等译,广西人民出版社1986年版,第78页。

资本主义体制,企业以自身利益最大化为导向,如果没有外来的强制作用,企业就会无偿地接受来自环境、大气、水等自然资源,并将废弃物排入环境中。这种对环境破坏毫不关心的现象,被日本学者岩佐茂称为"资本的逻辑"。环境保护是不可能从这种资本的逻辑中引导出来的。① 显然,依靠市场机制中"经济人"主体的自发行为,是不可能消除环境负外部性问题的。

3. 环境风险的不确定性造成信息不完全。市场机制能够有效运行,依赖于市场主体以自己的理性作出决策实现利益的最大化,但决策的正确与否在很大程度上取决于信息的是否准确和是否完整。环境保护不仅涉及当代人,更涉及后代人利益。关注未来世代人利益也正是可持续发展的基本要求所在。同时,现代环境问题的发生,同科学技术有很密切的联系,如果没有科学技术的发展,几乎不会发生今天面临的环境问题。② 然而,由于人类认识能力的有限性和科学发展的快速性,人们往往对新技术带来的风险缺乏完整的信息。另外,由于环境资源利用在很多情况下具有不可逆性,对不可逆后果的预测往往超出了人类现阶段的认识。在缺乏完全、充分信息的情况下,不能保证决策者作出从长远看理性的选择,相应的市场机制就不可能得出有效率的结果。

综合而言,环境保护领域市场失灵的原因在于,市场机制的自发调节作用无法对企业或个人滥用资源、污染环境的行为进行有效遏制,也难以直接产生诱导企业或个人采取改善环境行动的因素,而广大社会成员又难以形成制止负外部性行为和共创正外部效益的集体行动,此时就需要政府出面干预,通过管制的方式对环境领域的"市场失灵"进行矫正,从而提供社会所必需的环境公共物品。"当环境污染和破坏超出了环境的自我调节能力,又不受市场机制调节时,政府介入环境保护就成为必要。"③更深一步说,环境保护领域集中体现了国家意志和政府行为。环境问题的实质是人与人的利益冲突,这种冲突来源于生态环境承载力的有限性与人类个体追求欲望不断实现的矛盾,在某种程度上是一种政治问题,那么在环境保护方面采取强制性的措施就是国家的天然职能。可以说,环境保护作为一种公益性很强的事业,特别需要"国家"这个拥有特殊公共职能的主体发挥作用。在任何时候,国家在环境保护中始终具有主导地位,这是由环境保护的特殊性质和国家的特殊职能所决定的。④ 正因为此,在现代法治国中,环境保护有必要成为一

---

① 〔日〕岩佐茂:《环境的思想》,韩立新等译,中央编译出版社 2006 年版,第 149 页。
② 〔日〕饭岛伸子:《环境社会学》,包智明译,社会科学文献出版社 1999 年版,第 76 页。
③ 李挚萍:《略论政府在环境保护中的主导地位》,载《法学评论》1999 年第 3 期。
④ 夏光:《环境保护的国家意志》,载《中国环境报》2007 年 4 月 10 日。

项新的国家任务。

三、环境保护国家任务的正当性

前文对国家进行环境管制、确立环境保护国家任务的必要性进行了分析。为证成现代国家所承担的环境保护任务,尚需要进一步明确环境保护国家任务的理论依据,即国家在环境资源领域进行管制的正当性问题。换言之,需要明确国家基于何种理论,得以在环境资源领域形成国家意志并付诸实施。

在人类社会的早期,普遍采取"先占"原则解决自然资源的利用与分配问题。根据该原则,在时间上先占有并利用某一自然资源者有权排除后来者的利用与分享,即承认先占者对自然资源的绝对所有权。随着社会的发展进步,这一原则愈发不能适应社会生产力发展与市场规模扩大的需要。尤其在工业革命之后,人类开发利用自然环境的规模和程度越来愈大,少数人对区域内自然资源的独占既妨害了经济的发展,也必然造成不受约束的环境污染与生态破坏。因此,在现代社会中,传统的先占权已不为国家所认可,取而代之的是国家对自然环境进行普遍的管制,其理论基础主要有:

1. 公共信托理论。公共信托理论(Public Trust Doctrine)起源于英国普通法上的信托制度,该理论认为,公众拥有对海岸的特定权利,该权利超越其他与之对抗的权利;国王只是这些公共权利的受信托人,他不能根据自己的意愿来处分这些权利。[①] 一般而言,公共信托理论在保护公共财产、造福公众利益方面具有巨大的理论价值,这正契合了环境保护的内在需要。20世纪70年代,在环境保护运动的推动和影响下,理论界开始将公共信托原则运用于环境与资源保护领域,并迅速获得了广泛认可。根据美国学者萨克斯的观点,阳光、水、野生动植物等环境要素是全体公民的共有财产;公民为了管理他们的共有财产,而将其委托给政府,政府与公民从而建立起信托关系。[②] 用公共信托理论来解释国家对环境资源的管理,其本质在于将环境资源视为公共物品,既不是国家主权控制的对象,也不是任何私人权利的对象,国家(政府)受人民的委托而对环境资源进行适当的管理。[③] 据此,公民和国家在环境资源领域就建立起了"委托人—受托人"的法律关系,即:公众享有对环

[①] 侯宇:《美国公共信托理论的形成与发展》,载《中外法学》2009年第4期。

[②] Joseph L. Sax, The Public Trust Doctrine in Natural Resources Law: Effective Judicial Intervention, 68 Mich. L. Rev. 471(1970).

[③] J Tuholske, Trusting the Public Trust: Application of the Public Trust Doctrine to Groundwater Resources, 9 Vt. J. Envtl. L. 189(2007).

境要素与自然资源等公共物品的特定权利,该权利超越于任何私人权利之上;国家是公众权利的受托人,人民授权国家(政府)实行对环境资源的行为管制与总量控制。概言之,根据公共信托理论,国家拥有对环境资源进行管理的权力,但必须受到公众所有权的制约,以确保作为公共物品的环境资源得到有效保护。

2. 社会公共利益理论。在哲学上,利益是主体对客体某种价值的肯定。从社会角度观察,利益是支配人类活动的最为本质的原则。正如马克思所言:"人类奋斗所争取的一切,都与他们的利益有关。"① 众所周知,自然环境是人类生存与发展所必不可少的条件,保护环境就涉及每个人的切身利益。因此可以说,环境是社会公共利益的集中体现。对此问题,美国法学家庞德进行了精彩的论述。庞德指出,社会利益是利益最为普遍的形式,立法者应当对社会利益进行确认,它具体包括:一般安全中的社会利益;社会体制的社会利益;一般道德的社会利益;保护社会资源的社会利益;一般进步的社会利益;个人生活中的社会利益。② 在上述第四种类别"保护社会资源的社会利益"中,庞德专门将"自然资源"列入"社会资源"的范畴,明确将利用、保存自然资源作为社会利益的重要部分,其理由在于:人类活动是以自然资源为基础的,而自然资源是有限的。根据现代社会理论中的"社会公共利益论",国家作为社会公共利益的天然代表;国家的任何活动与行为,都必须从公共利益的角度寻求合法性与正当性支持。③ 由此,国家对环境资源进行管理,在社会主体之间对环境利益进行公平分配,就是出于社会公共利益而采取的必要举措,是国家维护社会公共利益的具体体现,具有充足的正当性基础。

综上,公共信托理论和社会公共利益理论为环境保护的国家任务提供了充分的理论基础,同时也明确了国家在环境资源领域所必须承担的责任。

第三节 国家环境治理的典型措施

如前所述,市场的内在缺陷使得国家承担起提供环境公共物品的职责,而环境资源的公共信托及社会公共利益的维护,使得国家必须采取具体措施保障一定水准的环境质量及自然资源的存续。"各地方政府和全国政府,将

---

① 《马克思恩格斯全集》(第1卷),人民出版社1956年版,第82页。
② 〔美〕罗斯科·庞德:《通过法律的社会控制、法律的任务》,沈宗灵译,商务印书馆1984年版,第89页。
③ 〔美〕约翰·罗尔斯:《正义论》,何怀宏等译,中国社会科学出版社1988年版,第238页。

对在他们管辖范围内的大规模环境政策和行动承担最大的责任。"①概括而言,在法治国的基本框架下,各国履行其环境保护职责的主要方式有组织上和法律上两个方面:在政府体制内明确环保责任的归属机构,建立环境管理体制;创建并不断更新环境保护法律体系。具体而言,主要有如下典型性措施:

一、环境管理体制的建立

面对环境问题的挑战,世界各国政府纷纷在组织体系中予以回应,赋予各部门的环境管理职权或创建专门的环境管理机构,明确环境管理体制。所谓体制,是指有关组织机构设置、领导隶属关系和管理权限划分等方面的体系和制度的总称;环境管理体制是指国家环境管理机构的设置,管理权限的分配、职责范围的划分及运行和协调的机制。②

从发展历程来看,各国的环境管理机构大都经历了从分散到集中、从单纯治理到综合管理的发展过程。例如,在 1988 年前,前苏联在环境管理上采取的是"分散管理"模式,即不设立专门的环境管理机构,而是将环境管理权分散在农业、卫生、渔业、林业、各工业主管部门等分别行使。上述机构都是在规定的职权范围内,履行部分国家环境管理的职责。又如,日本的环境管理体制在 1971 年前属于分散管理模式,由大藏省、厚生省、农林省、通产省、运输省和建设省分别行使环境管理权。

分散管理模式的"优势"在于,对原有行政体制不必做较大调整,也不用设立新的机构,只需在原有相关部门内增加环境保护权限即可。但该模式的最大问题在于不能有效实现环境保护的目标。一方面,权力分散加大了相关部门沟通与协调的难度,必然造成"政出多门"现象。有学者指出,前苏联的环境管理模式"在机构设置上庞杂、臃肿,没有一个真正的专门管理机构,极容易导致各管理机关的自行其是、相互推诿或相互扯皮,管理效率低下"③。另一方面,将环境管理权分散给各相关部门,对履行政府职责而言会造成内在矛盾和冲突。由于各部门既有传统的业务目标,又有新增的环境方面目标,两者发生冲突时就很可能以牺牲环境利益来谋求其业务目标(如经济的发展)的实现,从而不利于生态环境的有效管理与保护。

为克服这一弊端,各国纷纷将分散管理改为集中管理,即国家设立专门

---

① 〔美〕诺斯:《西方世界的兴起》,厉以平、蔡磊译,学苑出版社 1988 年版,第 253 页。
② 吴忠标、陈劲:《环境管理与可持续发展》,中国环境科学出版社 2001 年版,第 92 页。
③ 王树义:《俄罗斯生态法》,武汉大学出版社 2001 年版,第 228 页。

的环境保护机构、集中统一管理主要的环境保护事项。例如,1988年,前苏联对原来分散进行的环境管理体制进行改革,设立了国家自然保护委员会,既是国家环境管理方面的协调机构,也是负有具体环境管理职责的专门性管理机构,将专门管理机构和协调机构合二为一。① 在日本,1971年2月,内阁批准《环境厅设置法》,正式设立了环境厅,标志着日本环境管理体制由分散管理进入集中模式。环境厅在环境保护领域享有很大的管理权限,其长官由国务大臣担任,直接参与内阁决策。2001年,日本将环境厅升格为环境省,进一步加强了环境保护机构的权威性,体现出环境管理体制"从分散到集中"的发展趋势。

二、环境基本法的颁布

在20世纪60年代之前,各国已分别在大气、水、噪声、废弃物、野生动植物、森林、土地、河流等领域制定了多部单项法律,试图对环境问题加以控制和解决。但实践证明,单项法无法有效地调整具有整体性、生态性、开放性特征的环境资源关系,而大量单项立法也造成各部门之间的分割和对立,国家难以在整体上完成环境目标。在这种情况下,人们认识到,在环境保护领域,需要从局部和个别环境要素保护,转向将环境作为整体加以保护,从而需要有统一的综合性法律对其加以高层次、全方位的调整。环境基本法即应运而生并逐步在世界各地得到广泛实践。环境基本法在环境法体系中是除宪法外具有最高地位的法律规范,是一种综合性的实体法,对一国环境与资源保护的重大问题进行规定,如环境保护的目的、范围、方针政策、基本原则、重要措施、管理制度、组织机构、法律责任等。环境基本法是其他单项环境与资源保护法的立法依据。② 在这个意义上,环境基本法可以视为"环境宪法"。

从理论上看,环境基本法是一个国家制定的全面调整环境社会关系的法律文件,它与就某一环境问题的解决或者规范某一类具体的环境社会关系的单行立法具有很大的不同。在本质上,环境保护基本法是人类在环境问题威胁下,重新审视人类与环境的关系,选择新的不同于传统发展模式的生产方式和生活方式的产物。因此,环境基本法的发展历程是和国际上环境保护运动的发展密切联系在一起的。总体而言,环境基本法的发展有两个主要阶段:(1) 20世纪60年代末和70年代初。由于受到环境保护运动的影响和联合国第一次世界环境大会的召开,世界各国掀起了制定环境保护基本法的第

---

① 王树义:《俄罗斯生态法》,武汉大学出版社2001年版,第235页。
② 金瑞林主编:《环境与资源保护法学》,北京大学出版社2006年版,第58页。

一个高潮,包括:美国、日本、瑞典、前苏联、瑞士、罗马尼亚、匈牙利等国。(2) 1992年,联合国环境与发展大会在里约热内卢召开,所通过的《里约宣言》将可持续发展作为环境保护的根本目标与宗旨,标志着人类对环境问题的认识产生了新的飞跃,也引发了制定环境基本法的第二个高潮。一些过去没有环境基本法的国家迅速制定了环境基本法,如泰国以及拉丁美洲诸国;一些已经制定相关立法的国家根据可持续发展的要求进行了修订或重新立法,如日本1993年将原有的《公害对策基本法》《自然环境保护法》予以废止,重新制定了《环境基本法》。

纵观目前各主要国家的环境基本法,依据其立法重心的不同,可以分为两种不同类型。

(一)偏重政策宣示的环境基本法

这类环境基本法主要注重国家基本环境政策、原则和基本措施的宣示和确定,但并不对环境保护具体制度加以详细规定,内容较为宏观和简约,也没有法律责任的规定。典型立法是美国的《国家环境政策法》。

1969年,在环境保护运动的强大压力下,美国国会通过了制定《国家环境政策法》的议案,并由尼克松总统签署实施。《国家环境政策法》的立法目的是:"宣布一项鼓励人同他的环境之间建设性的和愉快和谐关系的国家环境政策。"该法分为两节,分别为"关于国家政策的国会宣言"和"环境质量委员会",具体包括三项内容:

1. 宣布国家环境政策和环境目标

《国家环境政策法》是美国第一次明确宣布国家环境政策的法律,它宣布的国家环境政策是,通过联邦政府和州政府的合作,实现各级政府间在环境保护上的协同;通过政府、地方团体与私人的合作,实现环境问题的公共解决;综合运用法律、行政、经济、社会等多项措施,共同促进环境问题的解决。同时,该法还宣布了六项具体的国家环境目标。

为了实现上述国家环境政策和环境目标,《国家环境政策法》规定,运用同其他国家政策相一致的"一切切实可行的手段""改善、协调联邦计划、职能、项目和资源"是联邦政府的持续责任。联邦政府所有行政机关应对其现行法定职权、行政规章、政策和行政程序进行检查,看其是否符合国家环境政策和目标,并要求在限期内向总统提出相应的修改措施。①

---

① 王曦:《美国环境法概论》,武汉大学出版社1992年版,第216页。

2. 设立国家环境质量委员会

《国家环境政策法》规定,在总统府设立环境质量委员会(CEQ),由三人组成,总统提名具体人选后由参议院任命。国家环境质量委员会的职责是为总统提供环境方面的咨询意见,收集有关环境的情报,向总统报告国家环境质量状况,等等。同时,国家环境质量委员会还是一个行政机关间的协调机构,可根据授权协调解决行政机关间有关意见的分歧。

3. 规定环境影响评价制度

《国家环境政策法》在世界范围内第一次明确规定了环境影响评价制度。依据该法,任何行政机关,只要其行为属于对人类环境有重大影响的联邦行动,就必须对该行动进行环境影响评价,提交环境影响报告书。

从总体上看,《国家环境政策法》是一部从宏观方面调整国家基本政策的法规,是"保护环境的国家基本章程",具有特殊性质和作用。同其他行政法规相比,它在美国环境法体系中显然处于更高的位置。①

(二) 全面规定环境保护事项的基本法

这一类型的环境保护基本法,不仅宣示国家的环境基本政策和目标,也在内容上融合环境污染控制和生态保护等多个方面,全面规定国家、企业和个人的环境保护职责,对环境保护基本原则、制度和措施有着较为全面的规定。典型立法是日本的环境基本法。

20世纪70年代,同世界范围内环境立法的趋势一致,日本国会制定了大量的环境保护立法,其中起到基本法作用的是《公害对策基本法》和《自然环境保护法》,属于末端控制为主、被动应付式的法律。为顺应可持续发展的时代要求,1993年,日本将原有的《公害对策基本法》《自然环境保护法》予以废止,重新制定并颁布了《环境基本法》,作为新的环境保护基本法。该法由三章共46条组成,其内容为:

1. 第一章"总则",第1条规定了法律目的,第3条至第5条规定了该法的三个基本理念。第一个理念是"环境资源的享受与继承",即主张当代人在利用环境资源时,必须考虑到应该将能够使后代人继承地球的环境资源,这意味着确认了可持续发展的思想。第二个理念是"建设对环境负荷影响最少的可持续发展社会",即寻求新型社会经济方式和生活方式,实现最小的环境负担。这表明环境保护的方式从早期的对策防御性转变为整体、主动环境保护的阶段。第三个理念是"通过国际协调积极推进全球环境保护",

---

① 王曦:《美国环境法概论》,武汉大学出版社1992年版,第243页。

宣示日本在全球环境合作中的积极作用。紧接着,《环境基本法》规定了国家、地方公共团体、企业、国民的环境保护职责。

2. 第二章"关于环境保护的基本政策",具体分为:第一节"有关政策的制定与实施的方针"、第二节"环境基本规划"、第三节"环境标准"、第四节"特定地区的公害防治"、第五节"国家为保护环境应当采的措施"、第六节"有关全球环境保护的国际合作"、第七节"地方公共团体的政策"、第八节"费用负担与财政措施"。

3. 第三章"环境审议会等",具体分为:第一节"环境审议会"、第二节"公害对策会议"。最后的附则规定了法律的施行时间。

另外值得注意的是,日本的《环境基本法》对政府在环境保护上的职责进行了确认。第6条规定:"国家拥有确认和实施有关环境保护的基本的、综合性的政策和措施的职责。"更进一步的,其第11条规定:"为了实施有关环境保护的职责,政府应当采取必要的法制上、财政上的措施及其他措施。"第12条则明确要求政府应每年向国会提交一份有关环境状况和政府环境保护措施的报告。从总体上看,《环境基本法》全面贯彻了可持续发展的要求,将环境保护基本法的范围从公害控制发展到保护整体环境和全球环境,明确了环境保护责任的归属,较为全面地规定了环境保护的基本措施和制度,是日本环境法走向成熟、完善的标志。①

三、环境保护基本制度的确立

所谓"制度",是法则、执行机制和机构的总称。环境保护基本制度,是指按照环境法基本理念和基本原则确立的,通过环境立法具体表现的,普遍适用于环境保护各个领域的法律规范的总称。② 概括而言,预防和治理是人类应对环境问题时所普遍采取的态度,并在世界各国的环境保护立法中得到体现,使国家对环境的管制能具体实现。这方面的代表性法律制度有环境影响评价制度(预防性制度)和排污许可证制度(治理性制度)。

(一) 各国对环境影响评价制度的确认

环境影响评价原为环境科学中的一个专门术语和技术手段,属于环境评价(EA)体系,用来预测和估计拟议中的建设活动可能对环境造成的影响。从20世纪60年代开始,随着各国相继进行环境立法以加强环境管理,环境影响评价逐步得到法律的确认并发展为一项重要的环境保护法律制度。法

---

① 杜群:《日本环境基本法的发展及对我国对其的借鉴》,载《比较法研究》2002年第4期。
② 汪劲:《环境法学》,北京大学出版社2006年版,第198页。

律意义上的环境影响评价,是指决策者在作出可能带来环境影响的决定之前,事先对环境的现状进行调查,在此基础上提出各种不同的可供选择方案,并就各种方案可能造成的环境影响进行预测、评价和比较,从而选择最适合于环境的决定。①

环境影响评价制度的最大特征在于科学预见性,即在严谨的科学评估基础上,事先对可能的环境影响进行分析并提出对策,这有助于环境问题的预防及可持续发展的实现。同时,环境影响评价内在的程序性使公众参与政府决策成为可能,对民主建设具有不可忽视的促进意义。② 这些特征使得环境影响评价制度得到各国的重视,逐步成为最为重要的环境保护法律制度之一。从时间上看,环境影响评价制度在法律上的确认,始于美国1969年制定的《国家环境政策法》(NEPA)。该法第102节规定,联邦政府各个部门应对可能产生显著环境影响的法律提案、行动计划,征询有关部门和专家意见,进行环境影响评价和不同方案的比较分析,向总统、环境质量委员会和公众报告。1978年,美国环境质量委员会颁布了《国家环境政策实施程序条例》(CEQ条例),作为《国家环境政策法》的实施细则。在CEQ条例中,对联邦政府各个部门如何实施《国家环境政策法》,包括环境影响评价的内容、报告书及有关文件的准备,公开评议、审查和实施程序等问题作了具体规定。在联邦立法的推动下,美国各州也相继建立了各种形式的环境影响评价制度。在实施效果上,1969年《国家环境政策法》对环境影响评价的规定取得了较好的效果,对政府决策过程形成很好的约束。同时,该法不仅推动了美国国内的环境保护,在世界范围内也产生了很大影响,被世界银行认为是环境影响评价的立法范本。③

继美国之后,各主要国家纷纷建立环境影响评价法律制度,大致可分为两类方式:(1)在环境基本法中确立环境影响评价制度,如澳大利亚在1974年的《联邦环境保护法》中,专门对环境影响评价制度予以规定。1976年,法国在《自然保护法》第2条中规定了环境影响评价制度,并在1977年公布的77—1141号政令中对环境评价的范围、内容、程序作了具体规定,并补充规定了强制执行的措施。④ 1993年,荷兰在《环境保护法》第七章中,对环境影

---

① 汪劲:《中外环境影响评价制度比较研究》,北京大学出版社2006年版,第32—33页。
② Pierre Senecal & Barry Sadler, Principle of Environmental Impact Assessment Best Practice, International Association for Impact Assessment, 1999.
③ Council on Environmental Quality, The National Environmental Policy Act—A Study of Its Effectiveness After Twenty-five Years, Washington DC, January 1997.
④ 金瑞林主编:《环境与资源保护法学》,北京大学出版社2006年版,第124页。

响评价进行专门规定。(2) 单独制定环境影响评价立法。这方面的典型例证有:1990 年,联邦德国颁布了《环境影响评价法》,明确了环境影响评价是行政程序的一部分。两德统一后,为适应新的情况,该法于 1997 年进行了修订。1992 年,加拿大议会通过了《加拿大环境评价法》,并于 1995 年 1 月 19 日正式实施,2003 年进行了修订。该法对项目的环境影响评价进行了专门规定,并成立了一个相对独立的新机构"加拿大环境评价局"(CFAA)。在日本,1977 年初,环境厅就提出了《环境影响评价法案》,然而由于各省厅的意见不一,该法案未获通过。在 1993 年《环境基本法》第 20 条规定的推动下,日本加快了相关立法进程,并于 1997 年正式通过了《环境影响评价法》。应该说,环境影响评价制度已成为各国政府环境管理所普遍采取的制度措施,在环境保护中发挥着举足轻重的作用。

(二) 各国对排污许可证制度的确认

排污许可是行政许可在污染防治领域的运用,是指环境保护部门针对排污者的申请,依法审核并确认排污者是否具备合法排污的条件,并对该排污行为依法进行全程监管的行政行为。排污许可证制度则是指有关排污许可证的申请、审核、颁发、终止、吊销、监督管理和罚则等方面所作规定的总称。① 排污许可证制度是环境行政许可的法律化,具有较强的强制性和直接适用性,能有效地将各种有害环境的活动进行监督管理,将其严格控制在国家允许的范围内,是国家进行环境管理的重要手段。更进一步说,排污许可证制度在环境监督管理中具有确定最低底线的意义,它对在环境保护领域采取经济激励、行政指导、公众参与等其他机制起着基础和保障作用。正因此,排污许可证制度同环境影响评价制度一样,都获得了普遍的认可并体现在各国环境保护立法中。

瑞典是最早实行排污许可证制度的国家,其 1969 年《环境保护法》第九条规定,从事或者将要从事对环境有害活动者都须向国家环境保护许可证管理委员会提出申请,正式确立了排污许可证制度。根据瑞典《环境保护法》和《环境保护条例》,国家环境保护许可证管理委员会是法定的批准机构,需要申请许可证的活动具体包括:农业和水产养殖业;矿业开采;制造业;电力、煤气及供热;商业;运输;邮电和电信业等七类。许可证的有效性不超过 10 年,实质是对企业日常监督管理的基础。②

---

① 韩德培主编:《环境保护法教程》,法律出版社 2003 年版,第 114 页。
② 全国人大环境与资源委员会编译:《瑞典环境法》,中国环境科学出版社 1997 年版,第 11—13 页。

在美国,排污许可证制度是美国污染控制的核心手段,它被广泛适用于各种污染物排放的控制和管理之中。在水污染控制领域,根据1972年《联邦水污染控制法》,从任何点源向美国水体排放污染物的所有设施都必须获得排污许可证,具体表现为"国家消除污染物排放系统"(National Pollutant Discharge Elimination System/ NPDES)。1987年,国会对该法进行修改,将工业和市政暴雨水的排放也纳入NPDES许可证的范围内。在空气污染控制领域,1990年,美国国会在对《清洁空气法》进行修订的过程中,借鉴了水污染控制领域实行排污许可证的经验,增设"许可证"的章节,要求建立一个在联邦环保署监督下的、由各州实施的空气污染许可证管理体制。根据该法规定,多数固定污染源必须申请运行许可证。大气污染物排放许可证发放和管理由联邦环保署(EPA)负责,各州环保局可以制定州实施计划和适应本州的特殊规定。在具体质量标准上,由EPA制定"国家环境空气质量标准"(NAAQS),各州制定本州执行和维持该标准的实施计划,并报环保局批准后作为法律强制执行。① 概括而言,美国排污许可证制度的具体实施步骤包括:(1)申请和对申请的审查;(2)编制许可证草稿,包括:确立排放要求、规定监测要求、规定标准条件、规定特殊条件;(3)听取公众意见;(4)监督许可证规定要求的实施。②

其他具有代表性的立法还有:(1)澳大利亚维多利亚州政府于1970年通过法令,正式将排污许可证制度适用于环境保护领域,明确要求对环境有危害的企业都需获得排污许可。澳大利亚法律还授权各地环保部门可根据各地区的具体情况,变通适用排污许可证中规定的标准。③ (2)法国在1973年颁布法令确立排污许可证制度,其实施范围为污水排放和固体废弃物处置。法令规定所有排污单位(家庭除外)必须向政府有关部门进行申报登记,内容主要包括:地理位置、排污量、污染物种类、处理设施、排放时间以及已经采取的措施,政府主管部门依职权参照排污者的排污量,确定是否发放许可证或"通知书"。(3)根据日本《大气污染防治法》和《水污染防治法》的规定,公害设施者必须事先将有关设施的构造、使用方法、处理方法等计划向有关部门申报,由主管部门在受理申报书后的60天内下达有关处理意见。

---

① 林艳宇编译:《美国的大气污染物排放许可证制度》,载《环境监测管理与技术》2004年第3期。
② 祝兴祥等:《中国的排污许可证制度》,中国环境科学出版社1991年版,第13—18页。
③ Gerry Bates & Zada Lipman, Recent Trends in Environmental Law in Australia: Proposals for Intergrated Environmental Management, 9 Resources Management Law Association of New Zealand, 300—301 (1997).

如果60天内未下达,有关部门或申报者均可认为该申报已被认可。表面上,政府不向业者直接发放许可证,但通过申报制度由政府部门严格进行事先审查,在功能上等同于许可证。①

综上所述,环境保护内在的具有政府管制和国家行为的需求,其典型表现,即为环境管理体制的建立和环境保护基本法及相关基本制度的确立。根据 Busch 和 Jörgens 在 2002 年的统计,总共有 106 个国家建立了专门的环境管理部门,102 个国家制定了环境基本法或框架性的环境保护法,104 个国家实施了环境影响评价制度。②

上述三类国家环境保护的典型性措施在世界各国的确认历程和发展趋势,参见下图:

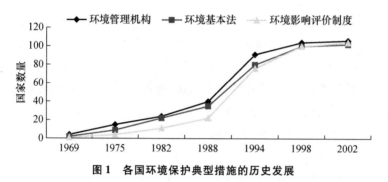

图1　各国环境保护典型措施的历史发展

然而,在强调国家在环境保护中所发挥的重要作用时,我们也必须正视可能存在的"政府失灵"问题。政府并非万能,信息不足与扭曲、政策实施的时滞、公共决策的局限性、寻租活动都可能使政府管制无法达到预定目的,造成"政府失灵"的结果。在环境问题上,导致政府失灵的主要因素有:(1)环境政策失灵。环境政策失灵是指政策自身扭曲了环境资源使用或配置的私人成本,使得这些成本对个人而言是合理的,但对社会而言却是不合理和有害的。集中表现为部门政策和宏观经济政策在制定过程中,由于没有给予生态和环境以足够重视而导致的价格扭曲。(2)环境管理失灵。环境管理失灵是指在各级政府组织中存在着一系列管理问题,这些问题的存在导致有关政策无法有效实施。其主要表现在两个方面:一方面,各种政策在部门之间的协调不足,缺乏足够强的手段和强制措施以达到政策目标,缺乏确保在经济运作过程中实施有关政策的手段或力量等等。另一方面则是环境管理中

---

①　〔日〕原田尚彦:《环境法》,于敏译,法律出版社1999年版,第82页。
②　P. Busch & H. Jörgens, Globale Diffusionsmuster umweltpolitischer Innovationen, FFU-report; Berlin,2002.

的寻租行为。政府并非总是公共利益的代表,规制机构可能被某些利益集团"俘获"而与企业进行"合谋寻租",直接导致社会福利的损失。① 在某些情况下,政府干预本身可能是低效率的,"政府的行为不能纠正市场失灵,反而使资源配置更加缺乏效率和不公平,其中包括所有的结果劣于市场竞争条件下出现的结果的政府行为"②。显然,简单主张"环保靠政府"是狭隘的观点,唯有将政府、市场、公众相互结合,才能较好地实现环境保护目标。

因此,在将环境保护作为新的国家任务的同时,还必须妥善处理该领域中政府、市场及公众的相互关系。从法治国的角度观之,就有必要从宪法的高度对相关事项进行规范,将环境保护的国家任务提炼成为环境保护的国家义务,进而明确国家环境保护义务的目标与定位,在环境保护领域建构合理的国家与公民关系。

---

① 张坤民:《可持续发展论》,中国环境科学出版社1997年,第98页。
② 罗勇、曾晓菲:《环境保护的经济手段》,北京大学出版社2000年版,第43页。

第二章 国家环境保护义务的目标与定位

第一节 现代环境治理中的国家形象

一、现代环境治理的理论基础

在环境保护运动的初期,为引起人们对环境问题的关注,论者通常将环境保护与经济发展相互对立,形成所谓"生存危机论"。该观点占据了20世纪六七十年代环境保护运动的主导话语权。根据这种观点,如果不发生根本性改变,现代社会的发展与增长将导致生态崩溃的毁灭性后果。"如果目前的趋势得以持续,这一星球上社会的解体和生命支持系统的不可逆转的破坏很可能在世纪末,至少肯定会在我们孩子们的有生之年发生,这将是不可避免的。"①

"生态危机论"对于人类发展的悲观观点,集中反映在罗马俱乐部的著名报告《增长的极限》(The Limits To Growth)中。1968年,来自多个国家的科学家、教育家、经济学家、工业家约70人在罗马集会,讨论当前和未来人类面临的困境问题,并成立了一个非正式的国际学术团体——罗马俱乐部。1972年,罗马俱乐部发表了轰动世界的研究报告——《增长的极限》。该报告对传统的高增长理论进行了深刻反思,提出:人口数量的增长、经济发展速度的增长、自然资源消耗程度的增长、环境污染情况的增长都是"指数增长"而不可长久保持的,人类必然会达到"极限"而面临危机。其著名预言是:"如果在世界人口、工业化、污染、粮食生产和资源消耗方面现在的趋势继续进行下去,这个行星上增长的极限将在一百年中发生。"②在这样一种氛围下,环境保护被视为是经济增长、工业发展的对立面;为了避免生态崩溃、资源耗尽的灾难性后果,最好的办法是减低经济增长直至"零增长"。

显然,以罗马俱乐部"增长的极限"为代表的"生态危机论",是建立在彻底否定传统工业化与经济增长基础上的激进环境保护主义主张。尽管该观

---

① Edward Goldsmith et al., A Blueprint for Survival, New York: Signet Books, 1974, p.3.
② 〔美〕米都斯等:《增长的极限》,李宝恒译,吉林人民出版社1997年版,第17页。

点在起初获得了极大的社会影响,顺应了当时社会的环境保护思潮,但随着时间的推移,特别是进入 20 世纪 80 年代后,激进环境保护观点已逐渐不为社会大众所接受,也失去了环境保护运动的主流话语地位。有学者对这一转变的原因进行了分析①:(1)激进的环境主义受到 20 世纪 70 年代后期经济衰退的影响;(2)环境保护运动内部发生了重要改变,大家认识到,激进对抗的做法未必会促进环境运动的发展,反而会降低其社会影响力;(3)新的全球性环境问题不断出现(如酸雨、臭氧层破坏),对抗性的环境运动无助于解决这些问题,而是需要公民的积极参与;(4)科学的发展提供了解决环境问题的新方案,能够最大程度的降低技术的负面作用,发挥其正面效果,更好地解决环境问题。

正是在上述社会、经济与技术因素的相互作用中,扬弃激进的"生态危机论"、主张经济发展与环境保护相互协调的"生态现代化"(Ecological Modernization)理论应运而生。一般认为,在 20 世纪 80 年代初期,生态现代化理论即在少数西欧国家(如德国、荷兰和英国)中出现,随后扩展到了整个欧洲以及东南亚等地。该理论建立在对传统"环境保护与经济增长不相容"假定进行反思的基础上,建议采用一种新的方法,使得工业化与经济增长在面临环境挑战的时候能按照生态可持续的方向发展,实现经济与环境的双赢。概括而言,生态现代化理论有三个基本假设:环境退化是可以测量的;环境保护是一个"正收益过程"(positive-sum game);经济增长与环境保护可以相互协调。② 在前述基本假设的基础上,各国学者从不同角度对生态现代化进行了阐释,将理论关注的重点从环境问题的政策法律监管和事后处理转向了如何实现环境问题的预防,并通过市场手段克服环境问题。具体而言,生态现代化理论包括以下三个理论要点③:

一是环境保护与经济目标的协调性。经济增长和环境保护是相互支持和促进的,而不是相互抑制和冲突的。经济增长与环境目标的政策一体化完全可以导致一个环境、经济和商业"三赢"的理想结果。

二是技术中心主义或"技术预防",坚持革新和技术可以同时带来增长和环境改善。严厉的环境标准和政策不再被视为工业界的一种支出负担,而是视为实现其技术更新与竞争力的动力。

---

① 李勇进等:《中国环境政策的演变和循环经济发展对实现生态现代化的启示》,载《中国人口·资源与环境》2008 年第 5 期。
② Maarten A. Hajer, The Politics of Environmental Discourse: Ecological Modernization and the policy Process, Oxford University Press, 1995, p.21.
③ 郇庆治:《生态现代化理论与绿色变革》,载《马克思主义与现实》2006 年第 2 期。

三是市场的优先性。强调市场作用是生态现代化理论的关键性特征。环境政策更多地使用经济或以市场为基础的工具,比如税收、生态标识和排放交易计划来实现环保目标,将其内化在整体市场中。

显然,根据生态现代化理论,应通过一种渐进的社会转型过程,调动各种行为主体的积极性,实现经济发展与环境保护的双赢,而不必对现行的经济社会活动方式和组织结构做大规模或深层次的重建。换言之,将环境争论从传统的对抗转向共识与合作。在实践中,生态现代化理论一经提出,就迅速被联合国环境与发展委员会、经济合作与发展组织(OECD)、欧盟等国际机构接受为核心理念,体现在一系列政策文件、宣言之中,并得到了国际上主流的环保非政府组织,如国际自然保护联盟(IUCN)、世界自然基金会(WWF)的支持。① 总体而言,生态现代化理论是目前国际上得到广泛认可的环境保护理论,为世界各国提供环境政策制定提供了理论依据。

二、生态现代化理论中的国家图景

根据生态现代化理论,传统上"政府在环境保护中居于核心地位"的观点不再适应环境保护的要求。在生态现代化的实现过程中,政府在环境政策决策方面所发挥的作用要发生变化。环境政策的性质需要从传统的"治疗性"和"反应性",向"预防性"和"超前性"转变,从"封闭性"向"广泛参与性"趋势发展,实现环境治理的多元化,即减少上下级"命令/控制"(command and control)型的环境管制,采取更加分散、灵活、协商式的行政模式。② 这具体表现为环境管理模式的更新。概括而言,为了弥补传统"命令/控制"模式的缺陷,从20世纪80年代起,各国注重在环境保护中引入市场机制,通过运用收费或税、提供补贴、提供信贷优惠、实行差别税率等方式,改变行为人的成本和利益结构,从而达到环境保护的目的。90年代后,受到可持续发展战略的影响,环境管理方式得到进一步更新,大量以自愿和合作为基础的手段被运用,以提升现有环境管制的质量、简化管制程序,实现政府、企业与公民社会的互动。③

值得注意的是,政府环境管理方式的变革并不意味着国家在环境保护领域责任的削弱。恰恰相反,所有的学者都具有一个共识:无论是发达工业化

---

① 郇庆治:《环境政治国际比较》,山东大学出版社2007年版,第43页。
② Mol. A, Ecological Modernization: industrial transformations and environmental reform, in Redclift, M. & Woodgate, G. (eds.), The International Handbook of Environmental Sociology, Edward Elgar Publishing, 1997, pp.140—146.
③ 李挚萍:《20世纪政府环境管制的三个演进时代》,载《学术研究》2005年第6期。

国家还是发展中国家,环境保护都是一个基本的国家责任;国家应保障或至少潜在的拥有实现该责任的能力。①

这里的关键问题在于,生态现代化所要求的多元化治理和国家环境保护责任之间存在着一定的张力,需要明确各自的边界。解决这一问题的关键在于理解国家在治理体系中的角色。在当今世界,治理力量的多元化和分散化已成为大势所趋,其表达了人们希望在无需国家强制力量的条件下追求共同目标和实现共同利益的美好意愿。但是,国家在治理体系中的缺席或软弱,也会导致治理状况的恶化。面对一个多元权威并存的治理体系,国家首先要承担起"元治理"的角色。所谓"元治理",是"治理的治理",旨在对国家、市场、公民社会等治理形式、力量或机制进行一种宏观安排,修正各种治理机制之间的相对平衡。国家应在元治理中承担起积极角色,形成一个充分实现多中心治理的制度环境和运行语境。② 由此,在国家责任(state responsibility)的角度上看,生态现代化中所蕴含的"元治理"内在地提出了重新认识国家、建构国家的要求。

正是基于这一背景,在国外文献中,出现了"环境国家"(environmental state)或"生态国家"(ecological state)的概念,其关注的是因应环境考虑而不断增加的国家行为和国家干预。③"环境国家"并不存在一个严格的定义,学者们多从功能的角度对其进行描述,研究国家如何满足并实现"生态现代化"的要求,或者说,在生态现代化过程中,国家应具备如何的"元治理"能力。概括而言,实现生态现代化的国家能力取决于四个基本因素④:(1) 环境问题的压力。这关涉国家的经济绩效。如果经济绩效好,国家就愿意和能够为环境付费。(2) 协商能力。国家政策制定的风格直接影响生态现代化的潜力。公民社会发达的国家更能接受新观念,采用开放的决策过程。(3) 制度创新能力。制度创新能力是国家的财富,它决定了制度的开放程度,也决定了政治、法律、媒体和经济系统中对新议题的开放程度。(4) 战略效率,即在各个部门间使环境政策制度化的能力。环境政策制度化可以通过管理机构、项目与规划、资源与人员来实现。如果制度化程度较弱,往往不利于政策执行。

---

① Frank, David John, Ann Hironaka, The Nation-State and the Natural Environment over the Twentieth Century, 65 American Sociological Review, 96(2000).
② 郁建兴:《治理与国家建构的张力》,载《马克思主义与现实》2008 年第 1 期。
③ F. H. Buttel, The Environmental State Under Pressure, Department of Rural Sociology and Institute for Environmental Studies, 2002, p.46.
④ Andersen. M.S. & Liefferink D. (eds). Ecological Modernization: Origins, Dilemmas and Future Directions, Journal of Environmental Policy and Planning 2. (4):337.

在具体的国家目标及其功能方面,在环境国家中,对于社会的长期福利而言,环境部门居于关键性的地位,因此必须由公共权力(Public Power)加以持续而紧密的调整。但是,环境国家并不意味着国家政治以生态目标为中心,将环境与自然系统的价值凌驾于其他目标之上。① 环境国家必须保证与环境相关的利益——包括人类福利及其他生物、生态系统的福利——能维持并超越避免生态灾难发生的最低水平。为了达到这样的目标,环境(生态)国家应具有如下能力②:

(1) 对国家的环境质量进行监督,规划出社会与生态相互作用的蓝图并参与到未来发展中;

(2) 对下列事项作出决策:涉及风险评估、首要环境目标的定义、环境目标与其他个人及社会目标的调和、社会成本的分配;

(3) 部署有效的指导战略与政策措施;

(4) 对国家活动予以资助并合法化;

(5) 由于生态界限和政治界限并不一致,而且许多潜在的环境问题具有国际性,生态国家需要同时在国内和国际两个方面发挥作用。

由上可见,"环境国家"概念是当代环境学者对生态现代化过程中国家责任及其行为的一种描述,明确提出了现代环境治理中国家进行"元治理"的能力与功能,建构了生态现代化理论中的国家图景。

第二节 环境国家:国家环境保护义务的目标

一、"环境国家"在法学中的确立

如前所述,生态现代化理论对国家提出了更为复杂和多样的环境治理任务,其中尤为重要的是国家应担负起"元治理"的责任。在这一图景基础上,我们得以明确了国家环境保护义务的目标所在,即成为适应现代环境治理需求的"环境国家"。在法学上,这意味着国家在保护环境及生态系统上的基础性责任。

一般而言,现代国家是具有"权力独占"(Gewaltmonopol)属性并垄断合法暴力的统治团体。由于环境保护涉及每一个公民的生存利益,即使在不直

---

① Robyn Eckersley, Environmentalism and political theory: Toward an Ecocentric Approach, UCL Press, Oxford, 1992, p.2.

② James Meadowcroft, From Welfare State to Ecostate, in John Barry and Robyn Eckersley (eds), The State and the Global Ecological Crisis, MIT press, 2005, p.5.

接涉及个人法益的事项,也具有作为一种整体利益而加以保护的必要。如果社会机制无法充分实现该目标,由于国家掌握必要的权力与管制手段,可将环境保护作为公共利益予以具体化。该任务即意味着国家是保护环境与自然空间上的最终机制。① 另一方面,环境与生态的保护属于公共任务,国家虽然不用负担起所有的工作,但基于国家保护公共利益的职责和对于施政优先顺序的引导任务,在落实环境保护方面,拥有公权力的国家具有举足轻重的重要地位。②

当然,明确国家在环境保护上的责任仅仅是提供了相关探讨的背景,并不足以促使法学界专门对"环境国家"进行规范性的研究。真正使"环境国家"进入法学论域的原因,在于环境与生态危机对国家统治正当性的挑战。在现代国家学说中,"国家"是在一定的领土范围内对其全体国民进行控制并拥有最高主权的一种特殊的社会组织形式。该定义即包含了构成现代国家的三个基本要素:领土、人民及主权。随着生态环境的日益恶化,国家要素中的"领土"所代表的,应是一个清洁、适合人类生存的环境。就此而言,环境保护是现代国家所应担负的主要任务之一,否则,国家将失去其存在的基础与正当性。③ 换言之,如今国家对于环境保护的种种行为措施,都是建立在"国家通过环境保护为维持自身正当性"的语境中。④ 显然,在环境保护日益成为国家统治之正当性基础(legitimacy basis)的情形中,如何在整体的法秩序中划定环境保护的领域,规范环境保护过程中国家与人民的相互关系,就成为法学理论,尤其是宪法学的重要议题。

法学上对于"环境国家"(Umweltstaat/ Environmental State)的探讨,主要集中在德国。1988 年,德国 Gottlieb Daimler 和 Karl Benz 财团举办"环境国家"讨论会,邀请各方学者针对环境问题进行跨学科的研究。1989 年,该财团成立"环境国家"论坛,由库福尔(M. Kloepfer)教授主持,组织、邀请法学、哲学、经济学、政治学等各方面学者,共同对环境问题进行多学科的整合研究。研究主要集中在如下 10 个方面:(1) 国家的环境责任;(2) 社会的环境责任;(3) 社会过程中环境保护规范的订立;(4) 趋向环境国家的联邦、民主国家;(5) 环境保护与欧盟;(6) 环境国家中民主的构造;(7) 环境保护中的

---

① D. Rauschning, Staatsaufgabe Umweltschutz, VVDStRL 38(1980), S. 167(172).
② 李建良:《环境议题的形成与国家任务的变迁——"环境国家"理念的初步研究》,载《宪政体制与法治行政》(一)宪法篇,三民书局 1998 年版,第 292 页。
③ M. Kloepfer, Interdisziplinare Aspekte des Umweltstaats, DVBL. 1994, 13.
④ Scott Frickel & Debra J. Davidson, Building Environmental States: Legitimacy and Rationalization in Sustainability Governance, International Sociology,2004(1),p. 90.

自由国与法治国;(8) 19 世纪德国的环境法;(9) 环境的经济效应——基本问题与废弃物再利用;(10) 全球环境问题的国际化解决——以温室效应为例。

1993 年 9 月,该论坛在德国洪堡大学举行成果研讨会。会后,论坛的研究成果以"环境国家研究"(Studiem zum Umweltstaat)为名陆续出版。目前,已有 19 本相关著作公开出版。在进行"环境国家"系列研究的同时,以库福尔教授为代表的德国公法学者结合修宪过程,注重推动"环境国家"在立法上的实现,具体包括两个方面:

1. 德国《基本法》第 20a 条的修订

从 20 世纪 70 年代中期开始,"环境保护入宪"即成为德国法学界和社会大众所关注的议题。关于环境保护入宪的方式,主要观点有两类:直接规定成"环境基本权"(Umweltgrundrecht),亦即赋予人民直接请求环境保护的基本权利,或是规定为"环境保护的国家目标规定",亦即不赋予人民可直接请求的基本权,而是将环境保护规定为国家所应追求的目标与其客观的义务。20 世纪 80 年代中期后,注重制定为环境保护国家目标的主张逐渐成为主流。1987 年德国联邦参议院建议增订第 20 条 a,其建议内容为:(1) 人类的自然生命基础受到国家保护;(2) 进一步的内容由联邦与各邦在衡量其他法益与国家任务之下由法律定之。① 1990 年 12 月两德统一后,统一条约(Einigungsvertrag)第 5 条建议修宪者在统一的德国基本法中,接受更多的国家目标规定。基于此,德国联邦众议院与联邦参议院共同组成共同宪法委员会研讨修宪,工作内容就包含环保入宪的问题,其重心则在于如何规定国家环保目标、是否加入法律保留条款等。

在多年讨论"环境保护入宪"并形成社会共识的基础上,1994 年 11 月,德国通过了修宪案,增订《基本法》第 20a 条:"国家在合宪秩序的范围内,透过立法,并依据法律与法透过行政与司法,保护自然的生命基础并同时向未来的世代负责。"正式确立了国家环境保护的目标。2000 年 5 月,德国联邦议院通过修宪案。对于第 20a 条,在"自然的生命基础"后加入"动物保护",在宪法上确立了一个对待动物的最低伦理标准。德国《基本法》对国家环境保护目标的确认,正符合了库福尔教授的一个重要主张,即把环境保护列为国家目标,使德国走向环境国家成为一个不可逆转的趋势。另外,他主持的环境国家研究与修宪过程基本处于同一时期,库福尔教授也积极参与修宪的

---

① 张嘉尹:《环境保护入宪的问题——德国经验的初步考察》,载《月旦法学杂志》1998 年第 7 期。

讨论,应该说是促进了《基本法》第 20a 条的立法。① 简言之,《基本法》第 20a 条并不足以使德国成为环境国家,但却是目标实现的必经之路。

2.《环境法典》(草案)的编撰

从 20 世纪 60 年代开始,德国开始了大规模的环境保护立法,环境法逐渐成为一独立的部门法。根据大陆法系法典编纂的传统,德国法学界一直努力将环境法的必要要素进行整合、协调、发展,制定出统一的环境法典。受德国环境部的委托,从 1988 年到 1990 年,由库福尔教授担任主席的教授委员会完成了环境法典总则部分草案的编撰。随后,另一学术团队负责起草环境法典分则篇,仍由库福尔教授担任主席,于 1994 年完成。总则篇的内容目的在于创造环境法体系内部的完整性与和谐性,其共有十二章:第一章说明立法目的、概念定义以及环境保护基本原则,具体包括:预防原则、污染者负责、合作原则;第二章规定了环境保护的义务及环境权利,其第一节中规定了人民所应该要遵守的义务清单,第二节中规定了到目前所谓环境保护法益所保护的权利;第三章规定了环境计划;第四章规定了环境影响评估;第五章规定直接管制措施;第六章规定间接的影响性措施,这主要是针对受规范者的意图来进行诱因式的措施,从而使行政机关有一定的行为决定空间;第七章规定了环境信息、环境研究、环境观察、环境数据统计以及环境报道、环境现状的说明;第八章规定了环境损害赔偿和补偿,第九章规定了环保团体参与及程序公开,第一节规定了环境团体的参与,第二节规定了程序的公开;第十章规定了环境法规的制定,包括公布法规命令、行政规则以及程序的规定;第十一章规定了环境组织及其权限;第十二章为其它规定。②

从相关立法资料看,环境法典草案的编撰明确融入了"环境国家"的研究成果。在该环境法典总则部分草案的报告书中,立法说明的第二部分"宪法上的出发点"中包括了如下四个方面的内容:作为国家目标的环境保护;作为国家义务的环境保护;《基本法》中环境保护的国家目标规定;与环境保护相关的联邦立法权限。同时,草案中明确说明了环境保护中国家与社会责任的界分。其中,库福尔教授明确指出,对环境及生态的保护属于共同体的任务。由于权力的独占,国家必须为了公共利益采取必要的措施,但环境保护原则上是一个公共任务,国家必须和市民社会共同努力。③ 据此,前述《环境法典》(草案)第 6 条规定了环境保护的"合作原则"(kooperationsprinzip),

---

① 〔日〕山下竜一:《ドイツ環境国家論ノート(1):クレプファーの所説を中心に》,北大法学論集,第 59 卷第 6 号。
② 参见陈慈阳:《环境法总论》,中国政法大学出版社 2003 年版,第 73—75 页。
③ M. Kloepfer(Hrsg). Umweltstaat, Springer, Berlin,1989, S.45.

并在报告书中对该原则进行了解释:"合作原则的中心在于环境保护事务中,国家与社会的相互合作。在环境保护上,国家应优先完成的任务仅限于由立法者规定的中心领域,其余任务属于社会与国家的共同责任。"[1]这一对于环境保护宪法基础和合作原则的强调,正是德国公法学界环境国家理论的重点所在。

二、"环境国家"的内涵与外延

在目前对"环境国家"的界定中,著名德国公法学者库福尔教授的观点最具代表性。库福尔教授曾在三个不同地方,对环境国家进行了界定:(1)环境国家是一个以环境保护作为其目标的国家[2];(2)环境国家是"以不损害环境为任务,并以对此作为决策基准与目标的国家制度"[3];(3)环境国家是"将环境保护的目标一体化,并以此作为优先任务的国家。"[4]显然,库福尔教授并未对环境国家进行严格的定义,这源于其对"环境国家"概念模糊性与价值评价多义性的认识之上。库福尔教授也明确指出,"环境国家"概念本身具有模糊性,在评价上也不一致。对有些人而言,可以联想到社会国等正面的概念;而对于其他人而言,就有广泛限制人民自由的阴影。这是因为,如果要违背利害关系人的意愿而进行环境保护,就必须采取管制和限制性的措施,该措施的过分使用无疑会影响人民自由。由此,环境国家概念应保持开放和价值中立,其具有多层含义,包括在国家与环境保护一体化的过程中产生的各种问题。[5]

在概念保持开放与中立的基础上,库福尔教授提出,环境国家所关注的中心,在于检视环境保护是否已成为国家目的的一部分。根据其论点,国家目的应随着不同时期的历史状况而变化。近代国家目的理论中,从只有和平、自由演变成加入法治国和社会国的要求,这种变化正是在国家面临危险状况时发生的。虽说环境保护包含在了国家的自由目的中,但由于资源枯竭等问题产生了超过自由目的的保护要求,从存在论的角度看,环境保护作为独立的国家目的而加以考虑具有合理性;21世纪的国家将很有可能成为环境国家。[6]

---

[1] Umweltbundesamt, Berichte 7/90 Umweltgesetzbuch-Allgemeiner Teil. S. 155.
[2] M. Kloepfer. Umweltstaat als Zukunft, Economica: Bonn,1994,S. 103.
[3] M. Kloepfer(Hrsg). Umweltstaat, Springer, Berlin,1989, S. 43.
[4] M. Kloepfer, Interdisziplinare Aspekte des Umweltstaats, DVBL. 1994, 12.
[5] M. Kloepfer(Hrsg). Umweltstaat, Springer, Berlin,1989, S. 39—44.
[6] M. Kloepfer, Interdisziplinare Aspekte des Umweltstaats, DVBL. 1994, S. 13f.

可见,库福尔教授的"环境国家"理论重心在于强调环境保护作为国家目标的必要性,但对于概念本身并不加以严格的定义。受到这一倾向的影响,日本学者在涉及"环境国家"概念时,也多予以描述而非进行严格定义,主张在"环境国家"中,不再以国家发展功利主义为主要目的,转而追求人类共同利益与未来世代利益,甚至更进一步将生态系统的可持续发展作为终极目标。① 有学者则在库福尔学说的基础上,明确提出,环境国家是一个开放的集合概念,其包含了下列领域的探讨②:

(1) 环境国家是将环境保障作为主要任务的国家,因此,国家需要扩张其行为的范围。

(2) 环境保护的国家任务具有限制自由的效果,即自由必须受到生态限制。同时,有效的国家环境保护意味着对当今及未来世代生存条件的保护。

(3) 环境国家意味着,必须在宪法中明确规定环境保护的国家任务。

(4) 环境国家中,有必要从整体上采取环境保护措施。

(5) 加强长期责任(Langzeitverantwortung)的执行,是环境国家的重要任务。该任务必须对未来的利益加以制度化的考量。

(6) 环境国家必须在权利保护领域采纳团体诉讼、环境受托人诉讼等法律制度。

(7) 在私人通过柔性工具履行"去国家化"的环境保护任务时,国家仍应担负辅助性的职责,因为国家不能从环境保护领域中完全撤离。

(8) 环境国家中,环保不应被理解为某个特定部门的任务,或者限制在有限的事项中。相反,环境保护要求必须纳入其他政策的制定与执行之中,这一点在 1992 年《欧洲联盟条约》第 6 条中已经给予明确规定。

我国台湾地区的学者也认为,"环境国家"代表了以环境保护为基础的各类新兴国家理念,其中包含的问题有:环境保护在宪法上的地位及其意义如何? 国家的环境保护任务与人民基本权利之间的关系如何? 国家应如何有效的履行环境保护任务? 在宪法的框架下,国家可以运用那些法律手段达到环境保护目的? 环境国家与法治行政及民主体制之间的关系如何?③

可见,由于环境保护的多样性及其所涉利益的多元化,目前尚不存在一个统一的"环境国家"规范性概念。笔者认为,从描述性的角度,"环境国家"

---

① 〔日〕山村恒年:《環境保護の法と政策》,信山社 1996 年版,第 6 页。
② Christian Calliess, Rechtsstaat und Umweltstaat: Zugleich ein Beitrag zur Grundrechtsdogmatik im Rahmen mehrpoliger Verfassung, Verlag: Mohr Siebeck, 2001, S. 31.
③ 李建良:《环境议题的形成与国家任务的变迁——"环境国家"理念的初步研究》,载《宪政体制与法治行政》(一)宪法篇,三民书局 1998 年版,第 305 页。

概念可以表述为:以环境保护作为国家目的并采取多种方式加以实现的国家。换言之,国家环境保护义务的目标,即是成为"环境国家"。值得注意的是,由于所涉领域的广阔,"环境国家"并非法教义学意义上的法律概念,更应作为一个描述性、开放性的概念,表述现代社会中国家在环境保护领域的责任及其实现方式。

第三节 "环境国家"中国家权力的定位

一、"环境国家"中的国家与公民关系

尽管从解释学上看,"环境国家"是针对现代社会中国家环境保护任务的一个描述性概念,尚不构成严格的规范性概念,但从法律与社会互动的角度看,环境国家的出现,一方面意味着国家在环境保护上权力的扩充,另一方面也意味着公民与国家关系因环境保护事项而需要进行重新划定。这就提出了相应的公法学问题。"在本质上,宪法是一部保护公民权利不受政府权力——尤其是立法权力——侵犯的法。"[①]显然,相关讨论应主要围绕宪法进行。

纵观近代以来的各种宪法学说,尽管在具体措施上有较大差异,但都基于两方面的基本认识:一方面,为了维护社会共同体的存续,国家权力是必要的,但有着被滥用的危险;另一方面,公民权利是对于公民在国家中,在政治平等意义上的具有普遍意义的成员身份的确认,是必不可少而易受侵害的部分。这两方面的认识经过启蒙思想家的论证,逐步成为建构现代宪法的出发点。因此,"公民权利/国家权力"被公认为是宪法学的基本范畴,两者之间的关系则成为宪法的基本问题所在。"宪法的基本内容主要可以分为国家机关权力的正确行使和公民权利的有效保障两大部分。公民权利与国家权力实际上是宪法最基本的矛盾。"[②]传统宪法观强调对于国家权力的限制,使人民自由地谋求自我发展,对经济与社会的发展起到了重要作用。但在日新月异的现代社会中,国家与公民具有了更多的理论含义。在环境国家中,国家与公民的关系主要体现在如下三个方面:

(一)国家在环境保护上的职权通过宪法加以确认

宪法的产生,是人民与专制君主斗争的成果。随着近代启蒙思想的广泛

[①] 张千帆:《论宪法效力的界定及其对私法的影响》,载《比较法研究》2004年第2期。

[②] 李龙、周叶中:《宪法学基本范畴简论》,载《中国法学》1996年第6期。

传播,市民社会与国家日益分离并具有优先的地位。在著名的《政府论》中,洛克论证了由自然状态到政治社会的国家生成过程,即"政治社会都起源于自愿结合和人们自由的选择他们的统治者和政府形式的相互协议"。在由自然权利转让而形成政治权力时,人民附以明确或默示的委托,以规定这种权力除了保护社会成员的生命、权利和财产外,就不能再有别的目的或尺度。这种政治契约是立法和行政权力的原始权利和这两者之所以产生的缘由,政府和社会的起源也在于此。① 由此,洛克的理论确立了"立宪国家",其依赖于社会与国家的实质性区分,政府的权力都来源于社会,可以因背离人民寄予的信任而被撤销。② 由此,在法治国家中,国家权力的正当性基础不再基于"神授"或君主的命令,而只能来源于宪法。换言之,国家权力除宪法外,并无其他正当性基础。如此,民主法治国家的基本原则是所谓"国家权力的派生原则",亦即国家权力是一种"被授予的权力"(delegated power)。宪法不仅仅是国家权力的界限,更是国家权力的来源及正当性基础。凡未经宪法授予的权限,国家不得行使。③ 现行法国《宪法》序言第3条即规定:"整个主权的本源主要是来自于国民。任何团体、任何个人都不得行使主权所未明确授予的权力。"如此,国家因环境保护而获得的职权及其行使,必须具有宪法依据并获得授权。

(二)环境保护措施之效力,来源于宪法在一国法秩序中的权威性

宪法在国家法秩序体系中具有最高的效力,其存在基础在于它自身,其他所有法律都是依据宪法而产生,并且内容不得与宪法相抵触。④ 更深一步说,在成文宪法时代,通过制宪权的认可,"根本的"、"高级的"构成了宪法的基本属性,代表着宪法在效力上的最高性和内容上重要性。宪法不仅是法律,而且是法律的法律(the law of laws),是法律王国的国王(the king of the law's kingdom)。⑤ 正因为宪法规定国家的根本制度和根本任务等涉及国家全局的根本问题,它便成为其他法律的立法依据,便成为法律的法律,便取得国家根本法地位。⑥ 为了保证宪法最高效力的实现,法律保留原则与违宪审查制度得以出现并不断发展。欲实践环境国家的要求,除了传统意义上的国

---

① 〔英〕洛克:《政府论》(下篇),叶启芳等译,商务印书馆1996年版,第78—92页。
② 〔澳〕约翰·基恩:《市民社会与国家权力形态》,载邓正来、亚历山大主编:《国家与市民社会》,中央编译出版社1999年版,第108页。
③ 李健良:《宪法理论与实践》(二),学林文化事业有限公司2000年版,第28页。
④ 许育典:《宪法》(第三版),元照出版有限公司2009年版,第18页。
⑤ 陈端洪:《论宪法作为国家的根本法与高级法》,载《中外法学》2008年第4期。
⑥ 徐崇德主编:《中国宪法》,中国人民公安大学出版社1996年版,第22页。

家公权力行为外,还涉及因"国家任务私人化"而产生的私人行为,需要大量的法律法规加以规范,其效力自然应以宪法中相应规范为准。

(三)宪法通过基本权的保障,指导环境国家的发展方向

宪法的基本目的在于保障人民权利。作为一部"基本法",宪法所保护的并非一般的公民权利,而是对公民生活产生重要影响并关系到人性本质的"基本权利"。① 作为宪法调整的权利形态,基本权利在整个权利体系中处于核心与基础地位,而关于基本权利的规定则构成了宪法内容的核心和基础地位。这些基本权利由三部分构成:一为自我肯定和保存意义上的个体权利,即古典基本权利;一为自我表现意义上的体现公民参与的政治权利;一为自我实现和发展意义上的社会经济权利。三类权利分别是自由、民主与平等价值的宪法体现。②

毋庸置疑,环境保护措施会对人民原有的自由与财产构成一定的影响甚至侵犯,如此,环境国家就有沦为新的"警察国家"的危险。库福尔教授也明确指出,环境国家可能会演变成"生态独裁"国家,即因为环境与生态的保护而极大限制甚至剥夺人民的自由权利。③ 从法律安定性的角度观之,环境国家涉及多个法律领域,难以勾勒出确切的制度范围,具有一定的模糊性,也会对法律自身的价值产生影响。"从社会学的角度看,把模糊的、极为弹性的、过于宽泛的和不确定的规定引入到法律制度之中,无异于对法律的否弃和对某种形式的专制统治的肯定。"④此时,就有必要借助宪法对于人民基本权利的保障机制,划定环境国家中国家权力的边界,界定人民与国家的相互关系,确保"环境国家"的建构不背离现代宪法与法治的基本精神。

二、"环境国家"中的规范与价值关系

(一)法律规范与价值判断的相互关系

1. "规范法学"中规范与价值的分离

作为社会生活的应然指示,"规范"(Norm)广泛存在于不同的社会领域中。所有的社会科学,皆以人类交往行为的规范为其研究对象。法学作为以规范为研究对象的诸学科中的一种,其区别于其他学科的最大特点在于:在法学中,理论探讨和实践运用都是围绕着法律规范而进行的。有学者即明确

---

① 张千帆:《宪法学导论》,法律出版社2004年版,第39页。
② 郑贤君:《基本权利的宪法构成及其实证化》,载《法学研究》2002年第2期。
③ M. Kloepfer(Hrsg), Umweltstaat, Springer, Berlin,1989, S.70
④ 〔美〕博登海默:《法理学,法律哲学与法律方法》,邓正来译,中国政法大学出版社1999年版,第232页。

指出：规范是法学的核心问题。法学的一切问题，都需要循着法律规范而展开。以法律规范为核心的法学理论架构尽管遭到了多方面的学术批判，但其自身恰恰在此种批判声中不断完善、茁壮成长，成为法学独立并区别于其他学科的基本标志。这样，法学就有了自己的"专业槽"。①

这一学术成就，集中体现在著名奥地利法学家汉斯·凯尔森（Hans Kelsen）所提出的"规范法学"理论上。凯尔森秉承了近代哲学理论区分"应然"与"实然"的传统，在此基础上发展出一套"纯粹法理论"（pure theory of law）。根据其"先验逻辑主义"的认识论，概念并不反映经验，其作用在于通过对经验加以组织以使其为人所理解，所以每门科学都必须创造自身的概念工具。就法律领域而言，这个概念工具或者说解释框架就是"规范"。② 根据凯尔森的观点，"规范"是独立于"事实"和"价值"两大范畴的独特领域，共同组成了"事实"、"价值"、"规范"的三元世界。如果说价值和事实的关系表现为"应当"与"是"的关系，法律就同时体现为"应当"和"是"，它包含了这原本两个相互排斥的范畴。③ 如此，法律规范就具有了独有的特征。

凯尔森认为，并不能简单地将法律认为是"规则"，它不能充分反映法律的特点。"规则并不指一个单独的、不重复发生的事件，而是指一整批同样的事件。规则的意义是，当某种条件具备时，某类现象就发生或应当发生，总会或几乎总会发生。事实上，法律经常被人解释为'一般规则'。"④同体现客观性和必然性的"规则"不同，"规范"则更多表现人们的主观意志。"'规范'是这样一个规则，它表示某个人应当以一定方式行为而不意味着任何人真正'要'他那样行为"；"规范表示这样的观念：某件事应当发生，特别是一个人应当在一定方式下行为，规范丝毫没有讲到有关个人的实际行为。……无论是关于创造规范的那些人的实际行为的说法，还是关于受规范支配的那些人的实际行为的说法，都不能复制规范本身的特定意义。"⑤由此，规范的表述是以一种"应当"的句式表达的，规范是关于人们应当如何行为的规定，而不是对人们实际行为的描述。法具有规范的属性，是一种"应然"范畴而非某种"实然"范畴。如此，凯尔森将建立在"应当"基础上法律规范作为其理论体系的基石，视为法律的基本属性。

---

① 谢晖：《法律规范之为法学体系的核心》，载《学习与探索》2003 年第 6 期。
② 陈景辉：《法律的界限——实证主义命题群及展开》，中国政法大学出版社 2007 年版，第 47—48 页。
③ 〔奥〕凯尔森：《法与国家的一般理论》，沈宗灵译，中国大百科全书出版社 1996 年版，第 429 页。
④ 同上注，第 40 页。
⑤ 同上注，第 37、39 页。

概言之，根据凯尔森的观点，法律就是具有效力（validity）的规范体系，它意味着人们具有按照法律规定去行为的义务。为了保证这种效力的可能，法律规范必须体现为一套体系。"规范只能在属于一个规范体系、属于一个就其整个来说是有实效的秩序的条件下，才被认为是有效力的。"①在某种意义上，规范是建立法律规则的前提所在。"只有借助于规范的概念与相关联的'应当'的概念，我们才能理解法律规则的特定意义。只有这样，我们才能理解法律规则及其与为他们的行为而'规定'的、为他们订定一定行为方针的那些人之间的关系，以说明人们实际行为的规则来代表法律规范的意义。同时，那些使法律规范的意义不依靠'应当'的概念的任何企图，是一定要失败的。"法律的基础，在于其理论对象是关于"应当是什么"的陈述，其基石则是体现立法者主观意志的"规范"。此时，法律区别于事实的"规范性"就表现为规范自身所蕴含的"应当性"。

概言之，凯尔森通过严格区分价值与规范、规范与事实，使"规范"获得了完全的独立性，以一种形式化、逻辑化的方式确立了法律作为一门学科的独立地位，确立了法律规范在法学中的中心地位。正因为此，凯尔森的"纯粹法学"成为20世纪以来法理学中重要的流派，凯尔森被称为"现代法学思想史上影响最大的一人"②。

2. 价值判断的重要性

在凯尔森法学理论的影响下，"规范分析"逐步成为法学的基本研究方法和法律作为独立学科的标志所在。有学者提出，对某一具体学科而言，应当有其自身的独特方法，否则学术分工就没有必要了；在法学中，这种"自身的独特方法"即为规范分析方法。③ 正是在这个意义上，拉伦茨提出，法学的主要任务在于"处理规范性角度下的法规范"，即探讨规范的"意义"；法学是一门"规范科学"。④

在对待价值判断的态度上，"规范法学"严格区分应然与实然、法律与道德，将价值判断排除在法学思考的领域外。⑤ 然而有必要指出的是，凯尔森所提出的"纯粹法理论"，并非如有的观点所指责的那样，是一个"试图排除

---

① 〔奥〕凯尔森：《法与国家的一般理论》，沈宗灵译，中国大百科全书出版社1996年版，第44页。
② 张文显：《二十世纪西方法哲学思潮研究》，法律出版社1996年版，第86—87页。
③ 谢晖：《论规范分析方法》，载《中国法学》2009年第2期。
④ 〔德〕拉伦茨：《法学方法论》，陈爱娥译，商务印书馆2003年版，第77页。
⑤ 凯尔森即明确主张区分应然与实然、法律与道德的"分离命题"，认为"法律问题，作为一个科学问题，是社会技术问题，并不是一个道德问题"。参见〔奥〕凯尔森：《法与国家的一般理论》，沈宗灵译，中国大百科全书出版社1996年版，第5—6页。

任何与法律无关的因素"、封闭式的单纯逻辑构造。① 他坚持法律与道德的分离,仅仅只是反对将法律的规范性归属于各种主观性的价值表达,并不是反对从价值的视角看待法律。恰恰相反,凯尔森提出,"法律规范之可被适用,不仅在于它由机关所执行或由国民所服从,而且还在于它构成一个特定价值判断的基础。这种判断使机关或国民的行为成为合法(根据法律的、正当的)或非法(不根据法律的、错误的)行为。这些是特定的、法律上的价值判断。"②

从另一个角度看,纳粹德国的历史告诉人们,过于强调法规范的独立性而排除价值会造成法律的暴政,在法律中不适宜也不可能将事实判断和价值判断相互对立。试图通过"科学"的方法在法的思考中完全排除价值考量,已被证明是不可行的。有学者甚至断言:"不管是在实践领域还是在理论领域,法学涉及的主要是价值导向的思考方式。"③在法律思考必然涉及价值因素的情况下,如何在规范分析中妥当处理价值判断问题就成为规范法学的中心课题。

对此,规范法学的方法是将主观价值陈述转化为客观价值判断。可资借鉴的是凯尔森所提出的"法律的价值"和"正义的价值"区分。"对一定行为是合法或非法的判断中所包含的价值表语,在这里,就被称为'法律的价值',而对一个法律秩序是正义的或非正义的判断中所包含的价值表语,则称之为'正义的价值'。宣称法律价值的陈述是客观价值判断,而宣称正义价值的陈述是主观价值判断。"④法律的价值基础是经过法律认可并得以固化的"客观价值判断",并构成了规范所指向的"应当",而不是基于某种"法外的价值"而进行的"主观价值判断"。这就构成了规范法学和传统自然法学的区别。凯尔森认为,自然法学混淆了外在的正义性价值和法律价值两者的区别,将本来是具体存在的正义性价值直接作为法律规范内的价值,从而使法律规范变成了意识形态的汇总,混淆了价值和规范的区别。如此,"其实自然法学只是关于伦理和政治的理论,是意识形态的汇总,不能算是一个

---

① 有观点认为,凯尔森在分析法律时过于强调纯粹公式,而忽略了创造、适用和遵守法律的人的因素,把法律同其他社会现象割裂开来,非但不能说明法律的现象,反而会造成对法律的曲解。参见徐爱国等:《西方法律思想史》,北京大学出版社 2002 年版,第 332—333 页。
② 〔奥〕凯尔森:《法与国家的一般理论》,沈宗灵译,中国大百科全书出版社 1996 年版,第 51 页。
③ 〔德〕拉伦茨:《法学方法论》,陈爱娥译,商务印书馆 2003 年版,第 95 页。
④ 〔奥〕凯尔森:《法与国家的一般理论》,沈宗灵译,中国大百科全书出版社 1996 年版,第 51 页。

法律科学。"①可见,规范法学及规范分析方法并不是完全排斥价值的单纯实证主义学说,它只是在承认价值的同时强调:价值只能是"法律之内的价值",是固化于法律规范之中的政治道德,法律之外的价值(如自然法理论所强调的先验价值准则及道德诉求)不在规范法学的考虑之内。

(二)"环境国家"的宪法规范与价值判断

1. "环境国家"的规范集合

从宪法文本看,自1972年第一次联合国环境与发展会议召开后,为了顺应世界范围内"环境保护时代"的要求,"环境保护入宪"逐渐成为世界各国宪法发展的趋势所在。因此,"环境国家"在法律规范层面的表现形式,主要集中在宪法的环境保护条款中,可归纳为三种规范形式:

(1)基本权利规范。从20世纪60年代环境保护运动兴起以来,"环境权"概念即出现并得以在世界范围内不断扩展影响。随着环境问题的日益严重,在宪法中规定公民享有清洁、健康环境的权利,或者说"环境权入宪"的呼声越来越高,并逐步反映在一些国家的宪法文本中。具体分析各国宪法条款,包括两种方式:

① 单一模式,即在宪法中仅规定个人所享有的清洁、健康的环境的实体性权利。从时间上看,南斯拉夫联邦是最早在宪法中确认环境权的国家。1974年《南斯拉夫社会主义联邦共和国宪法》第192条规定:"人有得到健康的生活环境的权利。社会共同体为行使这一权利提供保证条件。"随后具有代表性的规定,还有1978年《西班牙宪法》第45条规定:"所有人有权利享有适于人发展的环境,并有义务保护环境";1988年《韩国宪法》第35条规定:"全体国民均享有在健康、舒适环境中生活的权利";1993年《南非宪法》第24条规定:"每个人有权:获得对其健康和幸福无害的权利……"宪法中确认实体性环境权的最新例证,是2007年的《尼泊尔宪法》,其第16条第1款规定:"每个人都有居住在清洁环境中的权利。"

② 复合模式,即宪法中除了规定实体性环境权外,还规定环境知情权、环境司法救济权、环境公众参与权等程序性环境权(procedural environmental rights)。从顺序上看,首先是环境知情权被明确规定在宪法中。开创这一立法形式的,是1992年的《斯洛伐克宪法》《黑山共和国宪法》和《挪威宪法》。《斯洛伐克宪法》在第44条规定公民的环境权的同时,第45条规定:"每个人都有及时、全面获得国家环境状况及其产生原因信息的权利。"《黑山共和国

---

① 〔奥〕凯尔森:《法与国家的一般理论》,沈宗灵译,中国大百科全书出版社1996年版,第50页。

宪法》第 19 条则直接规定："每个人应当有健康环境的权利,并有权及时、完整的获得环境状况信息。"《挪威宪法》第 110b 条则规定,为了保障公民的环境权,公民有权获得自然环境状况的信息,以及任何对自然可能造成侵害效果的计划或开始的行动。1994 年《摩尔多瓦宪法》也有相似的规定(第 37 条)。

在此基础上,1993 年的《俄罗斯宪法》增加了环境司法救济的内容,该法第 42 条规定："每个人都有享受良好环境,并获得关于环境状况信息的权利;每个人都有因生态破坏导致其健康或财产受到损害而要求赔偿的权利。"1995 年的《阿塞拜疆宪法》和 1996 年的《乌克兰宪法》与其相似,既规定了实体性环境权,也规定了环境知情权和环境司法救济权。1993 年《吉尔吉斯坦宪法》则同时规定了实体性环境权和环境司法救济权,没有规定环境知情权(第 35 条)。

环境公众参与权入宪的典型例子则在法国。2005 年 2 月 28 日,法国议会两院联席会议通过了《环境宪章》,包括序言和 10 个条文。在第 1 条明确规定"人人都享有在一个平衡和不妨害环境的环境里生活的权利"的基础上,该宪章第 7 条规定："在法律规定的条件和限制下,每个人都有权获得由政府当局掌握的与环境相关的信息,并参加会对环境产生影响的公告决策",对环境知情权和环境公众参与权在宪法上予以了确认。

据笔者统计,目前单独规定实体性环境权的有 49 个国家,同时规定实体性和程序性环境权的有 15 个国家。具体参见下表:

表 1.1 环境权入宪的不同类型及国家

单一模式	葡萄牙(1976 年)、西班牙(1978 年)、智利(1980 年)、土耳其(1982 年)、尼加拉瓜(1986 年)、菲律宾(1986 年)、韩国(1987 年)、巴西(1988 年)、匈牙利(1989 年)、克罗地亚(1990 年)、贝宁(1990 年)、塞多美(1990 年)、莫桑比克(1990 年)、斯洛文尼亚(1991 年)、马其顿(1991 年)、保加利亚(1991 年)、捷克(1991 年)、哥伦比亚(1991 年)、蒙古(1992 年)、安哥拉(1992 年)、多哥(1992 年)、马里(1992 年)、福得角(1992 年)、刚果民主共和国(1992 年)、巴拉圭(1992 年)、南非(1993 年)、塞舌尔(1993 年)、秘鲁(1993 年)、比利时(1994 年)、阿根廷(1994 年)、埃塞俄比亚(1995 年)、乌干达(1995 年)、芬兰(1995 年)、喀麦隆(1996 年)、乍得(1996 年)、拉脱维亚(1998 年)、尼日尔(1999 年)、委内瑞拉(1999 年)、科特迪瓦(2000 年)、希腊(2001 年)、塞内加尔(2001 年)、玻利维亚(2002 年)、东帝汶(2002 年)、卢旺达(2003 年)、罗马尼亚(2003 年)、中非(2004 年)、伊拉克(2005 年)、苏丹(2005 年)、尼泊尔(2007 年)
复合模式	布基纳法索(1991 年)、黑山(1992 年)、斯洛伐克(1992 年)、挪威(1992 年)、俄罗斯(1993 年)、吉尔吉斯斯坦(1993 年)、摩尔多瓦(1994 年)、哥斯达黎加(1994 年)、阿塞拜疆(1995 年)、格鲁吉亚(1995 年)、乌克兰(1996 年)、白俄罗斯(1996 年)、厄瓜多尔(1998 年)、法国(2005 年)、塞尔维亚(2006 年)

除此之外,在一些联邦制国家中,联邦宪法没有规定环境权,但各州宪法中存在环境权的规定。如美国联邦宪法一直未能加入环境保护条款,但几乎所有州都已在宪法中加入环境保护与自然资源利用的条款,个别州则在宪法中明确规定了公民的环境权。代表性规定有:《夏威夷州宪法》第11章第9条:"每个人都享有一种由环境质量相关法律所界定的清洁、健康的环境权,包括污染控制及自然资源的保存、保护和改善。任何人都能通过适当的法律程序执行这项权利对抗任何政党、团体或个人,同时受到法律规定的合理限制";《宾夕法尼亚州宪法》第1章第27条:"人们有权享受清洁的空气、纯净的水,以及保护环境的自然、景观、历史和美学价值。"

(2) 基本国策规范。相较于环境权入宪,将环境保护作为国家的政策目标与行为义务、在宪法中明确规定环境保护的基本国策是更为普遍的做法。据笔者统计,目前共有105个国家的宪法明确将环境保护作为国家目标或义务。从环保基本国策保护对象角度分析各国宪法条款,具体可归纳为两种类型:

① 仅涉及当代人的环保基本国策,即仅仅规定国家在环境保护上的责任。这是大多数国家所采取的规范方式。例如,在1976年《印度宪法》第四篇"国家政策的指导原则"中,第48-A条规定:"国家应尽力保护和改善环境,保护国家森林和野生生物。"1992年《斯洛伐克宪法》第44条规定:"国家对有节制的使用自然资源、保持生态平衡和有效保护环境负有责任。"《白俄罗斯宪法》第46条第2款规定:"国家对为维护和改善生活条件,以及保护和恢复环境合理利用自然资源进行监督。"

② 依据"代际正义"的要求,将后代人利益纳入国家政策考量的范围。生态危机不仅对当代人的生存造成威胁,也严重地挤压了后代人生存和发展的空间和资源,极大地影响到后代人的利益。如何在当代人和后代人(future generations)之间公平地分配资源并传承人类文明成果,正是代际正义(intergenerational justice)所关注的课题并受到越来越多的重视。在法学研究中,代际正义问题是指当代人在涉及有关后代人利益和需要的行动时,应该承担什么样的义务或者责任的问题。① 20世纪70年代以后,随着人们对代际正义的意义和保护后代人急迫性认识的加深,代际正义理论逐步获得法律上的承认。在诸多国际条约上,已经对后代人利益给予了法律确认,如1992年《联合国气候变化框架公约》原则3(1)规定:"各缔约方应当在公平的基础

---

① 刘雪斌:《正义、文明传承与后代人:代际正义的可能与限度》,载《法制与社会发展》2007年第6期。

上,并根据它们共同但有区别的责任和各自的能力,为人类当代和后代的利益保护气候系统。"

在宪法中,已有多个国家在环保基本国策中体现代际正义的理念,纳入后代人利益。从时间上看,1975年《巴布亚新几内亚宪法》对后代人利益的宣示应为肇端。该法在"国家义务与指导原则"部分中,第四项规定:"巴布亚新几内亚的自然资源和环境的保存和利用应基于人民共同的利益,并基于后代人利益得到补充。"随后的立法出现在1980年《圭亚那宪法》中,第36条规定:"为了保护当代和后代人利益,国家将保护并合理使用土地、矿产、水资源、植物和动物,采取合适的措施保存并提高环境。"其他例证包括:1988年《巴西宪法》第46条规定,政府和公众有义务为当代和未来世代的人保护环境。1995年《格鲁吉亚宪法》第37条第4款规定:"为建立有益于人类健康的环境并使之符合社会生态和经济利益,为当代和未来世代利益,国家对保护环境和合理开发自然资源予以保障。"另外,前述德国1994年修宪通过的《基本法》第20a条明确规定国家应"保护自然的生命基础并同时向未来的世代负责",也是在环境基本国策中体现代际正义的代表性立法例。

据笔者统计,目前在环境基本国策中加入后代人利益的国家共有20个。具体参见下表:

表1.2 宪法中确认后代人利益的国家

亚洲	东帝汶(2002年)、卡塔尔(2003年)、不丹(2007年)、马尔代夫(2008年)
非洲	圭亚那(1980年)、瓦努阿图(1980年)、纳米比亚(1990年)、几内亚(1990年)、安道尔(1993年)、南非(1993年)、马拉维(1994)、阿尔巴尼亚(1998年)
欧洲	德国(1994年)、格鲁吉亚(1995年)、波兰(1997年)、
中北美及南美洲	巴西(1988年)、古巴(1992年)、阿根廷(1994年)、委内瑞拉(1999年)
大洋洲	巴布亚新几内亚(1975年)

(3)基本义务规范。一些国家的宪法在规定公民环境权利之后,又规定公民有环境保护的基本义务。例如,1976年《葡萄牙宪法》第66条第1款规定:"任何人都有享有有益健康与生态平衡的人类生活环境的权利,也有保护这种生活环境的义务";1978年《西班牙宪法》第45条第1款规定:"所有人有权利享有适于人发展的环境,并有义务保护环境";《莫桑比克宪法》第72条规定:"所有公民均有权生活在一个平衡的自然环境下,并有义务保护该自然环境。"

另外,一些没有在宪法中规定环境权和环保基本国策的国家,也对公民的环境保护义务在宪法中进行了规定,如 1992 年《爱沙尼亚宪法》第 53 条规定:"每个人都有义务保存人类及自然资源,并对环境造成的损害予以赔偿。"1992 年《乌兹别克斯坦宪法》在第二部分第 11 章"公民义务"中,第 50 条规定:"所有公民应保护环境。"由此可见,人民的环境保护义务具有独立的规范含义,其同环境权、环境基本国策一样,都应作为宪法环境保护条款的一部分。据笔者统计,目前已有 59 个国家在宪法中明确规定了公民的环境保护义务。具体参见下表:

表 1.3 宪法中规定公民环境保护义务的国家

亚洲	东帝汶、印度、伊朗、哈萨克斯坦、吉尔吉斯、老挝、蒙古、斯里兰卡、塔吉克斯坦、乌兹别克斯坦、越南
非洲	阿尔及利亚、贝宁、布基纳法索、布隆迪、喀麦隆、佛得角、乍得、刚果共和国、刚果(金)、加纳、马达加斯加、马里、莫桑比克、圣多美和普林西比、塞舌尔、坦桑尼亚、乌干达
欧洲	亚美尼亚、阿塞拜疆、白俄罗斯、保加利亚、捷克、爱沙尼亚、芬兰、法国、马其顿、摩尔多瓦、波兰、罗马尼亚、俄罗斯、斯洛伐克、斯洛文尼亚、西班牙、土耳其、乌克兰、塞尔维亚、黑山共和国
中北美及南美洲	阿根廷、玻利维亚、巴西、哥伦比亚、圭亚那、古巴、海地、巴拿马、委内瑞拉
大洋洲	巴布亚新几内亚、瓦努阿图

2. 价值判断进入宪法规范的路径

针对上述与"环境国家"相关的宪法规范,应如何理解其中蕴含的价值?这就涉及价值判断进入宪法规范的路径问题。对此问题,以林来梵教授为代表的宪法学者提出的"规范宪法学"理论,值得加以借鉴并深入思考。

根据"规范宪法学"理论,在研究对象上,宪法学的主要对象限定于既定的、实在的宪法规范;宪法学的核心任务应该在于探究宪法规范。形象地说,规范宪法学确定了自身活动的轴心,是一种"戴着脚镣跳舞"的学问。这个"脚镣"不是别的,就是宪法规范本身。[①] 在方法论上,坚持事实与价值二分的方法二元论,是规范宪法学的基本立场。这也是宪法学得以避开各种政治意识形态的复杂纠葛,而致力于"规范化"学术的前提条件。必须注意到,尽管本体论意义上将事实与价值进行截然二分的逻辑实证主义已经受到了批

---

① 林来梵:《从宪法规范到规范宪法》,法律出版社 2001 年版,第 7 页。

判,社会科学的"自然科学化"取向也必须加以反思①,法学中也已经不再坚持法的实然与应然绝对分离的立场,而转为一种相对主义的立场。② 但是,就规范宪法学而言,必须认识到事实与价值二者不能混为一谈,或互相无条件地推演。即我们必须把价值命题与事实命题加以相对区分,然后在此前提下才能够致力于妥当地解决规范与价值、价值与事实之间的复杂关系,这也是规范宪法学"围绕规范形成思想"的前提。③ 打破事实与价值不分的方法误区,实现"方法论上的觉醒",正是规范宪法学的实践关怀所在。

在价值问题上,同法实证主义不同,规范宪法学主张价值判断的"正当化"。当代人文社会科学的发展已经证明,对规范的研究无法回避价值问题,也不可能做到真正的"价值无涉"。纯粹的法律实证主义将价值判断、道德考量刻意地排除在法学思考的范围外,已经不为多数学者们所接受。但是,在价值多元的现代,传统自然法理论所主张的,在法律体系之外有一客观的价值秩序业已无法让人信服。对此,规范宪法学认为,应将价值的"客观性"转化为"正当性"。所谓"客观性"者,主要指的是价值判断的正当性或可被接受性而已。在此意义上而言,价值判断的"客观化"其实只是价值判断正当化的一种话语策略而已。价值判断所追求的既不是主观的价值恣意,也不是客观的"绝对价值",而是可信赖的、可被接受的"正当化"价值判断。④ 在这个意义上看,林教授之所以强调"规范宪法学",正是出自于挥之不去的价值关怀和与此价值关怀相关联的问题意识。因为只有借助制度和技术,价值才可能是现实的。⑤

综上,规范宪法学的基本立场是:让宪法学返回规范,确切地说就是适度地接近规范主义(Normativismus),但又不至于完全退到传统法律实证主义。在此基础上,林教授提出了规范宪法学的三种研究进路⑥:(1)以宪法规范为焦点。即直接进入宪法规范内部,在宪法框架内对各种价值进行分析、梳

---

① 美国哲学家普特南在打破事实与价值严格二分的认识基础上,对社会科学研究、特别是经济学中排斥价值判断的唯科学主义(实证经济学)倾向进行了批判。参见〔美〕普特南:《事实与价值二分法的崩溃》,应奇译,东方出版社2006年版,第59—78页。

② 拉伦茨即指出:"当为与实存、价值与事实的界域划分是新康德主义所阐明的,它虽然不是最后的真理,但是假使少了它,法学就不足以应付其问题。然而,也不可过度强调此种划分,以至于认为,不须考虑当为规范所应适用的实存关系,即可确定前者的内容。"参见〔德〕拉伦茨:《法学方法论》,陈爱娥译,商务印书馆2003年版,第13—14页。

③ 林来梵、郑磊:《所谓"围绕规范"——续谈方法论意义上的规范宪法学》,载《浙江学刊》2005年第4期。

④ 林来梵、翟国强:《有关社会科学方法论的反思》,载《浙江学刊》2006年第5期。

⑤ 李琦:《在规范与价值之间——评〈从宪法规范到规范宪法〉》,载《法学家》2002年第2期。

⑥ 林来梵、郑磊:《所谓"围绕规范"——续谈方法论意义上的规范宪法学》,载《浙江学刊》2005年第4期。

理与整合,并以此为基础对宪法规范自身作出解释。(2)以宪法规范为终点。通过运用其他人文社会学科的方法研究宪法现象,最终阐明和解释宪法规范。(3)以宪法规范为起点。在此方面的具体化应用,就是立足于对宪法规范的阐释,然后进入其他领域,如政治学领域。

从规范宪法学自身的理论架构看,它试图在强调宪法规范的基础上达成宪法秩序,也就不可避免地会在一定程度上满足于规范内在的自足合理性,满足于国家意志所给予的规范前提。换言之,它必然倾向于重视既定的、实在的宪法规范保障。从这一点上来说,规范宪法学并不是完全没有可能踏入传统规范主义曾经踏入过的陷阱,即将一切政治、历史、伦理角度的考量统统作为"非法律学的东西"而加以排除,最后被纳粹主义利用的苦果。[①] 由此,保持一定的价值开放性是规范宪法学自身证成的必要方式。这就产生了"价值如何进入规范"的问题。"规范宪法学所言之围绕规范并不意味着逃避现实、拒绝价值,所谓'围绕规范'尚保持着价值的开放性。规范宪法学正是在传统实证主义和绝对自然法学之间寻求合适位置。"[②]如何处理价值的开放性和规范体系自足性的相互关系,应为规范宪法学寻求自立的重要一环。

然而从相关文献看,尽管学者已认识到这一问题,但是并未就此问题进行更深入论述,而是认为该问题"基本上是不重要的"。规范宪法学主张,规范当中本身就蕴含了价值并倡导价值导向的思考,其更为重视的是进入了规范的价值;至于规范之外的价值以及这些价值如何转化为规范之内的价值,至少不是核心的问题。价值是如何进入规范的,这主要是法哲学、法社会学、立法学等在实在法秩序之外进行观察的学科所回答的问题。[③] 有学者则从现实入手,归纳了价值进入宪法规范的两种方式:(1)非规范性的进入方式,即通过宪法的废弃、废止、修改、临时中止等方式,使规范外的价值通过这些较为剧烈的变动取代或补充规范内的价值或价值秩序。(2)规范性的进入方式,指完全受实定宪法秩序调整的规范行为所引发的宪法变动。宪法解释或宪法审查活动是引发这类宪法变动的典型情形。[④] 但是,这种描述性的归纳仍然没有从实体上明确规范外价值和规范内价值的图景,未能给出价值转

[①] 林来梵:《从宪法规范到规范宪法》,法律出版社2001年版,第8页。
[②] 林来梵、郑磊:《所谓"围绕规范"——续谈方法论意义上的规范宪法学》,载《浙江学刊》2005年第4期。
[③] 郑磊:《宪法学方法论的开放性》,载《浙江学刊》2009年第2期。
[④] 郑磊:《价值是如何进入规范的:宪法学的基本立场》,载《江苏行政学院学报》2008年第4期。

化的规范条件。而是诉诸技术性装置对价值判断进行"正当化",如哈贝马斯的商谈民主理论和阿列克西的法律论证理论,实际上是回避了实体性的价值认定问题。有学者就提出,规范宪法学在价值问题上理论立场模糊,它认识到了价值的非科学性,但仍然没有摆脱关于价值的理论,将价值的问题化约为大多数,实际上承认了价值问题上的民主决定论。① 在这个意义上看,规范宪法学过于强调将"规范"作为研究对象而忽视价值设定,无疑是其局限性所在,更有偏向法律实证主义的内在危险。② 这表明,尽管"规范宪法学"理论为我们对宪法问题进行规范分析提供了很好的基础性思考,但在价值问题的处理上仍有待深入之处,需要进一步加以明确。

就"环境国家"之宪法规范而言,如果简单地按照规范宪法学的理路,仍然难以明确其成为"规范宪法"的可能。具体而言,如果将宪法中环境基本权利、基本国策、基本义务规范的出现,视为"应加强环境保护"或者说"环境的内在价值"通过宪法修改的方式进入了宪法规范之内,使宪法根据环境伦理的要求实现了"生态化",在具体的情形中仍然难以明确该规范所包含的"应当":首先,谁是环境保护的主体?谁来判断"环境的内在价值"?再者,环境保护中存在着复杂的,甚至是相互冲突的利益关系。被环境主义者奉为经典的环境伦理学说用"人类"、"我们"这样的全称名词取得了有不同现实需求的群体的代表权和发言权,以抽象的"类"主体掩盖了现实世界中以及环境保护运动中主体的多样性,遮蔽了现实生活中有差异的利益主体,掩盖了存在于弱势群体与强势群体之间的"环境非正义"现象。③ 在价值指向不明和内在冲突的情况下,仅凭宪法规范本身,究竟如何作出合理而正当的法律判断?

此时,就需要我们以一个新的视角来看待规范宪法中的价值问题。实际上,在"祛魅"和多元的现代社会中,绝对化的价值认知早已不为公众所采纳,关于价值的研究并不存在一个"科学"的认识方法,而是应该建立在一个"价值共识"上并由此推导出被论证的价值。由此,规范体系的逻辑前提就是一种假定性的"价值共识"。该价值共识作为建构规范体系的前提性基础,是所谓"规范外价值",也就是前述凯尔森所言的"正义的价值"。正义性

---

① 夏正林:《社会权规范研究》,山东人民出版社2007年版,第50页。
② 有学者指出,部门法可以是价值无涉的,但宪法不可能,其必须承载法律体系的"意义世界"。分析实证主义法学严格的区分"规范"和"价值",对于美国宪法的研究就遇到了诸多的逻辑悖论。参见刘连泰:《价值与规范纠葛的展开图景》,载《江苏行政学院学报》2008年第4期。
③ 王韬洋:《有差异的主体与不一样的环境"想象"——环境正义视角中的环境伦理命题分析》,载《哲学研究》2003年第3期。

价值(价值共识)的作用不在于对事实进行具体评判,而是对规范体系的建构给予基础和判断。正如凯尔森所言:"正义性价值确实不在于对利益的关系,而在于对规范的关系。"① 假定的共识是进行规范分析的前提和基点,是先验性的价值基础,也是规范体系的评价标准。由于其为一种理论抽象,法的价值共识具有非绝对性、非最终性,是综合运用论证、共识、缺陷三项原则的不断反复的过程。②

在明确了分析的起点——特定的"价值共识"后,进一步的任务就是通过演绎的方式,使"正义的价值"进入法规范体系,明确对具体事实进行法律判断所依据的"法律的价值"。这便是一个"规范外价值"向"规范内价值"转化的过程,研究者的任务是通过研究规范体系本身,明确在具体情形下法规范所要求的"应当"究竟为何。简言之,研究者所研讨的,是对这些"正义性价值"如何进行有效规范和表达的问题。同时还必须注意到,由于人类语言的局限,规范体系不可能解决所有情形中的价值判断问题,总会留下一些模糊和不确定的"灰色区域",如哈特就指出,在"禁止将交通工具带入公园"这一法律规范中,"交通工具"除了在"汽车"等标准情形下,还存在是否包括"飞机"、"玩具汽车"等不确定的"暗区问题"。③ 面对"价值暗区"问题,相关主体在前提性价值共识的指导下,对具体情形进行法律判断。由于在确定的时间——空间内(法律程序的要求),并在确定的框架(有效法秩序)内作出一个确定的判断是法律判断的宿命④,为了合理地解决其中的法律问题,研究者就有必要提出一定的规范性指引。

因此,欲明确"环境国家"公法构造中规范与价值的相互关系,关键在于两点:一是确认建立规范体系所需的"价值共识",二是在价值共识的基础上,深入分析并挖掘宪法相关规范的规范含义,明确其中所蕴含的"应当"。其中,价值共识的确立无疑是所有论述的基础,值得加以进一步深入论述。

三、"环境国家"价值共识的确认

前文已述,由于环境保护的多样性及其所涉利益的多元化,目前尚不存

---

① 〔奥〕凯尔森:《法与国家的一般理论》,沈宗灵译,中国大百科全书出版社1996年版,第52页。
② 张骐:《论法的价值共识》,载《法制与社会发展》2001年第5期。
③ 〔英〕哈特:《法理学与哲学论文集》,支振峰译,法律出版社2005年版,第70页。
④ 阿列克西指出,由于普通实践论辩无法保证总能得出确定的答案,使得法律论辩成为必要。法律论辩是通过确定的时空要素和确定的框架来使这一点成为可能的。参见〔德〕阿列克西:《法律论证理论》,舒国滢译,中国法制出版社2002年版,第261—272页。

在一个统一的"环境国家"规范性概念;"环境国家"并非法教义学意义上的法律概念,而更多地作为一个描述性、开放性的概念,表述现代社会中国家在环境保护领域的责任及其多种实现方式。从方法论上看,现有研究都是在事实层面探讨"环境国家",试图通过对环境保护事实上对于国家的重要性,以及多种环境保护方式的描述或者说陈述,勾勒出一个新兴的国家类型。

应该说,相关探讨试图将环境保护的任务从被动性的"要求",转化为主动性国家行为的自觉目的(独立的国家目的),值得肯定。然而,现有研究对"环境国家"的定位存在内在缺陷,从而陷入了理论上的困境:

1. 从国家类型的变迁看,从20世纪初开始,随着资本主义日益从自由竞争走向寡头垄断,由于自由放任政策而引发的一系列社会问题日益显现。20世纪30年代的大萧条彻底粉碎了人们关于私法神圣、市场万能的神话,希望政府有所作为,对社会进行全方位干预和积极影响成为公众普遍的要求。在此社会情形中,法治国的重心从个人自由逐步转向社会公平,形成了"社会法治国"(Soziale Rechtsstaat)理念。根据社会法治国的要求,国家应提供个人需要的社会安全,要为公民提供作为经济、社会和文化等条件的各种给付和设施。1938年,德国著名公法教授福斯多夫(Ernst Forsthoff)发表了《当作服务主体的行政》一文,提出了"服务行政"的理论,提出国家因此负有广泛照料人民生存照顾的义务,并受这种义务的约束。[①] 总体而言,社会法治国突破了传统自由主义对国家"消极无为"的束缚,强调国家应基于"生存照顾",广泛干预社会生活,积极解决各种社会问题,通过各种行政给付行为,在社会、经济、文化等诸领域提供人民生活所必要的条件,积极地介入社会秩序的形成。

就环境保护的要求而言,其实现更多地依赖于国家的积极给付,例如进行环保投资、建设相关设施、努力改善环境状况等。这在很大程度上可以纳入社会法治国对于国家行为的要求之中。国家为了保障人民的生存与发展,也必然需要维持良好的自然及生态环境。换言之,从事实层面看,环境保护的国家任务是包含在社会法治国对国家行为的要求之中的。如此,就没有必要提出单独的"环境国家"。有学者就认为,环境国家其实是"社会国家"(Sozialstaat)的一种形态,即所谓"形成环境的国家"。此时,国家必须致力于调和社会对自然环境的需求,同时维持人与自然的生存空间,并对环境的面

[①] 陈新民:《"服务行政"及"生存照顾"概念的原始面貌》,载陈新民:《公法学札记》,中国政法大学出版社2001年版,第53页。

貌和品质进行一定程度的主动形成。① 概言之,从宪法上社会国的具体实现领域看,环境保护同样是社会国保障人民生存与生活的重要任务。② 从另一个角度看,由于生态危机对国民生存和发展构成了重大的威胁,国家就必须积极地为人民谋取福利,主动采取相关措施。如此,解决生态危机是社会国家理念赋予当今国家的一项新使命,换言之,为国民营造一个合乎人性尊严的自然与文化环境是社会国家理念在当代的新展开。③ 如果已有的"社会国家"已经足以涵盖"环境国家"所指涉的领域,就无疑极大地削弱了其理论价值和可能的发展空间。

2. 就"环境国家"自身定位而言,论者试图通过该概念强调环境保护在国家任务中的重要性,如库福尔教授将环境国家定义为"将环境保护的目标一体化,并以此作为优先任务的国家"。该表述在强化环境价值方面无疑值得肯定,但在现实中显然缺乏实现的可能。任何一个国家都面临着经济、社会、文化等多种任务,如果简单地强调某种任务具有优先性,并不符合社会的整体利益。对于人类而言,环境保护是一种重要利益,经济发展和社会进步同样是重要利益,也是人类生存的必要条件。一味地为保护环境而限制甚至停止发展,实际上和传统上为发展而牺牲环境一样,都不利于人类社会的整体进步;只有对各种利益进行综合平衡与协调,才是理性的态度。"环境保护固然是现代国家应予重视的课题,环境利益更是政府施政过程中应予妥善考虑的因素,但是从资源的有效利用来看,环境上的利益只是国家所应追求利益中的一环。"④简单地强调"环境保护优先",实际上是把环境保护与经济、社会的发展问题割裂开来了。从可持续发展的战略视角出发,环境保护与经济、社会的发展是一而二、二而一的问题,它们之间是密切地联系在一起的。⑤

环境保护与经济发展之间的密切联系,在国际上则表现为"环境与发展综合决策"思想的兴起及法律确认。在1972年第一次人类环境大会召开前的联合国报告中,就明确提出"环境不仅是发展过程本身引起的,而且也是由发展不足引起的。……因此,环境目标应成为发展概念中一个新的维度,需要一种方法把环境与发展综合起来"⑥。从此,国际社会逐步注意到环境

---

① 李建良:《环境议题的形成与国家任务的变迁——"环境国家"理念的初步研究》,载《宪政体制与法治行政》(一)宪法篇,三民书局1998年版,第291页。
② 陈慈阳:《宪法学》,元照出版有限公司2004年版,第243页。
③ 吴卫星:《环境保护:当代国家的宪法任务》,载《华东政法学院学报》2005年第6期。
④ 叶俊荣:《环境政策与法律》,中国政法大学出版社2003年版,第19页。
⑤ 李艳芳:《对我国环境法"协调发展"原则重心的思考》,载《中州学刊》2002年第2期。
⑥ 吕忠梅:《环境与发展综合决策的法律思考》,载《甘肃社会科学》2006年第6期。

与发展的紧密联系并认识到将两种进行统一的重要性。在著名的"布伦特兰报告"《我们共同的未来》中提出:预防和阻止环境破坏的能力,将需要把政策的生态部分同经济、贸易、能源、农业以及其他部分同时加以考虑……环境与发展的统一是对所有国家的要求,实现可持续发展需要改变每个国家的国内和国际政策。① 在 1992 年联合国环境与发展大会上,"环境与发展综合决策"被正式提出并明确载入《21 世纪议程》,明确列出了各国应采取的行动步骤,标志着应综合考虑环境保护与经济发展的观念获得了国际社会的广泛认可。在法律上,1997 年欧盟各成员国达成的《阿姆斯特丹条约》在"基本原则"章节中,其第 6 条规定:"环境保护要求必须纳入欧共体政策和第 3 条所指的共同行动,以增进可持续发展。"该条款提出了相互平衡的要求,即:成员国不得将经济利益优先于环境保护。可见,无论是事实层面还是价值层面,都不宜简单地主张单一任务的重要和优先,将环境保护作为优先的国家任务自然也就缺乏事实和价值基础。

由此,在承认"环境国家"有效凸显了环境保护在国家目的及任务中的地位的同时,我们也必须认识到现有研究的不足。欲解决这一困境,就需要改变从事实层面对"环境国家"进行描述、概括的做法,而从价值层面入手,明确其对于国家权力所提出的规范性要求,作为进一步分析的"价值共识"。已经有德国学者研究指出,《德国基本法》第 20a 条的增订,是对于相应国家义务的强调,其意味着一项客观的价值选择,是对于环境保护任务及其实现的认可。国家的核心任务是协调生态与经济的冲突,平衡这两方面的利益。因此,环境保护并不是优先的目标,最高的指导原则是所有经济活动不超出环境的承受能力。② 唯有从价值层面上定位环境国家,也才能明确其相对于"社会法治国"的独立性③,摆脱前述在事实层面上的相互重叠。

基于上述考虑,笔者认为,"环境国家"蕴含的价值理念在于"**出于综合平衡的目的,国家负有环境保护的责任**"。这一规范语句一方面强调了环境、经济与社会等多重利益的平衡与协调,与国际上的普遍认识保持一致;另一方面,突出了国家在环境保护上所应负之责任,和"环境国家"兴起的社会认知背景相互牵连,与国家在环境保护中的重要地位相契合,同时也能直接

---

① 世界环境与发展委员会:《我们共同的未来》,王之佳等译,吉林人民出版社 1997 年版,第 47—48 页。
② 〔德〕施托贝尔:《经济宪法与经济行政法》,谢立斌译,商务印书馆 2008 年版,第 331 页。
③ 库福尔教授曾提出,无法从社会法治国的法律原理中推导出解决环境问题的原理。M. Kloepfer(Hrsg). Umweltstaat, Springer, Berlin,1989, S.35.但显然,在事实层面上,国家因应社会问题所采取的措施,也内在的包含有环境保护的方面,两者不可能截然分开;只有在价值层面上,这一论断才是成立的,即"环境保护"价值不能完全为"生存保障及社会公平"价值所包含。

进入"公民权利/国家权力"为核心的宪法模式中,是现代宪法基本要素——约束、规范国家权力的思想[1]——在"环境保护时代"的发展,充分考虑到了经济社会发展与生态环境的可持续性,因此具有最大限度的可接受性。这一价值理念,正是"环境国家"进一步展开所依赖的"价值共识",也为国家环境保护义务提供了明确的价值定位。

---

[1] 英国宪法学家惠尔明确指出:"如果研究现代宪法的起源,就会发现它们之所以被起草和采纳,几乎毫无例外的都是因为,人民希望它们的政府体制有新开端。"〔英〕惠尔:《现代宪法》,翟小波译,法律出版社2006年版,第6页。

第二部分
国家环境保护义务的理论释义

第三章　国家环境保护义务理论渊源之辨析

第一节　基于演绎法的"基本权利—国家义务"研究进路

一、"基本权利—国家义务"理论及其适用

探究国家环境保护义务的理论基础,首当其冲的问题是:国家环境保护义务在宪法上的理论渊源为何?这就涉及其与基本权利之国家义务体系的相互关系问题。对此,直接的思路是将国家环境保护义务视为基本权国家义务体系在环境保护领域的运用。根据传统公法学中国家义务"消极(尊重)、保护、给付"的三分法①,得以对国家环境保护义务予以展开:根据国家的消极(尊重)义务,公民得以对抗针对公民环境相关权利的"国家侵犯";根据国家的保护义务,国家应采取措施阻止或防止针对公民环境相关权利的"私人侵害";根据国家的给付义务,国家应积极履行对公民的"生存保障",不断改善环境质量。

上述国家环境保护义务的解释框架似乎已经足够完美。然而,建立在"基本权利—国家义务"关系上的国家义务体系,是以公民基本权利为逻辑前提和理论依据;国家义务直接源自于明确的公民权利。② 在此语境下确立国家环境保护义务,就需要我们对国家环境保护义务的"权利源头"进行识别与辨析。

纵观宪法中传统的基本权利体系,尽管能够发挥一定的环境保护作用,但其前提必须是个人权利受到侵害或是有受到侵害之虞的状态存在,在范围上无法涵盖环境公共利益③,这和现代生态环境保护的要求相比具有明显的

---

① 参见张翔:《基本权利的受益权功能与国家的给付义务》,载《中国法学》2006年第1期;龚向和、刘耀辉:《基本权利的国家义务体系》,载《云南师范大学学报》(哲学社会科学版)2010年第1期。

② 有学者认为,国家义务与公民权利已经成为现代国家与公民关系的主轴,国家义务直接源自于公民权利并决定了国家权力。参见龚向和:《国家义务是公民权利的根本保障》,载《法律科学》2010年第4期。

③ 李启家、唐忠辉:《论财产权的环境保护功能》,载《河海大学学报》(哲学社会科学版)2007年第1期。

局限性。以和环境保护关系最为紧密的基本权——生命健康权为例。因环境污染而对人体健康造成损害,是健康权规范内涵的重要部分,由此产生了"健康环境权"(The Right to a Healthy Environment)概念,也得到了国际法司法实践的部分确认。① 例如,在 1997 年"盖巴斯科夫—拉基玛洛大坝案"中,国际法院 Christopher G. Weeramantry 法官在判决中指出:"保护环境同样是当代人权理论的一项必要条件,因为它对于各种人权如健康权和生命权本身来说是一项必要条件。对此几乎没有必要做详细论证,因为对环境的损害能够损害和侵蚀《世界人权宣言》和其他人权文件所阐述的所有人权。"② 概言之,当环境品质下降时,人们的生命、健康、生活隐私等权利会直接受到影响,因此,只要有任何行为破坏环境,就会立即侵犯到既存的基本人权,就可利用人权保障机制加以救济。

然而,这一思路的局限性在于:(1) 健康环境权仅涉及人体健康和"免于污染"领域,是对因环境污染造成传统人权(生命权)损害的救济,具有强烈的"人类中心主义"价值取向,未能涉及现代环境保护所日益重视的代际公平、生态平衡、生物多样性等领域;(2) 即使不考虑生态利益和未来世代人,仅从当代人类自身而言,健康环境权也远不能满足人们对环境质量的要求。所谓"良好环境",是可以满足人们健康、清洁、安全、宁静、愉悦、发展等多方面需要的环境状况,而"健康环境权"仅仅涉及危及人体健康的"公害",范围上显然存在差别。正如学者所言,在以"公害"为前提时,只有在侵害国民的生活环境,进而对健康造成损害时,才得以采取对抗性的策略,这是无法充分达到对于生活环境的保护的。③

可见,欲运用传统公法学"基本权利—国家义务"理论成立国家的环境保护义务,传统基本权作为"存量"已不敷使用。对此,有观点提出通过基本权的"增量"加以解决,即通过"环境权入宪",在宪法上确认公民环境保护的基本权利,进而确立相应的国家义务。这一研究进路能否成立,值得我们加以深入分析。

二、环境基本权利的理论难题

从目前文献看,对于"环境权入宪"的论证,主要基于如下两个理由:

---

① Sumudu Atapattu, The Right to a Healthy Life or the Right To Die Polluted? 16 Tulane Environmental Law Journal,101(2002).
② 王曦主编:《国际环境法资料选编》,民主与法制出版社 1999 年版,第 631 页。
③ 〔日〕竹下贤:《环境法的体系理念与法治主义的实质化》,李桦佩译,载《太平洋学报》2009 年第 7 期。

(1) 环境权是一项新人权,已在多个国家宪法上得到确认,因此应在宪法上加以规定。"既然环境权在理论上已达到了基本权利的位阶,就应该由宪法明确规定。这不仅是对其基本权利属性的确认,也能够为其提供终极保护"①。(2) 宪法环境权明确了国家的环境责任,其具有的多种功能有利于环境保护目标的实现,具体包括宣示功能、警示功能、教育功能、促进立法功能等。②

必须承认,环境权入宪可以回应环境保护的政治压力,提升环境保护在国家生活中的地位,对全社会也具有教育意义。但是,从环境国家建构的角度观之,在宪法中规定"人人享有健康、适宜环境的权利"不宜仅视为是政治上的宣示,而是代表着人民与国家关系因环境保护而发生了变化;只有明晰宪法上环境权规定的规范含义,才得以在此基础上建构环境国家。反观前述论证"环境权入宪"的理由,在规范性上显有不足:(1) 并非所有的人权都必须且自然成为宪法权利。一方面,考虑到关于人权的对话和制度处于一个经常变革的状态,并不存在着每一个国家在原则上必须受约束的人权的唯一的最终目录;另一方面。考虑到不同的国家拥有不同的传统、价值和实际状况,他们不仅会根据自己的需要解释或在一定程度上选择人权,也会将那些与他们的政治、法律、社会、文化和经济背景等特殊状况相符的权利纳入本国的人权体系内。③ 另外,前文已述,环境权在现行国际法上也远未成为具独立规范含义的人权,"环境权是人权"这一论证前提尚缺乏足够的实证法依据。(2) 不可否认,环境权入宪可以提升环境保护在国家生活中的地位,对全社会也具有教育与指导意义。但这些功能都是政治层面与社会层面上的功效,并不能直接导出环境权在宪法上的规范含义。

从环境权提出的历史背景和社会环境看,环境权的立法固然带有政治考量,但这也不可避免地带来了环境权在实践中的可操作性问题。④ 从建构国家环境保护义务的角度看,"环境权入宪"的真正问题不在其必要性,而在其可能性,即:在宪法上建构独立的环境保护基本权利,是否可能? 在这个问题上,我们就有必要认真对待环境权入宪在法律规范性上所面临的诸多理论难

---

① 参见吴卫星:《生态危机的宪法回应》,载《法学评论》2006 年第 5 期;张震:《从民法上的环境权到宪法上的环境权》,载《北方法学》2008 年第 2 期;王斌:《环境权入宪的必要性》,载《山东社会科学》2008 年第 2 期。

② 吴卫星:《生态文明建设进程中环境权入宪的功能》,载《环境保护》2008 年第 2A 期。

③ Tim Hayward, Constitutional Environmental Rights, Oxford University Press, 2005, p.15.

④ 有学者即明确指出,早期的环境权立法中,政治策略上的考虑应该说是第一位的,但环境权条款在各国的法律实践中却普遍的缺乏可操作性。参见周训芳:《环境权论》,法律出版社 2003 年版,第 118 页。

题。从总体上看,主要有如下四个方面的难题:

1. "环境"一词的定义具有相当模糊性,导致环境基本权的保护内涵和范围不确定。① 在广义上,"环境"包括了所有围绕在人类四周,足以影响人类生存的一切客观条件,其内容上可分为三种:(1) 自然环境,其环绕着动物、植物与在其生活空间内的微生物、土壤、空气及水等;(2) 社会环境,包括各种人际关系、国家体制以及社会、文化、经济制度等;(3) 人为环境,指由各种人类创造的实体物所组成的环境,包括住宅建筑、汽车、机器、工厂、道路、公园等。② 显然,这一对于环境的定义是非常广泛且多义的,很难从中得到明确的权利保护范围。概言之,环境的内容越宽大,环境权的权利内容就越不明确,精确度就越小,理论上的严密程度就越缺乏,最后其权利性就渐渐稀薄化了。③

基于此,学者们多主张将作为环境权客体的"环境"限制在自然环境的范围内。④ 尽管在理论上,这一限定可以大致概括出环境权的客体范围,但从法律实施的角度看,"自然环境"仍不足以明确作为宪法权利的环境权的具体内涵。在将客体界定为自然环境的基础上,有学者尝试将宪法上环境权包含的要求进行归纳,它包括:(1) 对人类提出忠告:污染行为是使环境退化的行为,将威胁生活、健康、幸福和可持续发展;(2) 保护或保存空气、土壤、水、冰层及动植物,以及维持生物多样性与生态系统所不可或缺的保护区;(3) 充分满足人类福利,即安全且健康的水及食物;(4) 给予突发的自然、科技或人为灾难及时的救援;(5) 在安全、健康及生态健全的环境中,适当提供住宅、水土保持及生存条件;(6) 从自然的保存及可持续利用中获得合理的收益,并获得来自生态、教育、健康、生计、娱乐、精神上或其他目的的资源。⑤ 不难看出,对深处生态危机的现代人类而言,对于自然环境的诉求必然是不断变化而难以穷尽的。进言之,由于现代社会对自然资源的依赖性和人类自身欲望的不断增加,自然系统和社会系统已经无法截然区分,对现代人类生活而言,单纯环境要素意义上的自然环境并不存在。所谓适宜人类居住、满

---

① 陈慈阳:《环境法总论》,中国政法大学出版社 2003 年版,第 89 页;〔日〕原田尚彦:《环境法》,于敏译,法律出版社 1999 年版,第 67 页。
② Werner Hoppe und Martin Beckmann, Umweltrecht Juristisches Kurzlehrbuch fur Studies und Praixs, 1989, S.3.
③ 〔日〕大须贺明:《环境权的法理》,林浩译,载《西北大学学报》1999 年第 1 期。
④ 相关论述,参见〔日〕岩间昭道:《环境保全与〈日本国宪法〉》,载冷罗生:《日本公害诉讼理论与案例评析》,商务印书馆 2005 年版;吴卫星:《环境权研究》,法律出版社 2007 年版,第 89—92 页。
⑤ Tim Hayward, Constitutional Environmental Rights, Oxford University Press, 2005, pp. 29—30.

足生存与发展需要的、令人身心愉悦的"良好环境",是人类多方面利益诉求的表达,必然加入了主观价值判断的因素。从根本上讲,上述人类需要的满足即为人类尊严的实现。这正如基斯教授所言:"环境权是人类尊严的一种表达方式。"①

可见,由于"环境"一词的广泛性和与人类的密切联系,作为概括人类对环境诉求的"环境权"在实践中的保护范围必然具有模糊性,这直接影响到环境权成为宪法基本权利的可能性。根据宪法学原理,若欲积极地向国家有所请求,基本权必须符合如下要件:(1)为具体明确的权利;(2)基于具体明确的特征,而使国家能加以实现。此时,环境权之内涵本身即不明确,可请求之内容亦不明确,难以独立地作为一种基本权。②

2. 环境问题的形成并非仅限于国家,而往往来源于每一个人。此时,就没有基本权防御功能适用的可能。如此,环境权纵然被称为基本权,但缺乏直接适用性而只是将概念相对化而已。③ 从立宪主义的根本精神看,公民基本权利的首要作用在于对抗国家权力,要求国家不侵犯公民的权利,或者说,宪法规定基本权利的最初目的就是保障一个个人生活不受侵犯的领域,排斥任何公权力的干预。④ 在此基础上,即发展出基本权的防御功能,当国家侵犯到其受基本权保护的法益时,人民可以直接根据基本权规定,请求国家停止其侵害。尽管随着福利国家的兴起,公民要求国家给付特定利益的情形增加,出现了基本权的受益权功能。但公民要求国家为积极给付的受益性功能并未取代防御权功能,而是为了补充及强化传统防御权功能的不足。⑤ 从宪法基本权利的生成背景来看,它建立在"市民社会/政治国家"相分离的基础上,特征在于:是先于国家而存在的个人权利;具有普遍性;是对抗国家的权利。⑥ 概括而言,作为人与公民之权利的基本权,首先是对国家权力的防御权,针对国家权力而对个人宪法上地位的不当侵害,这些权利使个人凭借法的手段所进行的防御成为可能。⑦ 显然,根据传统的公法理论,宪法仅将国家权力作为约束对象,即基本权利只体现"人民—国家"的法律关系,如此,

---

① 〔法〕亚历山大·基斯:《国际环境法》,张若思编译,法律出版社2000年版,第18页。
② 陈慈阳:《环境法总论》,中国政法大学出版社2003年版,第92页。
③ Breuer, Umweltschutzrecht in Schmidt-Aßmann(Hrsg), Besonderes Verwaltungsrecht, 10. Aufl, 1995, Rdnr.34.
④ 张翔:《基本权利的规范建构》,高等教育出版社2008年版,第47页。
⑤ 许宗力:《基本权的功能与司法审查》,载《人文及社会科学》第6卷第1期。
⑥ 陈爱娥:《基本权作为客观法规范》,载李建良等编:《宪法解释之理论与实务》(第2辑),中研院中山人文社科研究所2000年版,第238页。
⑦ 孙笑侠主编:《回归法的形而下》,法律出版社2003年版,第159页。

宪法上的基本权利只有在涉及"人民—国家"纵向关系时才得以直接适用。

然而,随着社会结构的变迁,出现了诸多强势组织和集团对弱势个人的基本权利造成损害的事例,而私法对于此种损害的补救存在着明显的缺陷,这就提出了宪法基本权利在一定条件下适用于私法关系的问题。一般认为,基本权利可以在私法上发生效力,但对于宪法规范如何发生效力的问题上,有"直接效力说"和"间接效力说"的争论。从德国和日本的相关理论与实践看,直接效力说对法秩序会造成诸多危害,为通说所不采。① 学者们多主张"间接效力说",也就是法官在审理民事案件时,通过对民法概括条款的解释将基本权利的客观价值秩序注入私法体系,使基本权利间接地对私人关系发生效力。② 显然,依据基本权作用理论,宪法上的环境基本权只能对抗国家的不法侵害,并不能对抗第三人(私人)。若要对抗第三人,只能依据"间接效力说",通过将相关理论纳入私法加以解决。另外,即使在个别案件中,法院援引宪法基本权利帮助其作出判决,其价值也非常有限。一方面,由于基本权利在私法案件的判决推理中仅仅能够起到辅助性的作用,并且基本权利的含义以及相互之间的位阶极为模糊,使得其不能为私法案件的判决提供足够的指导。另一方面,基本权利的功能在于防止公共权力插手私人之间的事务,在私人关系中强制适用基本权利缺乏足够的正当性。③ 在今日之多元化社会中,环境基本权仅能适用于部分的(以国家为主体)环境污染行为,无法全然完成环境保护的要求。在私有化程度深厚的国家中,这一缺陷更为明显。④ 显然,对于占环境污染行为大多数的私人(企业)行为而言,环境基本权并不具有直接适用的效力。在法律规范性的意义上讲,环境基本权的法律意义与作用并不显著。

3. 基本权之作用是保障宪法上个人自由权利,具有个人性。但自然生态与环境资源本质上并非专属于个人,如此,环境基本权就与基本权利个人

---

① 在私法关系中直接适用宪法基本权所造成的危害有:(1)如承认基本权规定的直接适用,则私法自治这一市民社会原则会受到妨害,有可能发生由宪法来大幅度规制私人间行为的情况。(2)基本权利本来就是"不受国家干涉的自由",这在现代仍是其本质性取向。虽然私人对人权侵害的危险性在增加,但对人权而言,最可怕的毕竟还是国家权力。(3)如果直接适用带有复合性质的权利,恐怕反而会使自由权受到限制。参见〔日〕卢部信喜:《宪法》,林来梵等译,北京大学出版社2006年版,第100页。

② 相关文献,参见刘志刚:《宪法'私法'适用的法理分析》,载《法学研究》2004年第2期;张翔:《基本权利在私法上效力的展开》,载《中外法学》2003年第5期。

③ Jan Smits, Private Law and Fundamental Rights: A Sceptical View, in Tom Barkhuysen & Siewert Lindenbergh (eds.), Constitutionalisation of Private Law, Martinus nuhoff Publishers, 2006, pp. 9—22.

④ 陈慈阳:《环境法总论》,中国政法大学出版社2003年版,第89—92页。

主义的本质有所不符。① 从公法学基本理论看,宪法规定基本权利最重要的意义,在于保障人民的自由、防止国家权力的侵犯。基本权的产生,并非基于忽视个人的团体主义,而是基于个人主义。基本权的基础,在于每个人拥有最大可能"自我实现"的保障,这也是基本权"以人为导向"的出发点。② 进一步说,保障个人的基本权利,是实现宪法上"人性尊严"(Human Dignity)的基本要求所在。保障人性尊严是现代宪法的灵魂所在,只有在承认并尊重人所固有的尊严的基础上,谈论权利、自由、民主、法治等宪法要素才有意义。③ 人性尊严的具体内容则为:作为个人人格独立价值的尊重;个人专属性事务的自我决定;私人领域的尊重;维持具有人性尊严的生活;自治与自决。④ 如此,基本权的核心即在于个人自由权,这也是实现宪法上人性尊严的内在要求。

有必要指出的是,强调宪法基本权利的个人专属性,是基于"国家为个人而存在"的宪法理念,并非有意忽视社会利益。实际上,个人与社会是相互联系而非二元对立。宪法所保障的个人并非孤立的个人,而是在社会群体中生活的个人。实现基本权的关键,在于通过对基本权的限制,在个人自由(私益)和团体生活(公益)之间作出最适合的利益衡量。如果将重点放在团体生活、公共利益的话,就把个人和团体放在对立状态,有造成极权主义的危险。⑤

反观环境权理论,它在提出之时就明确将环境资源的不可分性和公共享有作为权利建构的基础。这方面的代表观点是美国萨克斯教授提出的"环境公共财产论"或者说"环境公共信托论"。20 世纪 60 年代,针对"公民要求环境保护的宪法依据"这一问题,美国进行了一场大讨论,萨克斯教授的"环境公共财产论"即为其中最有影响力的学说,并成为美国环境权理论的基础。根据该学说,空气、水、阳光等人类生活所必需的环境要素,在当今受到严重污染和破坏,以致威胁到人类的正常生活的情况下,不应再视为"自由财产"而成为所有权的客体,环境资源就其自然属性和对人类社会的极端重要性来说,它应该是全体国民的"共享资源",是全体国民的"公共财产"。⑥ 萨克斯教授更进一步提出,将环境作为公共物品的意义并不是将其委托给行

---

① 陈慈阳:《环境法总论》,中国政法大学出版社 2003 年版,第 90 页。
② A. Katz, Staatsrecht, Heidelberg: Muller, 2005, Rn.546.
③ 张千帆:《宪法学导论》,法律出版社 2004 年版,第 57 页。
④ 陈清秀:《宪法上人性尊严》,载《现代国家与宪法》,月旦出版股份有限公司 1997 年版,第 106 页。
⑤ 许育典:《宪法》(第三版),元照出版有限公司 2009 年版,第 100 页。
⑥ 陈泉生:《环境时代与宪法环境权的创设》,载《福州大学学报》2001 年第 4 期。

政机关,居民应拥有环境权,可以向法院提起诉讼,通过司法采取预防性措施而进行环境保护。受此影响,美国将传统财产法中的"公共信托原则"(Doctrine of Public Trust)拓展至环境资源领域,成为环境权的理论基础。

环境权在日本的兴起也有相似情况。在 1970 年 9 月召开的日本律师联合会第十三次大会上,仁藤一、池尾隆良两位律师第一次提出了具有法学意义的环境权理论。他们明确提出,环境权不仅是指任何人均享有享受良好环境,并能支配良好环境的权利。大气、水、日照、景观等是人类生活中不可缺少的资源,是人类共有的财产,没有取得共有人的同意而对该环境进行排他而独占的利用,是违法的。因这种违法行为而致使环境污染或有可能发生环境污染,作为环境共有人的地域居民,不问其被害是否发生,有权制止该污染行为。① 在此基础上,有日本学者进一步发展出"环境共有的法理"作为环境权的理论基础。根据该理论,山川、河流、空气等环境要素均是共有之物,不能由个人独享。任何独占性利用、污染、毁损环境等侵害共有人权利的行为,就属于违法,权利主体可以请求排除侵害。②

显然,无论是"环境公共财产论"还是"环境共有的法理",都是以环境资源的公有为基础,在公共利益上建立环境权的正当性。这一主张无疑在道德上是成立的,但从法律规范性角度观之,仅强调环境资源的公共性,在法技术上无法将权利主体利益范围予以特定化,也就难以在实践中对环境权条款加以直接适用。概言之,一旦将某一基本人权定性为全民共有,在某些意义上已将该权利架空。③ 另外,单向度的强调环境资源的公有,就使所有具备公共性的"环境"都在环境权的客体范围内,既有自然环境,也有人文环境(历史、文化古迹等)和社会环境(公园、道路、公共设施等)。显然,如此广泛的客体很难转化为现实中明确的权利保护范围,而且这也正是学者们指责环境权范围"模糊"、保护对象和规范内容"不明确"的根源所在。"尽管以全方位的环境为对象来构建环境权理论上也是属可能,但如此广泛无边的环境权即使是具有政治性意义,其法的效果也是难以期望的。"④

即使不考虑利益特定化的难题,就现代社会中"人类—环境"关系而言,也并不存在一个无差异的、铁板一块的环境公共利益。环境问题是近代以来

---

① 罗丽:《日本环境权理论和实践的新展开》,载《当代法学》2007 年第 3 期。
② 徐祥民、宋宁而:《环境共有思想——日本环境权说的本土文化基础》,载《政法论丛》2011 年第 4 期。
③ 叶俊荣:《宪法位阶的环境权——从拥有环境到参与环境决策》,载《台大法学论丛》第 19 卷第 1 期。
④ 〔日〕大须贺明:《生存权论》,林浩译,法律出版社 2001 年版,第 202 页。

工业化的产物,从环境社会学角度看,工业社会中日益扩大的社会分工和职业专门化具有物种形成的效果,即同一个环境中各种使用不同生境的物种得以进化。如此,人类在使用环境时就仿佛是多个物种,不同的制度、行业、职业都在不同方式上使用相同的物理环境。在现代社会中,既要在真正的公共利益上合作而又不被人们的特殊利益分离是非常困难的。① 仅仅强调公共利益并不符合环境资源利益分殊化的事实,以此为基础建构的环境权并不能充分反映出"人民—国家"的宪法关系。有学者亦指出,有关环境品质的评断,乃是一种价值判断(value judgement)的问题,很难以法律语言予以描述,加上因文化及生活水准的差异,往往亦无法得出单一、明确的决定。② 如果仅强调环境权的公共属性而忽视可能的不同诉求,就可能造成"生态专制",同宪法基本权"保障个人自由"的目标南辕北辙。有学者即明确指出,即使将区域性环境保全视为一个与一般公益相关的问题,最终仍是为了保护每一位居民健康而安全地生活的问题。因此,与居民每一个人私的利益割裂开、将环境保全理解为专门为公益目的是不妥当的。③

4. 除上述规范性理由外,从现实层面考虑,也应认识到环境权入宪对宪法权威性可能造成的损害:如果绝对性的环境权保障要求太高,则在现实中可能造成大量违宪情形;反之,如果认可现状合宪并能继续存在,则无疑代表环境权作为宪法基本权效力的削弱。④ 另外,"权利宪法化"虽然有良好的动机,但如果不加限制的在宪法中增加基本权利,就会压缩相应的政治运行空间,可能把权利保障推上一条"宪法宣告更多,实际权利更少"的窘迫境地。⑤ 为避免基本权利的"通货膨胀",也应对环境权入宪持必要的审慎态度。

由此可见,由于同传统基本权体系存在诸多理论冲突,实体性环境权并不具有独立的规范含义,尚不能成立"环境基本权利——国家环境保护义务"的宪法关系,无法推导出相应的国家环境保护义务。

三、环境基本权利的实践困境

前文对环境基本权在理论上的困难进行了阐释,但尚不足以得出完整的结论。列宁指出:"马克思主义者必须考虑生动的实际生活,必须考虑现实

---

① 〔美〕查尔斯·哈珀:《环境与社会——环境问题中的人文视野》,肖晨阳等译,天津人民出版社1998年版,第59页。
② 李建良:《论环境保护与人权保障之关系》,载《东吴法律学报》第12卷第2期。
③ 〔日〕原田尚彦:《环境法》,于敏译,法律出版社1999年版,第68页。
④ 同上书,第67页。
⑤ 参见姜峰:《宪法权利是否多多益善?》,载《读书》2013年第1期;姜峰:《权利宪法化的隐忧》,载《清华法学》2010年第5期。

的确切事实……理论是灰色的,而生活之树常青。"①由此,我们还应对各国宪法中存在的环境权条款进行实证研究。该实证考察绝非简单地看是否在宪法文本中明文规定人民享有实体性的环境权。实际上,一国宪法中环境保护条款的存在与缺失并不必然反映环境权的效力强弱。在一些明确规定宪法环境条款的国家中,违反比遵守更为常见。② 如此,我们有必要通过宪法体系和司法实践,考察宪法中环境权的规定是否属于可独立实施(self-execution)的条款。

有必要说明的是,基于宪法实施的总体情况,非洲和大洋洲国家不列入考察,这是因为:(1)尽管已有众多非洲国家在宪法中规定了环境权,但多数国家尚未解释或使用这些宪法规范,一方面是因为非洲国家的宪法实践普遍缺乏规范性,另一方面,环境权条款多为新近纳入宪法,法官缺乏相关使用经验③,因此借鉴意义不大;(2)大洋洲的主要国家(澳大利亚与新西兰)并未在宪法中规定环境权。下面就世界各国在宪法环境权具体实施上的情况进行实证考察。

(一) 欧洲国家宪法环境权的实证效力

根据笔者统计,目前共有近三十个欧洲国家在宪法中规定了实体性环境权。其中就有代表性的国家有:

葡萄牙(1976年)、西班牙(1978年)是比较早在宪法中规定环境权的欧洲国家。1976年《葡萄牙宪法》第66条第1款规定,每个人都享有有益健康与生态平衡的人类生活环境的权利。从该《宪法》的篇章结构看,第66条处于第三章第二节"社会权利与义务"中,似乎已经明确了环境权的权利属性,人民得以享有要求国家为特定行为与不作为的法律地位。然而,在权利保护方面,1976年《葡萄牙宪法》采取的是区分式的保护模式,人民拥有请求权并可以直接向法院提起诉讼的基本权利规定在第二章"权利、自由与保障"中,宪法第三章各节所规定的各项权利④在性质上与第二章所规定的古典基本权有所区别。据此,学者们一般认为,尽管《葡萄牙宪法》中环境权条款在性质上属于基本权的一种,但其个人权利保护与司法审查的实现可能性已大大弱化,与国家目标条款的约束力相差不太。换言之,包括环境权在内的社会

---

① 《列宁选集》第3卷,人民出版社1972年版,第26页。
② Carl Bruch, Constitutional Environmental Law: Giving Force to Fundamental Principles in Africa (2nd ed.), Environmental Law Institute, 2007, p.2.
③ Ibid., p.12.
④ 分别为:第一节"经济权利与义务"、第二节"社会权利与义务"、第三节"文化权利与义务"。

权是一种保留给立法者通过法律进行具体化的权利。① 从司法实践看,《葡萄牙宪法》不允许个人提起宪法诉讼,针对社会权的消极不作为,只有总统、督察专员(Ombudsman)或者特定情况下的自治区主席有权向宪法法院提起诉讼。②

在1978年《西班牙宪法》中,第45条第1款规定:"所有人有权利享有适于人发展的环境,并有义务保护环境。"该条文并非出自人民基本权利的《宪法》第二章,而是处于第三章"社会与经济政策指导原则"中。另外,该《宪法》第53条第3款明确规定:"正式法律、司法实践与行为都应认识、尊重并保护第三章所承认的原则。仅仅在法律条文加以具体阐释后,法院才能援引这些原则。"显然,环境权作为第三章所列"社会权"的一种,其具体内容须由立法者通过法律加以明确。根据学界通说,《西班牙宪法》第45条所列的环境权是以立法者为规范对象,并非提供人民权利救济的途径,无法从中导出以国家为对象的防御权和给付请求权。③

与葡萄牙、西班牙《宪法》规定稍有不同的是《希腊宪法》。在希腊2001年的修宪中,在第24条第1款中增加了环境权条款:"自然与文化环境的保护是国家的义务与任何人的权利。"相较于原先仅规定国家环境保护义务,该增订无疑对环境保护的基本权利进行了确认,具有提起诉讼的可能。但是,根据绝大多数实务与理论学说,《宪法》第24条第1款的新增内容并未获得和传统基本权一样的可司法性。从实际运作上看,该条款要求立法者应采取所有环境保护所必要的措施,但在如何判断"必要措施"上,立法者仍享有广泛的立法裁量空间。环境保护的内涵仍取决于立法者的意志。④ 有学者提出,第24条第1款将环境保护进行一定的主观权利化,其主要意义并不在于人民通过诉讼要求法院判决国家为或不为一定行为,而是通过诉讼的可能性,使人民参与到环境保护决策程序中来,促进环境政策的改进和环境意识的增强。⑤

规定宪法环境权的代表性国家还有匈牙利、俄罗斯、比利时、芬兰、罗马尼亚、斯洛伐克、拉脱维亚等。1989年《匈牙利宪法》第18条规定:"匈牙利

---

① Orth, Umweltschutz in der Verfassungen der EU-Mitgliedstaaten, Natur und Recht 2007, S.229.
② Thomashausen, Portugal, in: Grabitz(Hrsg.), Grundrechte in Europa und den USA. 1986, S. 645.
③ Thym, Umweltschutz in den Verfassungen der EU-Mitgliedstaaten, Natur und Recht 2000, S. 560.
④ Hans-Werner Rengeling / Peter Szczekalla, Grundrechte in der Europäischen Union, 2004, Rn. 1050.
⑤ Orth, Umweltschutz in der Verfassungen der EU-Mitgliedstaaten, Natur und Recht 2007, S.231.

共和国承认并实现每个人对健康环境的权利。"尽管宪法没有对此进行更进一步的说明,但根据该国宪法法院在 1994 年的判例,宪法中的环境权并非一种为保证个人法律地位而设的、具可诉讼性的权利,而是一种具有独特性质的权利。① 学者则直接指出,《宪法》第 18 条主要是以立法机构作为规范对象,其性质不过是立法委托,或者充其量只是以所有国家权力规范对象的国家目标规定,并非具有可司法性的基本权利。②

在 1994 年《比利时宪法》中,第 23 条第 1 款规定:"任何人均享有符合人性尊严生活的权利。"第 3 款则进行了具体列举,其中即包括"享有被保护的健康环境的权利"。在宪法体系上,前述条款均位于宪法基本权利章节中,分别为《比利时宪法》第二章"比利时人民及其权利"。但根据通行的理论及实务观点,尽管规定在基本权利章节中,但环境权并不具有主观权利属性,而仅是宪法秩序的客观原则或者说客观价值决定,和宪法理论中的"国家目标规定"具有相同效力。③

在芬兰,1995 年通过《宪法修正案》增加第 14a 条(1999 年修宪后改为第 20 条),包括两款:(1) 每个人都对自然及其生态多样性、环境和文化遗产负有责任;(2) 公共当局应确保所有人有权享有健康的环境,并且有机会影响与其生活环境相关的决策。根据学者观点,第 14a 条第 2 款对于环境权的规定实际上是要求立法者应制定法律的命令,并不是国家针对特定公民所承担的具体义务。法院不能直接实施该权利。④

在 1991 年《罗马尼亚宪法》中,第 134 条第 2 款规定了国家环境保护目标:"国家应确保环境的保护与恢复,并保证生态平衡的维护。"在 2003 年修宪中,罗马尼亚加入了环境权的规定,其第 35 条第 1 款规定:"国家认识到每个人享有健康、良好保存与平衡环境的权利。"同条第 2 款规定:"国家应建立法律体系以实现该权利。"显然,宪法制定者在宣示环境权的同时,将该权利的实现委托给立法者。

《斯洛伐克宪法》对于环境权效力的设定则经历了一个变化过程。在 1992 年《斯洛伐克宪法》第二章第六节"环境与文化资产保护权利"中,第 44 条第 1 款规定:"任何人都有享受良好环境的权利。"而在 2001 年的修宪过程中,将宪法第 44 条第 4 款修改为:"本条所规定的权利义务,其细节由法律另

---

① UVerfGE Nr. 28/1994(V. 20),Rdnr. III/2.
② Foder/Orth, Umweltschutz in der ungarischen Verfassung, Osteuropa-Recht 1/2005, S. 2. ff.
③ Thym, Umweltschutz in den Verfassungen der EU-Mitgliedstaaten, Natur und Recht 2000, S. 558.
④ 高家伟:《欧洲环境法》,工商出版社 2000 年版,第 215—216 页。

行规定。"显然,斯洛伐克在修宪过程中有意限制环境权条款直接司法适用的可能性,转而将权利的实现委托给立法机构。

在1998年《拉脱维亚宪法》修改过程中,加入环境权条款,即第115条规定:"国家应通过提供环境现状之调查和促进环境保护的方式,以保护人民在良好环境中生活的权利。"从《拉脱维亚宪法》体系看,该条款位于第八章"人民权利"之中,但并未有证据表明其为可司法适用的基本权。权威学说则认为,在缺乏司法判例之间,仍应将其视为客观意义上的宪法委托或国家目标规定。①

在俄罗斯,其1993年《宪法》第42条规定,每个人都有享受良好环境的权利。尽管该《宪法》第18条规定"公民的权利与自由是直接有效的。它们规定着法律的意图、内容和适用、立法权和执行权、地方自治的活动并受到司法保证",但在具体的立法未出台前,俄罗斯法院对于直接适用宪法上社会权条款仍然持有较大的迟疑,更倾向于由立法者对社会基本权进行具体构造。②

综上可见,尽管多个欧洲国家在宪法中规定了实体性环境权,但并未承认其具有直接适用的效力,而是具有"宪法委托"的效力(由宪法直接规定或通过权威学说加以确认),需要由立法机关通过法律加以具体化。概言之,欧洲国家宪法中的环境权并不具有"可司法性"。③ 这也与欧洲大陆国家的宪法传统相一致。在环境保护问题上,欧洲国家的宪法传统是采取国家目标规定的规范模式,这集中体现在《欧洲人权宪章》第37条"高标准的环境保护应整合到欧盟政策中"的规定中。④

(二)亚洲国家宪法环境权的实证效力

亚洲国家中,宪法规定环境权的代表性国家是韩国和菲律宾。

1.《韩国宪法》。1987年《韩国宪法》第35条第1款规定:"全体国民均享有在健康、舒适环境中生活的权利。"同条第2款规定:"环境权的内容和行使由法律规定。"显然,这一规定类似于前述西班牙、罗马尼亚和斯洛伐克

---

① Orth, Umweltschutz in den Verfassungen den EU-Mitgliedstaaten, Natur und Recht 2007, S. 229.

② Tanya Smith, The Violation of Basic Rights in the Russian Federations, 3 East European Constitutional Review, Summer / Fall 1994.

③ C. Calliess, Umweltgrundrechte im Recht der Europäischen Union, in K. Bosselmann (ed.). Ökologische Grundrechte. Zum Verhältnis zwischen individueller Freiheit und Natur, Baden-Baden:Nomos, 1998, S.212.

④ Orth, Umweltschutz in den Verfassungen den EU-Mitgliedstaaten, Natur und Recht 2007, S. 234; Thym, Umweltschutz in den Verfassungen der EU-Mitgliedstaaten, Natur und Recht 2000, S.560.

宪法,既确认实体性的环境权,又在宪法中直接规定"立法委托"条款,将环境权的实现委托给立法机关而排除司法机关的直接适用。这一理论学说也得到韩国官方的确认。从20世纪90年代开始,民众即多次尝试以《宪法》第35条第1款的规定提起诉讼,但韩国最高法院都主张,该条款并非具有自我实施性,除非诉讼基于具体的立法(依据《宪法》第35条第2款)。[①] 因此在韩国,宪法上的环境权并不具有直接适用性。

2.《菲律宾宪法》。1986年《菲律宾宪法》第16条规定:"国家保护和促进人民根据自然规律及和谐的要求,享有平衡和健康的生态环境的权利。"从宪法条文看,这一规定位于《菲律宾宪法》第二章第二节"国家政策"中,而不是规定在第三章"基本权利"中。在菲律宾宪法传统上,"国家政策"章节是对国家提出的义务,并非能通过法院加以实施的权利,其执行应通过立法机构。[②] 在1993年著名的 Minors Oposa v. Factoran 案(菲律宾儿童案)中,菲律宾最高法院的判决引发了学者们对环境权司法适用的热烈讨论。

在该案中,44名儿童代表他们自己以及尚未出生的后代起诉菲律宾环境与自然资源部部长,要求环境与自然资源部撤销所有已经发放的伐木许可证,并停止受理、更换和批准新的许可。他们提出的理由是,发放的伐木许可已经造成菲律宾森林资源的大量减少,这对于未成年原告及其后代的损害是明显的和毫无争议的。依据《宪法》第16条,原告享有生活在平衡与健康生态环境中的权利,国家负有保障这种权利的义务。而被告作为法定主管机关,其行为显然违反了为国民利益托管自然资源的目的。1991年7月,第一审法院以起诉人没有原告资格、该案涉及政治问题等理由,驳回了起诉。

1992年5月,原告向菲律宾最高法院提起上诉。1993年7月,最高法院推翻了原审判决,首席法官 Davide 起草了判决书,支持了上诉方的请求。评价书中提出,尽管《宪法》第16条位于"原则和国家政策宣言"章节而非"权利法案"章节,但并不意味着其没有后者所规定的民事权利和政治权利重要。事实上,这些基本权利甚至不需要写入宪法,因为它们是与生俱来的,之所以明确规定,是因为立法者认为只有将其作为国家政策规定于宪法,强调其持续的重要性以及施加国家保存、保护和改善的庄严责任,才不会使当代人和未来世代人仅留下一个不毛之地。因此,上诉人的环境权与环境资源部保障与促进该权利的职责同样明确与具体,违反或怠于履行这项职责即可产

---

① Rak-Hyun Kim, Principles of Sustainable Development in Korean Environmental Law, 4 New Zealand Postgraduate Law e-Journal,16(2007).

② Joaquin Bernas, The Constitution of the Republic of the Philippines: A Commentary, Vol. 2, Manila: Rex Book Store,1988, p.341.

生诉因。①

有观点认为,菲律宾最高法院在本案中一方面基于"代际责任"(intergenerational responsibility)承认了原告代表后代人的诉讼资格,另一方面,也认可了原告以《宪法》第16条"平衡及健康生态环境权利"提起诉讼的做法,使环境权具有一定程度的可诉讼性(actionable)。② 基于此,该案也被环保主义者视为环境权司法适用的"典范"并广为宣传。然而,从后续发展看,Oposa案在环境权上的做法并未在菲律宾国内产生前例约束力。作为普通法系国家,菲律宾国内法院在近十年里仅仅援引了一次Oposa案判决:在1997年的Taño v. Socrates案中,菲律宾最高法院声称,地方政府联盟有权力制定环境保护法律,达到1991年《地方政府法典》中普遍福利条款的目标。最高法院援引Oposa案目的在于指出存在一个国家环境保护政策,而非对宪法环境权的主张。在某种意义上,该案援引Oposa案的做法是多余的,因为已经有足够的法律基础作出同样的判决。③ 从Oposa案自身判决看,在该案判决中,Davide法官即明确提出"此案首先涉及权利相对于政策的强制性问题,这项政策和权利已经通过立法得到确认和表达"④。显然,其并非直接确认《宪法》第16条的可诉讼性,而是在现有立法已经对环境权进行具体化的基础上,认可上诉人的请求。换言之,Oposa案仅仅是对若干已经在菲律宾国内立法中取得共识之处给予司法上的认可。⑤ 在这个意义上讲,Oposa案的判决意味着,法官认为《宪法》第16条的权利具有实质性内容,但自身不具有可执行性(enforceable),其内容的确定来自于法律体系的其他因素。⑥ 该案中Feliciano法官的附和意见也指出,尽管平衡、健康的环境权是重要的基本权利,但尚未足够具体到能作为诉讼的依据,况且其本身也不是能独立实施的。⑦

由此可见,尽管Oposa案在一定程度上认可了宪法上实体性环境权的可诉讼性,但无论从该案的实际约束力及后续发展,还是从案件判决本身的论证上,都不能充分说明菲律宾《宪法》中的环境权已经成为不依赖立法而可

---

① Minors Oposa v. Factoran, 33 I. L. M. 184 (1994).
② Antonio G. M. La Vina, The Right to a Balanced and Healthful Ecology: The Odyssey of a Constitutional Policy, 6 Phil. Nat. Res. L. J. 3, 10 (1994).
③ Dante B. Gatmaytan, The Illusion of Intergenerational Equity: Oposa v. Factoran as Pyrrhic Victory, 15 Georgetown International Environmental Law Review, 479—480(2003).
④ Minors Oposa v. Factoran, 33 I. L. M. 193 (1994).
⑤ Ibid.
⑥ D. E. Fisher, Legal and Paralegal Rules for Biodiversity Conservation: A Sequence of Conceptual, linguistic and Legal Challenges, 18 Environmental Law and Management, 36—37(2005).
⑦ Minors Oposa v. Factoran, 33 I. L. M. 203—204 (1994).

独立实施的权利。在某种意义上讲,针对环境权的可司法性,Oposa 案只是特定情形下的一个孤案,没有从根本上解决环境权直接司法适用上的难题。

(三) 拉丁美洲国家宪法环境权的实证效力

有学者认为,拉丁美洲有许多国家在宪法中规定了环境权,并通过司法程序对环境权进行直接救济,如阿根廷、哥伦比亚、哥斯达黎加、厄瓜多尔等。① 应该说,拉丁美洲国家法院对环境相关权利的运用是比较突出的,进行了有益的探索,值得充分肯定。然而,细究拉丁美洲各国法院的相关案例,其采取的都是"健康环境权"(The Right to a Healthy Environment)用语。这一现象应归因于1988 年《美洲人权公约萨尔瓦多议定书》第11 条"每个人应有权在健康的环境中生活"的规定。换言之,以1988 年《美洲人权公约》的规定为肇端,拉美国家法院予以直接救济的"环境权"是所谓"健康环境权"。从如下两个方面看,并不能简单地认为"环境权"和"健康环境权"在适用上具有相同效果:

1. 从范围上看,健康环境权仅仅涉及人体健康和"免于污染"领域,具有强烈的"人类中心主义"价值取向,未能涉及现代宪法及环境权利所日益重视的生态平衡、生物多样性等领域。有学者即指出,传统宪法建立在以"人类利益"为中心的个人主义或团体主义法理基础上,而环境时代的宪法是建立在尊重生态自然的生态主义法理基础上的,以"人类与自然共同利益"为中心。为此,与之相适应,环境时代宪法的价值取向也不仅应包括有生命的人,还应包括有生命的其他物种种群。② 在某种意义上,对生态保护内容的强调可以视为法律中"生态人权"(Ecological Human Rights)的逐步生成。③ 因此,环境权的保护范围绝非仅限于人体健康的领域,而是考虑到其他物种及生态系统利益。

即使不考虑生态利益的问题,仅从人类自身而言,健康环境权也远未能达到环境权的预设目标:一方面,在环境权的保护范围中,除了人人均享有适宜健康环境的基本权利外,人人还享有在良好环境里生活的基本权利,比如对具有特殊美学价值环境的享受,就与"健康"没有直接的关系;另一方面,

---

① 相关案例的详细介绍,参见 Adriana Fabra & Eva Arnal, Review of Jurisprudence on Human Rights and the Environment in Latin America, Joint UNEP-OHCHR Expert Seminar on Human Rights and the Environment, Background Paper No. 6, 2002;吴卫星:《环境权研究》,法律出版社 2007 年版,第 181—182 页。

② 陈泉生:《环境时代宪法的权利生态化特征》,载《现代法学》2003 年第 2 期。

③ Prudence. E. Taylor, From Environmental to Ecological Human Rights: A New Dynamic in International Law? 10 Georgetown International Environmental Law Review, 309(1998).

地球上的环境资源既属于当代人也属于后代人,人类活动对环境资源的利用既要满足当代人的需要,又不对后代人满足其需要的能力构成危害。① 概括而言,"环境权"的诉求代表了人们对于"良好环境"的愿望,即可以满足人们健康、清洁、安全、宁静、愉悦、发展等各方面需要的环境状况,而"健康环境权"仅仅涉及人体健康方面,范围上显然存在差别。

2. 从法律渊源上看,"健康环境权"来源于作为独立人权的健康权(right to health)和生命权(right to life),而非渊源于环境权。在规范层面,"健康环境权"和"环境权"并不存在隶属关系,仅存在一定的交叉关系。前文已述,现行的国际人权法并未普遍承认环境权的独立人权地位。由此,如果主张可独立实施的"健康环境权"来源于环境权,无疑缺乏实证依据。从现有国际人权法看,"健康环境权"的规范依据应是国际人权公约上的"健康权"条款。《经济、社会和文化权利国际公约》第12条对健康权的概念和核心内容作了明确规定:"本公约缔约国承认人人有权享有能达到的最高的体质和心理健康的标准。为充分实现这一权利而采取的步骤应包括为达到下列目标所需的步骤……(b)改善环境卫生和工业卫生的各个方面。"2000年,联合国经济、社会和文化权利委员会发表了关于该公约的"一般评论第14号",对健康权内容作了具体解释。根据该解释,健康权不仅包括适时适当的保健,而且包括健康的基础条件,如获得安全的饮用水和充分的卫生,充分提供安全食品、营养和住房、健康职业和环境条件。② 可见,根据现有国际人权规范,环境条件是影响到健康的一项重要因素;正是以"健康权"为起始点(starting-point),结合环境保护,才得以发展出"健康环境权"。更进一步说,健康权为生命的延续提供基础条件,和生命权相互交织,健康环境权可以视为健康权与生命权在环境保护领域的延伸。③

从拉丁美洲法院的相关判决中,也可以得到相同结论。在1993年"Antonio Mauricio Monroy Cespedes"一案中,哥伦比亚法院认为,健康环境权无法与生命权、健康权相互分离和割裂,事实上,那些对环境有害的因素也会对人

---

① 陈泉生:《环境时代与宪法环境权的创设》,载《福州大学学报》2001年第4期。
② United Nations. The Right to the Highest Attainable Standard of Health, General Comment No. 14, E/C. 12/2000/4.
③ A. Cançado Trindade, The Contribution of International Human Rights Law to Environmental Protection, in Edith Brown Weiss(ed), Environmental Change and International Law: New challenges and dimensions, United Nations University Press,1992.

类造成不可弥补的伤害。① 在1993年一个废物倾倒的案件中,哥斯达黎加最高法院认为,只有当与自然相一致的时候,生命才是可能的。所有公民在免于污染的环境中生活的权利,是一个公正社会的基础。在另外一起案件中,最高法院则明确提出,健康权与健康环境权都导源于(emanate from)生命权和国家保护自然的义务;如果不承认健康权和健康环境权,生命权就会受到严重的限制。②

综上可见,拉丁美洲各国法院在多起案件中加以直接运用的"健康环境权"并不能简单地认为是"环境权"的直接适用。从规范层面上看,健康环境权的直接适用,是作为独立人权的健康权与生命权可司法性的反映。必须指出的是,在理论上,免于污染和保证人体健康是环境权的当然组成部分,"在健康的环境中生活"也是各国宪法环境权条款的普遍内容。但从法律适用的角度看,健康环境权能够直接适用是因为其和健康权、生命权的天然联系,而非基于环境权自身的规范效力。从环境权司法适用所面临的主要困难——模糊性与不确定性看,正是因为人体健康与生命相较与"环境"更容易加以确定③,健康环境权才得以具有一定的可司法性。因此,尽管拉丁美洲各国法院对"健康环境权"的司法适用使宪法上环境权具有了一定的规范效力,但该经验具有较大的局限性,不能简单推导出更大范围内"环境权"的可司法性与规范效力。

综上,目前各国宪法中的环境权条款并不具有独立的司法实施能力,公民并不拥有相应的请求权,在很大程度上只是一种有待具体立法加以实现、缺乏司法强制效力的"不完整的权利"④,或者说是一种"宣示性权利"。可见,从实践层面上分析,环境权无法成为国家环境保护义务的逻辑前提和理论依据。

---

① Adriana Fabra & Eva Arnal, Review of Jurisprudence on Human Rights and the Environment in Latin America, Joint UNEP-OHCHR Expert Seminar on Human Rights and the Environment, Background Paper No. 6, 2002.

② Adriana Fabra & Eva Arnal, Review of Jurisprudence on Human Rights and the Environment in Latin America, Joint UNEP-OHCHR Expert Seminar on Human Rights and the Environment, Background Paper No. 6, 2002.

③ 针对健康权的内容界定与法律救济,国际上已经发展出一套较为成熟的标准。参见夏立安:《经济和社会权利的可裁决性——从健康权展开》,载《法制与社会发展》2008年第2期。

④ 印度学者Yadav从司法救济视角,将法律权利划分为完整的(perfect legal right)和不完整的(imperfect legal right)两种。完整的法律权利是指能够被司法机关强制实现的法律权利,不完整的法律权利是虽然被法律认可,但不能被司法机关强制执行的权利。R. D. Yadav, Glimpses of Jurisprudence, Criterion Publication, 1989, pp. 292—293.

第二节 基于归纳法的"国家目标条款"研究进路

由上文可知,国家环境保护义务的证立,不能简单地套用基本权利之国家义务体系,而需要寻找另外的理论进路。基于此,笔者转换研究视角与研究方法,即不通过"基本权利—国家义务"的演绎推理方式论证国家环境保护义务,而是从宪法文本与现实需要出发,根据国家任务的时代变迁及宪法发展的结构性变化,以归纳推理的方式,通过对环境基本国策规范含义的分析,明确国家环境保护义务的规范依据。

一、国家任务的变迁与基本国策的产生

传统上,宪法的两大任务在于确定公民权利和规范国家权力:一方面,宪法作为人民权利的保障书,明确规定人民所享有的各种权利,避免国家权力的侵犯;另一方面,宪法基于权力分立的原则,建构国家权力的组织机构。显然,近代宪法的两大任务是自由主义法治国中国家与社会关系的真实反映,即采取国家与社会二元论的立场。国家行为遵循补充性、最小性原则。针对个人自主范畴,只有在个人力所不能及的情况下,国家才能介入进行补充。[①] 具体言之,在自由主义法治国中,国家的主要任务仅在于维护社会秩序,消极地保障人民自由不受侵犯,并不负担任何引导社会发展的积极义务,是一个"最低限度"的国家;政府对社会生活采取不干预的政策,扮演"守夜人"的角色。如此,宪法仅需要针对国家的有限干预,提供合法性基准以避免侵犯公民权利,并提供国家组织的基本结构,即可满足国家的任务。正是基于这样的理念,启蒙思想家提出"凡权利无保障和分权未确立的社会就没有宪法"(1789 年《法国人权宣言》第 16 条)。

随着资本主义日益从自由竞争走向寡头垄断,由于自由放任政策而引发的一系列社会问题日益显现。国家的任务已无法限缩在"维持治安"和消极不干预的范围内,而是应积极采取各种政策措施,担负起对公民"生存照顾"的任务,实现社会正义的要求。在此社会情形中,法治国的重心从个人自由逐步转向社会公平,形成了"社会法治国"理念。在宪法上,具体反映这一转变的,即为近代宪法到现代宪法的变迁。一般认为,18 世纪资产阶级革命后到 20 世纪第一次世界大战所制定出的宪法称为近代宪法;第一次世界大战

---

① 参见葛克昌:《国家与社会二元论及其宪法意义》,载《国家学与国家法》,月旦出版有限公司 1996 年版,第 27 页以下。

结束后各国制定的宪法称为现代宪法。现代宪法产生的标志,是 1919 年德国的《魏玛宪法》。① 在宪法内容上,《魏玛宪法》区别于传统宪法的一个重要特征,就是除了规定基本权利和国家机构外,还加入了社会与经济政策的内容,确认了国家保障人民生活的国家任务与目标。《魏玛宪法》也就成为第一个规定基本国策的成文宪法。在该法第二章"人民基本权利与义务"中,第二节"共同生活"、第四节"教育与学校"、第五节"经济生活"规定了大量的基本国策。如第二节"共同生活"中第 121 条规定,非婚生子女的身体、精神与社会发展,应以法律规定和婚生子女受同等待遇;第四节"教育与学校"中,规定国家应广泛设定公立学校(第 146 条),学校应进行公民与民族和谐的教育(第 148 条),国家应保障艺术家与学术人员的生活(第 142 条)等。第五节"经济生活"中,绝大多数条文都是关于国家经济任务的条款。如:规定财产权负有维持社会公益的义务(第 113 条);土地的分配与使用应使每个德国人都有一个健康的居住环境。国家应保障每个人拥有适宜的房屋得以居住(第 155 条);国家应特别保障劳工(第 157 条),国家有广泛保障人民健康、劳动、妇女、老弱的社会立法义务(第 161 条);人民有劳动的权利与义务,人民应有经由工作获得薪水的机会,国家应立法给予失业者救济金(第 163 条),国家应扶持工商业的中产阶级人民(第 164 条)等。通过基本国策的形式,《魏玛宪法》第一次将社会权利写入了文本意义上的宪法,代表着近代宪法向现代宪法的转变,是西方宪法发展史上的一座里程碑。② 其他具有代表性的立法例还有:1937 年《爱尔兰宪法》专门在第 13 章中规定"社会政策指导原则"、1949 年《印度宪法》在第 4 篇中专门设立一章规定"国家政策的指导原则"、1978 年《泰国宪法》第 5 章专门规定"国家基本政策"等。

由此,在现代宪法中,不仅仅包括基本权利和国家机构的规定,也包含有大量的基本国策规定,为国家积极干预社会生活划定运行的路线。概括而言,基本国策的规定,是近代宪法的"两结构模式"发展成为现代宪法"三结构模式"的关键所在。在这个意义上讲,基本国策是"国家发展的指针"(Richtlinien der Staatsgestaltung),是宪法中国家机构与人权规定外的"第三种结构"。③ 自《魏玛宪法》之后,基本国策成为多数国家宪法制定所不可或缺的重要环节,并在新宪法中加以确认。有学者在经过统计后得出结论,社

---

① 李步云主编:《宪法比较研究》,法律出版社 1998 年版,第 72—73 页。
② 何勒华、张海斌:《西方宪法史》,北京大学出版社 2006 年版,第 291 页。
③ 陈新民:《宪法学释论》,三民书局 2005 年版,第 865 页。

会权利几乎是1949年前成立国家的新宪法的专有属性。① 可以说,基本国策作为宪法的"第三种结构",明确了"社会法治国"中国家在经济、社会、文化教育、外交、民族等各领域中的任务和目标,是现代宪法的重要特征所在。

二、环境基本国策的论争与实践

(一) 基本国策的不同意见

尽管基本国策已经成为现代宪法的一个重要组成部分,但在理论上,学者们对此也提出了一定的反对意见,主要包括:

1. 过多的基本国策会造成权力分立结构的改变。基本国策的规定多具有抽象、弹性和不确定的内容,因此相应的国家目的有赖于立法者予以实现,有违宪疑义时则进入宪法诉讼,由司法权裁决立法者有无违宪之嫌。此时,国家目标规定变成宪法层次的"不确定法律概念"。② 此时,具有最终决定权的是宪法法院,会造成司法权不是民选的立法机构在作政策决定,间接造成权力分立结构的改变和立法权的落空。③

2. 基本国策易被政治力量左右而影响宪法自身的权威。一般而言,基本国策在政治上具有"宣示作用",如此就容易遭到滥用。由于国家目标规定通常以不易实现的期望为内容,在宪法中大量规定却无法加以完全兑现,变成只是象征性的立法并影响宪法的权威。如此观之,国家目标条款并无实际意义,反而会破坏宪法的规范效力。④ 更进一步说,会危及国家自身。"实现国家目标往往超出了国家所能负担的能力,因为国家自己常常不能支配实现这些国家目标的手段。假如国家在宪法中承诺了一些它根本做不到的事,那么国民相应的期望就非常容易幻灭而觉得上当受骗。如此,宪法所具有的整合凝聚性的功效和作用,便会因此转化成它的反面。"⑤对此,过多的基本国策会减弱宪法的规范性与整合力,也会影响国家的正当性,甚至可能带来如特洛伊木马般的危机。⑥ 更加激进的观点认为,宪法中的基本国策只是一种政治上的乌托邦,在实践上根本无法达成,它所以会出现在宪法典,乃是一

---

① 〔荷〕亨克·范·马尔塞文、格尔·范·德·唐:《成文宪法——通过计算机进行的比较研究》,陈云生译,北京大学出版社2007年版,第231页。
② 陈新民:《宪法学释论》,三民书局2005年版,第900页。
③ Detlef Merten. Uber Staatsziele, DÖV 1993, S. 375.
④ Winfried Brohm, Soziale Grundrechte und Staatszielbestimmungen in der Verfassung, JZ 1994, S. 218. f.
⑤ 〔德〕康拉德·黑塞:《联邦德国宪法纲要》,李辉译,商务印书馆2007年版,第163—164页。
⑥ Peter. Badura, Arten der Verfassungsrechtssatze, in: J. Isensee/P. Kirchhof(Hisg), Handbuch des Staatsrechts der Bundesrepublik Deutschland, Heidelberg: C. F. Muller, 1992, S. 45. f ; Detlef Merten. Uber Staatsziele, DÖV 1993, S. 375.

种政治上拖延妥协的惯用伎俩,意即为了满足人民不满的情绪,由各股政治势力妥协后的迷魂药,用以麻醉人民的神奇药品。①

3. 从宪法的稳定性角度考虑,不应在宪法中过多地规定国家政策。宪法的稳定性是指能在较长时间内适用,较大限度地适应社会变化,与其他法律条款相比变动较少的一种特性。② 但政策是易变的。宪法是一部稳定的基本法,因而不那么基本的政策应该由法律规定,而不应进入宪法;否则,政策变化必然要求修改宪法,从而影响宪法的稳定性和权威性。③ 还有的学者从宪法条文长度入手,认为自《魏玛宪法》加入基本国策规定后,宪法的长度越来越长,会把宪法成为法律大全,影响宪法的根本性和法律效力,也不利于人民的记忆和运用。④

应该说,上述意见并不是直接反对宪法规定基本国策,而是担忧过多的基本国策会造成不利后果。在现代社会中,古典的"守夜人"式的国家早已不复存在,任何国家都不可避免地介入社会经济领域。此时,宪法就有必要纳入授权国家介入社会生活的新规定,并设定为国家目标,借此表明社会能够组织的方式,以及社会可能发展的道路。这是宪法规定基本国策的根本原因所在。⑤ 现代宪法的三结构模式和传统宪法的两结构模式在本质上并无区别,基本国策仍然可以实现人权保障和控制国家权力的宪法目的。"无论是两结构的近代宪法,还是三结构的现代宪法,它在手段上是控权法,在目的上是人权法"。⑥ 但同时,我们还必须注意到基本国策可能带来的问题,这为环境基本国策的形成提供了认识基础。

(二) 对环境基本国策的认识

如前所述,基本国策尽管已普遍认为是宪法的"第三种结构",但仍然存在滥用的可能。从德国修宪的实例来看,尽管1990年的《两德统一条约》已经明确了基本国策作为"国家目标条款"的法律地位,也提出了增添基本国策的要求,但最终仅增加了环境保护条款。应该说,环境基本国策的增订,是20世纪70年代以来德国各界推动环境保护入宪的成果。德国绿党在政治

---

① 陈新民:《宪法学释论》,三民书局2005年版,第865页。
② 李步云主编:《宪法比较研究》,法律出版社1998年版,第41页。
③ 张千帆:《宪法不应该规定什么》,载《华东政法学院学报》2005年第3期。
④ 李步云主编:《宪法比较研究》,法律出版社1998年版,第81页。
⑤ 许育典:《国家目标条款》,载《月旦法学教室》第30期,第38页。
⑥ 王月明:《宪法学基本问题》,法律出版社2006年版,第7页。

上的压力也是环境保护条款能顺利进入宪法的重要原因。① 然而在修宪过程中,对于是否在宪法上规定环境保护的基本国策,仍然存在不同的意见。

概括而言,学界在环境保护是否应入宪的问题上的辩论,形成了两种对立的意见。反对将环境保护作为基本国策载入宪法的主要理由有②:(1)将环境保护作为基本国策,则其结果将和其他现行基本国策一样,一方面是多余的赘文,另一方面也造成"政治之法律化",破坏宪法的规范效力。《魏玛宪法》基本国策的教训可为殷鉴。(2)环境保护之法律概念至今仍无明确范围,其概念之模糊将导致与主观权利的界限难以区隔。(3)各种生活领域中,环境权或环境基本国策将和其他自由权规定相互冲突,而明文入宪后亦无法解决冲突时的利益衡量问题。(4)环境保护无论是作为基本权还是基本国策,其保障体系都会和其他基本权利或基本国策有所不同,造成一种相反的排斥效果。

相应的,在辩论中赞成在宪法中加入环境保护条款的主要理由有③:(1)填补基本法中对于环境保护范畴所出现的漏洞或规范赤字;(2)将环境保护视为基本国策条款并载入宪法中,不论对立法权或行政权都会产生一种行为压力,并非无关痛痒的多余条款;(3)环境权或基本国策入宪后,会对环境政策与环境制度产生一种刺激、整合和教育的实际功能;(4)环境条款入宪后可以增强国家干预其他基本权利的能力,以防止自然生态环境的破坏,进而解除日益增高的对于国家统治正当性的危机;(5)对司法者的控制力量提供相当的帮助,尤其对于立法者的立法怠惰以及行政不作为提供了宪法上的作为义务。

从德国修宪历程看,主张环境保护入宪的观点居于多数地位并最终在宪法上以环境基本国策的形式体现出来。应该说,尽管需要警惕基本国策遭到滥用,但在环境保护领域,确有必要在宪法中纳入相应条款:(1)环境保护入宪的目的,即在于凸显环境保护的价值。一旦将环保入宪,作为国家追求的目标,无论在国会做政策辩论时,或是在联邦宪法法院审查法律有无违宪时,

---

① 德国绿党自 1980 年正式成立以来,一直呈上升发展趋势。1983 年 3 月,绿党在联邦德国大选中进入了联邦议院,一跃成为德国第四大党。1994 年选举后,绿党更是取代自民党,成为德国第三大党。在此过程中,绿色理念也逐步渗透进德国国家政策中。参见沈素红、邢来顺:《德国绿党对德国政治的影响析论》,载《长江论坛》2006 年第 4 期。

② 林明锵:《论基本国策——以环境基本国策为中心》,载《现代国家与宪法》,月旦出版有限公司 1997 年版,第 1483—1484 页。

③ 同上注,第 1484—1485 页。

都是强而有力的宪法论据。① (2)基本国策对于人民来说是监督和评价政府活动的标尺。有了这一尺度之后,人民不再是单凭感觉来判断政府的前进方向是否正确,而可以根据预定的目标在必要时要求政府纠正偏差。② 这一点对于环境保护领域尤为重要。在政府担负大部分环境保护职责的情况下,自有必要为人民的监督提供宪法依据。(3)国家目标条款所针对的,都是当代社会所指的保护的公益。尽管通过增列基本权的方式能够直接实现该公共利益,但相关基本权入宪带来的副作用,有时并非法秩序所能承受。采取客观法而非主观权利的宪法规范,也是宪法保护当代新兴公益的中庸之道。③ 显然,在宪法中列入环境基本权仍然存在诸多规范性难题时,环境基本国策不失为保护环境公益的最现实方式。(4)环境基本国策并非仅有象征意义,它不仅对国家权力形成约束,还对全体人民产生事实上的教育功能。确认环境法益的宪法地位后,将更进一步使国家和人民的行为措施朝向环境法益的目标前进。如此,环境基本国策绝非悲观者所言的"法律空转",而是走入"环境国家"的一个转折点(point of no return)。④

从实证的角度看,根据前面第二章的统计,世界上多数国家的成文宪法都纳入了环境保护基本国策的规定。可以说,环境保护基本国策是国家宣示其环境保护意志的最普遍形式。从长期来看,环境基本国策可以给予未来整个环境法体系以及发展非常重要的原动力,此种宪法的要求,便是"环境国家"理念实现的基础。⑤ 因此,在宪法中纳入环境基本国策,明确将环境保护作为国家发展的方向,是一国实践"环境国家"价值理念的基本要求,具有非常重要的意义。

三、国家目标条款:环境基本国策的规范定位

质疑宪法基本国策的一个重要理由,即在于法律实施上可能存在的困难。因此,在明确了宪法规定环境基本国策的必要性后,我们还必须进一步探究其法律适用性,即明晰环境基本国策的规范效力及其定位。

(一)作为"方针条款"的环境基本国策

"方针条款"理论是《魏玛宪法》颁布后,德国学者在宪法条文法律效力

---

① 张嘉尹:《环境保护入宪的问题——德国经验的初步考察》,载《月旦法学杂志》第38期,1998年版。
② 刘东亮、郑春燕:《宪法基本国策研究》,载《西南政法大学学报》2000年第1期。
③ 许育典:《宪法学》(第三版),元照出版有限公司2009年版,第415页。
④ 林明锵:《论基本国策——以环境基本国策为中心》,载《现代国家与宪法》,月旦出版有限公司1997年版,第1496页。
⑤ 陈慈阳:《环境法总论》,中国政法大学出版社2003年版,第106页。

问题上所提出的观点。根据代表人物安序兹(Anschutz)教授的观点①,宪法条文应区分为两种不同性质的类别:第一种是狭义的、严格意义上的法规,可以直接适用。之前的法律如果与其相互抵触,就失去法律效力。例如:国家不得颁给贵族称号、勋章(第109条)、星期日为休假日(第139条)等。第二种是单纯的"法律原则",这类条款不能产生直接的法律效果,无"直接适用性",必须等待立法者制定"施行法律"之后,才有施行的可能。在立法者未制定施行法律之前,该宪法规定仅是对立法者的一种方针(Programm)或者训令(Direktive),用以指导立法者将来的立法,因此可概称为"方针条款"(Programmsaetze)。

就环境基本国策而言,当相关规定因用语抽象、模糊而难以确定其明确含义时,就可以将其视为无法律约束力的"方针条款"。例如,在1994年,我国台湾地区"宪法"增添条文第10条第2项规定:"经济与科学技术发展,应与环境及生态保护兼筹并顾。"对于此"兼筹并顾"条款的法律效力,台湾地区学者多数认为,该条款属于基本国策的规定,但由于条款本身并未对立法者提出如何落实的要求,缺乏足够的明确内涵,难以从中推导出具体宪法命题,应属于无法律规范约束力的方针条款,仅具有"宣示性"和"期待性"之象征效力。② 具体而言,该"兼筹并顾"条款一方面没有明确赋予立法者环境立法的强制义务,另一方面,它并非直接规定环境保护,而是要求"宪法"所保护的"经济与科学技术发展"和"环境及生态保护"两大法益应"兼筹并顾"。如此,尽管承认基本国策应具有法律约束力,但就条文自身而言,仅是纲领宣示性质的规定。③ 对此,即使是持相反意见、认为其具有一定法律约束力的学者,也指出,"兼筹并顾"条款的规定文字过于简单,内容过于开放,容易造成该规定对立法者无任何效力的错误印象,应加以修改。④

又如,1991年《马其顿宪法》第8条第1款规定:马其顿共和国宪法秩序的基本价值包括……合适的城市与乡村规划以提升人类环境的适宜性,同时也包括生态保护及发展……从结构上看,第8条第1款宣示了十项宪法所确认的基本价值,环境保护内容位列其中,应视为对环境基本国策的规定。但

---

① 陈新民:《论宪法委托之理论》,载《宪法基本权利之基本理论》(上册),三民书局1996年版,第40—42页。
② 陈新民:《宪法学释论》,三民书局2005年版,第905页;黄锦堂:《环境宪法》,载苏永钦主编:《部门宪法》,元照出版有限公司2006年版,第735页;李惠宗:《宪法要义》,元照出版有限公司2001年版,第671页。
③ 陈慈阳:《环境法总论》,中国政法大学出版社2003年版,第107页。
④ 林明锵:《论基本国策——以环境基本国策为中心》,载《现代国家与宪法》,月旦出版有限公司1997年版,第1500—1501页。

从效力上看，由于上述规定将生态环境保护目标的实现仅寄托于"合适的城市与乡村规划"，同时也未对国家权力提出如何落实的要求，这就既不符合生态环境保护的现实需求，也难以从中推导出具体宪法命题，应属于无规范约束力的方针条款，仅具有"宣示性"和"期待性"之象征效力。

由此，如果环境基本国策的规定过于简单，或者没有明确宣示环境保护的国家意志而是含糊其辞，都容易使得环境基本国策成为"方针条款"而缺失必要的法律约束力，在很大程度上就否定了环境保护入宪的价值所在。

(二) 作为"宪法委托"的环境基本国策

所谓宪法委托(Verfassungsauftrag)，是指宪法条文仅仅为原则性规定，而委托其他国家机关(尤其是立法机关)以特定的、细节性的"行为"加以贯彻实施。此种委托并非一种理念或政治道德性的要求，而是宪法赋予立法者一定的义务。一般认为，益普生(Hans-Peter Ipsen)教授1949年在出任汉堡大学校长的就职演说上正式提出"宪法委托"概念。之后，很多宪法学者对此加以深入研究。勒雪(Peter Lerche)教授认为，宪法委托是宪法对立法者的一个有约束力的训令。在具体的四种类型中，涉及基本国策的为第一种，即"修正传统意义上方针条款"。这类宪法规定是宪法对立法者的一种方针，借立法者的作用来达到宪法的特定目标，如法治国原则和社会国原则等。对这些条款，立法者应斟酌事务的"先后缓急"、大小和方式，来具体实现宪法之指示。①

就环境基本国策而言，将其定位为单纯的"宪法委托"，即意味着宪法只对立法者提出环境保护的要求，不涉及其他国家权力。这种规定多出现在环境保护运动的早期，相关例证，如瑞士，在1971年通过的修宪案中加入了环境保护基本国策的规定(第24条)，规定为"联邦立法机关应制定法律，保护人及其相关自然环境免遭有害或嘈杂物质影响，特别针对空气污染和噪声"。根据瑞士联邦最高法院的观点，该条款将立法权在联邦和州政府之间进行了分配，并不赋予人民相应的请求权。② 学者也认为，"制定法律"的用语表明了该条例的"立法委托"性质，即对立法者提出义务。③ 又如，在1988年《巴西宪法》中，第225条在规定了人民的环境权后，紧接着详尽地规定了国家在各领域负有的立法义务，如基因技术的管制、对环境产品的管制；自然

---

① 陈新民：《论宪法委托之理论》，载《宪法基本权利之基本理论》(上册)，三民书局1996年版，第52—60页。
② Bundesgericht, Judgment of July 1, 1981, BGE I, 112, 113.
③ Heribert Rausch, Die Umweltschutzgesetzgebung: Aufgabe, geltendes Recht und Konzepte, Zurich: Schulthess, 1977, S. 132.

地理空间的保护等。

应该说,相较于"方针条款"的定位,明确环境基本国策的"宪法委托"属性,初步使环境基本国策具有了法律约束力,值得充分肯定。但必须看到,将环境基本国策的规范效力局限在立法者范畴,不仅人为地限缩了环境基本国策的适用空间,也不利于环境公共利益的维护。理由在于:(1) 立法者并不缺乏制定环境保护法律的权力。恰恰相反,立法者一直拥有足够的立法权力。此时再加入委托其立法的宪法条款,就显得多余。① (2) 即使主张环境基本国策的"宪法委托"属性,对立法者课以立法义务,但这只涉及"是否立法"的问题。在"如何立法"的问题上,宪法无法明确何时、针对谁、采取何种措施进行管制,立法者拥有广泛的形成空间,属于其"立法裁量"事项。② 如果仅仅作为宪法委托,环境基本国策就会给立法者留下最为广泛的裁量空间③,在环境保护领域,这显然不利于公民的监督。(3) 在很多情况下,环境保护的问题不在于缺乏管制立法,而是行政执行上缺乏效果。例如,美国1970年《清洁空气法》设立了国家环境空气质量标准和多种空气污染排放标准,并为达到这些标准规定了时间期限,但州政府在工业界的压力下往往不能充分、全面地执行法律的规定,联邦环保署(EPA)也对某些条款的实施持消极态度,造成《清洁空气法》无法达到预期目标。④ 显然,仅仅对立法权加以规范是远远不足以达到环境保护目标的。也正因为此,这些国家在随后的修宪过程中,都对此进行了一定改变。如瑞士在1998年新《宪法》的环境保护条款中,第73条明确宣示了实现可持续发展的国家义务,第74条中除了对立法权提出要求外,对行政权也明确课以作为义务(第3款)。

(三) 作为"国家目标条款"的环境基本国策

第二次世界大战后,德国在制定宪法时,改变了《魏玛宪法》对于基本权利和基本国策的立法方式,而是根据传统的宪法模式加以规范。一方面,将宪法的结构恢复为人权保障(第一章)和国家组织(第二章),另一方面,人权的规定也尽量避免《魏玛宪法》常用的"期待式"规定,而是着重规定基本权

---

① Josef Isensee, Gemeinwohl und Staatsaufgaben im Verfassungsstaat, in: J. Isensee/P. Kirchhof (Hg.), Handbuch des Staatsrechts, Band III, § 57,1988.

② 根据宪法学理论,宪法委托对立法权是具有强制力的规范,立法者不拥有"是否立法"的裁量权,但在立法者选择实践宪法规定的方法上,即"如何立法"上具有立法形成空间。参见杨福忠:《立法不作为问题研究》,知识产权出版社2008年版,第89页。

③ 不同的宪法规范在立法裁量上的范围是不一致的。一般而言,基本国策规范最广,国家组织规范次之,基本权利规范最窄。参见李建良:《论立法裁量之宪法基础理论》,载《台北大学法学论丛》第47期,2000年版。

④ 王曦:《美国环境法概论》,武汉大学出版社1992年版,第398—400页。

利对于国家权力的约束力。在此基础上,只用少数条款确认国家的发展方向及目标,具体包括:(1)《基本法》第 20 条和第 28 条。《基本法》第 20 条规定:"德国是民主国、社会法治国和联邦国",第 28 条第 1 项规定:"各州宪法秩序必须符合基本法所规定的共和、民主、社会法治国的基本原则。"以此为基础,《基本法》确定了社会法治国的基本目标,联邦和各州都应加以遵循。(2)《基本法》第 109 条。该条第 2 项规定:"联邦和各州编制预算时,应考虑整体经济平衡的需要",以此为基础,《基本法》确定了经济整体发展的基本目标。在理论上,前述规定被学者称为"国家目标条款"(Staatszielbestimmung),代表国家所追求的基本目标。整个国家的权力运作,应遵循此一基本的方向。① 更具体而言,国家目标条款是宪法对国家的政策性指示,而国家依其能力负有义务去实践这一有约束力的指示。在这里,宪法所追求的国家目标,在于国家多数人最大利益的实现可能,也就是公共利益。由此,基本国策(国家目标条款)也可以说是:内容具体化的公共利益。②

将环境基本国策定位为"国家目标条款",意味着将环境保护作为独立的国家目的,并对所有国家权力均具有约束力。根据德国学界通说,《基本法》第 20a 条的环保基本国策是典型的"国家目标条款",它确立了"保障自然生存基础"的国家目的,与"社会福利国"之国家目的具有同等地位③,并对所有国家权力产生法律约束力。具体而言:(1)对立法权而言,《基本法》第 20a 条首先规定,立法者在宪法秩序的范围内,有义务制定必要的环境保护法律。这表明德国修宪者有意采取"法律保留"的形式,保留立法者优先决定的权利,防止行政或司法直接适用该条款。④ 据此,该条款具有明显的立法委托性质。立法者在该约束下,对于"如何立法"享有较大的自由形成空间。如果怠于立法或相关立法不符合环境保护目标,即构成违宪。(2)对行政权和司法权而言⑤,《基本法》第 20a 条规定,国家通过行政部门依照法律与法的标准所制定的要求,而且也通过司法,保护自然的生命基础。如此,该条款对行政权和司法权也具有约束力:一方面,行政权应按照立法者所制定

---

① 许育典:《国家目标条款》,载《月旦法学教室》第 30 期,第 38 页。
② Josef Isensee, Gemeinwohl und Staatsaufgaben im Verfassungsstaat, in: J. Isensee/P. Kirchhof (Hg.), Handbuch des Staatsrechts, Band III, § 57,1988.
③ 参见〔德〕施密特·阿斯曼:《秩序理念下的行政法体系建构》,林明锵等译,北京大学出版社 2012 年版,第 148—155 页。
④ 张嘉尹:《环境保护入宪的问题——德国经验的初步考察》,载《月旦法学杂志》第 38 期,1998 年版。
⑤ 林明锵:《论基本国策——以环境基本国策为中心》,载《现代国家与宪法》,月旦出版有限公司 1997 年版,第 1490—1491 页。

的法律进行适用,在进行行政裁量时,可将环境基本国策的规定作为引导及标准;另一方面,司法机关在审理具体案件、解释法规范时,应以环境基本国策为其解释之基准,尤其是存在立法漏洞时。概言之,摈弃"方针条款"理论、借鉴"宪法委托"理论并在此基础上将其效力范围扩展至所有国家权力而成为"国家目标条款",正是环境基本国策理论发展之核心要义。

综上所述,环境基本国策应定位为对所有国家权力构成约束的"国家目标条款",对现在及未来的国家行为设定环境保护的任务与方向。如此,就构成了国家环境保护义务之理论渊源。

第三节 两种研究进路解释力之比较

一个有必要说明的问题是:基于"国家目标条款"而生成的国家环境保护义务,和基于"基本权利—国家义务"关系而生成的国家环境保护义务相比,究竟有何区别?笔者认为:第一,理论根基不同。对前者而言,将环境基本国策定位为约束所有国家权力的"国家目标条款"顺应了环境保护的时代需求,理论上自无障碍;对后者而言,前文已经对环境保护领域成立"基本权利—国家义务"关系的困难进行了论述,此处不再赘述。第二,研究方法不同。前者遵循"归纳法",从环境保护的实践需求和国家任务的时代变迁出发进行理论概括;后者则运用"演绎法",力图"将基本权利及其对应的国家义务类型化和条理化"[①]。

必须承认,通过演绎推理证成"基本权利—国家义务"关系并建立国家义务之理论体系的学术努力,是近年来公法学理论研究的重要进展,值得充分肯定。然而,为追求理论体系的"完美",这一演绎推理的过程极易坠入概念法学的陷阱,将抽象概念作为国家义务的来源而进行循环论证,对此已经有学者提出了批评。[②] 更重要的一点是:从证成国家环境保护义务的角度看,演绎推理的论证方法无法针对实践中复杂多变的环境保护问题提供有说服力的解释,而这正是归纳推理的优势所在。下面举两例予以说明。

一、"因雾霾状告环保局第一案"中解释力之比较

近年来,以雾霾为代表的空气污染问题已经成为全社会高度关注的公共议题,PM2.5也从一个生僻的专业名词一跃成为"路人皆知"的名词。在政

[①] 张翔:《基本权利的受益权功能与国家的给付义务》,载《中国法学》2006年第1期。
[②] 杜强强:《自由权的受益权功能之省思》,载《北方法学》2013年第4期。

府采取行政措施应对大气污染的同时,相关政府责任问题也日益凸显,即:针对严重的空气污染,能否"起诉政府"? 从实践中看,已经出现类似的案例:2014年2月20日,石家庄市民李贵欣针对多次出现的雾霾天气,对石家庄市环境保护局提起行政诉讼,提出三点诉讼请求:一、请求被告依法履行治理大气污染的职责;二、承担给原告造成的经济损失10000元;三、诉讼费用由被告承担。① 该案件被称为"因雾霾状告环保局第一案"并在媒体上快速传播,引发社会关注。

在本案中,如果根据"基本权利—国家义务"的论证思路,就存在多种解释可能性:从企业排放污染造成雾霾角度看,可成立国家的保护义务;从保障公民获得符合"人性尊严"之基本大气生存条件角度看,可成立国家的给付义务;如果将发放排污许可证的行为视为造成污染的"国家行为",成立国家的消极义务也无不可。如此宽泛的解释空间显然不利于具体制度的建构。退一步说,即使成立相应的保护义务、给付义务或消极义务,考虑到形成雾霾天气的复杂性、长期性②,无法进行线性归因,无法以结果责任(出现雾霾天气)作为判断相关主体行政不作为的主要依据,也就不可能直接对国家权力提出"立竿见影"的作为要求。如果根据"国家目标条款"的论证思路,则可摆脱科学细节问题的纠缠,聚焦于"雾霾天气造成环境质量下降"这一无可争议的事实,从"环境质量不得倒退"为原则对国家权力提出相应要求。

二、"PX事件"中解释力之比较

近年来,我国多个地方都发生了因修建PX化工项目而引发的环境群体性事件(简称PX事件)。针对"PX事件",如果根据"基本权利—国家义务"的论证思路,即为:企业侵害了公民基本权利并引发社会抗争行为,应成立国家的保护义务;相应的对策则围绕保护公民权利而展开,其逻辑链条为:公民权利受侵害——产生环境群体性事件(PX事件)——赋予并保障公民权利——化解群体性事件(PX事件)。具体措施可以归纳为:信息应公开、公众应参与、司法应救济。

然而从现实情况分析,PX事件带有浓厚的"邻避"(Not In My Back Yard,简称NIMBY)特征,在性质上属于"预防型维权",区别于传统"事后救

---

① 李岗:《省会一市民因空气污染状告环保局》,载《燕赵都市报》2014年2月24日。
② 根据《重点区域大气污染防治"十二五"规划》(环发[2012]130号),我国大气污染特征已由传统的燃煤性污染转变为复合型污染,细颗粒物(PM2.5)的成因复杂、来源多样,防治工作具有长期性、艰巨性和复杂性。

济型维权"的群体性事件。① 更进一步说,在 PX 事件中,公众所表达的是政治意愿而非权利诉求,是"用权力去斗争"而不是"为权利而斗争"②。此时,机械地套用国家保护义务以确保公民"基本权利"不受"侵犯",就明显与 PX 事件的实践逻辑不相吻合。例如,在 PX 事件中,"我们要生存、我们要健康"是经常出现的口号,似乎可以认为公众所主张的是生存权、健康权等集体人权。但考虑到公众强烈的"邻避"心理和以"保卫家园"为核心的动员机制,公众此时所主张的是带有典型区域性和团体化的利益,并不具备人权的普遍性,反而会对其他地区造成损害。如在厦门 PX 事件中,所涉 PX 项目最终迁址漳州古雷半岛。尽管在项目实施过程中漳州当地居民也进行了一定的抗争,但都未能形成强有力的舆论而被"化解"③。这即为典型的邻避设施建设"最小抵抗路径"(The Path of Least Resistance),显然同生存权、健康权等人权的普遍关怀不相契合。进而言之,PX 事件中公众主张的所谓"权利",更多的是公众基于权利话语强势地位而选择的一种斗争策略,并不是一种规范性的表达与主张。从社会学的角度加以解读,"机会主义的麻烦制造者"是当代中国社会抗争的基本特征,即抗争者以"有用"为标准采取不同的抗争策略,表现出典型的实用主义态度。④ 认为公众基于环境权利意识觉醒而通过群体性事件"维权",更多的是权利话语的理论想象而不符合中国现实。在此基础上,也就能理解一再重复的"实现信息公开、扩大公众参与、保障司法救济"等对策为何无助于现实问题的解决,反而使"PX 风波"越演越烈。

概言之,用根源于西方法治传统的权利话语来解释当代中国的环境群体性事件,必然出现"南橘北枳"的困惑,这也表明"基本权利—国家义务"理论在一定程度上与当代中国实践的背离。反观"国家目标条款"的论证思路,则可避免上述理论陷阱,基于"公众出于对风险的恐惧而发起 PX 事件"的基本判断,而对国家权力提出风险规制的整体性要求。

综上可见,运用归纳推理、根据"国家目标条款"而生成国家环境保护义务,在理论层面上具有较为坚实的基础,在实践层面上也具有比较优势,能更好地回应现实中纷繁多变的环境问题,应为可取。

---

① 参见邓君韬:《"邻避运动"视野下 PX 项目事件审视》,载《湖南社会科学》2013 年第 5 期;于建嵘:《自媒体时代公众参与的困境与破解路径》,载《上海大学学报》(社会科学版)2013 年第 4 期。
② 参见李修棋:《为权利而斗争:环境群体性事件的多视角解读》,载《江西社会科学》2013 年第 11 期。
③ 王逾婷:《漳州 PX 项目"闪燃"背后》,载《郑州晚报》2013 年 8 月 14 日。
④ Elizabeth J. Perry and Merle Goldman, Grassroots Political Reform in Contemporary China, Harvard University Press, 2007, p.254.

第四章 国家环境保护义务的构成

第一节 环境保护国家任务类型划分的标准

如前所述,明确环境基本国策是约束所有国家权力的"国家目标条款",即意味在宪法上宣示了国家环境保护义务。在具体内容上,有学者认为,环境基本国策对国家权力提出的要求为①:(1)环境基本国策首先是对立法者行为的委托,以及作为履行此委托的规范基准。立法者应根据此精神将环境政策加以规范化,使其成为具有约束力的法律规范,但在如何具体履行上立法者具有自由空间。在这个意义上,基本国策是修宪者一种高度期待立法者能够将其实践及具体化于法律中的表现。(2)对行政机关而言,环境基本国策是填补概括条款、解释不确定法律概念、裁量授权内容之具体化及计划决定中最为重要的基准,具有引导解释及裁量的作用。(3)对司法权而言,在对法律漏洞进行填补时,应以环境基本国策为基准。在法院作出与环境相关判例时,可在判决中直接援引环境保护之精神进行解释或填补漏洞。

笔者认为,将环境基本国策,或者说环境保护的"国家目标条款"进行具体展开,不能简单地、单向度地理解各不同国家权力的行使,而应整体地、双向地理解国家权力在不同任务要求下所展现出的特征。这就需要我们从环境保护自身的需要出发,通过对不同类型国家任务的阐释,明确相应情况下国家权力应如何行使。

根据学者的归纳,"环境保护"(Umweltschutz)的概念,主要是指去减少甚至去避免造成环境的负担及危险所采取的措施或行为整体,包括三大内涵:(1)排除现已存在和出现的对环境的损害;(2)排除或者减轻现在对环境可能或潜在的危险性;(3)经由预防措施的采取来防止对未来环境的危害性。② 从人民的角度看,环境保护所欲达到的目的有二:保证现有的环境质量不再恶化,即所谓"倒退禁止"(Das oekologische Rueckschrittsverbot);预防

---

① 陈慈阳:《环境法总论》,中国政法大学出版社2003年版,第104—106页。
② Hoppe/Beckmann, Umweltrecht, 1998, § I Rndr. 37. f. 转引自陈慈阳:《环境法总论》,中国政法大学出版社2003年版,第31页。

和排除对生态环境造成危害的因素。这两个方面共同构成了环境保护领域的国家义务：首先，国家不得使环境保护水平发生倒退，是"环境国家"的内在要求，也是国家在环境保护事项上对于人民的基本政治承诺。① 在某种意义上讲，国家天生的具有保障其领土环境品质不发生倒退的责任，这构成了国家统治正当性的重要一环，法律则起到确认和完善的功能。其次，由于人类活动对环境造成了威胁，国家出于对"安全"的维护义务，有权采取干预措施对各种危险性因素加以预防及排除。这就涉及在法释义学上如何理解"危险"及发展出来的"风险""剩余风险"概念，如此方能明确其要求的国家义务。下面即分别进行探讨：

一、"危险"与"风险"的区分

自近代国家产生以来，基于宗教战争的经验，国家被赋予保护境内人民生命、财产安全的义务，因而从中导出了国家负有排除妨害内部安全秩序之危险（Gefahr）的义务，即"危险防御"（Gefahrabwehr）。② 如此，国家通过承担危险防御的任务，保障并维护"公共安全"和"公共秩序"。在传统上，该任务由警察部门代表国家完成。在法律概念上，所谓"危险"，是指一种情况，在该情况中发生的事情如果未受阻止，极有可能形成对法益的损害，即对公共安全和秩序造成损害。其中，危害的发生必须是极有可能的，是警察根据现场的状况判断的预期后果。③ 换言之，在存在"危险"的情况下，警察（国家）有权采取保护性的措施，但在作出具体措施前，应尽可能对危险状态予以掌握并分析，基于确认之事实、诊断和警察对于类似案件之经验，对将来发展之可能状态做预测，然后尽可能地采取适当之措施以防止或减轻危险发生。④

显然，国家的"危险防御"任务不仅包括抵抗妨害公共安全的违法犯罪和自然灾害，也包括防御人类或动物经由水、土壤、空气接触有害物质而受到的威胁，例如防治水污染和大气污染，便是一种明显的对具体环境危害之抵抗或排除。⑤ 此时，国家对于"危险"的判断，是一种对发生损害的预测性决定或者说"担心"（Besorgnis）。这种担心并非凭空想象，而是依据客观经验

---

① M. Kloepfer, in: Bonner Kommentar zum Grundgesetz, Art. 20a（1996）, Rn. 35; Schulze-Fielitz, in: H. Dreier（Hrsg.）, Grundgesetz-Kommentar, Bd. 2, 1998, Art. 20a Rn. 40 f.
② Di. Fabio, Riskoentscheidunhgen im Rechtsstsaat, J. C. B. Mohr, 1994, S.32—40.
③ Scholler/ Schloer:《德国警察与秩序法原理》，李震山译，登文书局1995年版，第71—72页。
④ 陈春生：《行政法上之预测决定与司法审查》，载《行政法之学理与体系》（一），三民书局1996年版，第183页。
⑤ 陈慈阳：《环境法总论》，中国政法大学出版社2003年版，第174页。

和事理法则,对损害发生的因果关系有所认知。该因果关系的判断具有可推论性和可实验性,从一般人生活经验中认为其足以造成危害即可。① 概言之,为了保障公共安全,国家负有"危险防御义务",即:根据因果关系的经验法则,国家可以预先判断某些因素会对法益造成侵害,进而采取一定的干预手段来防止此危险发生。②

不难看出,判断"危险"存在的关键在于确定行为和危害后果之间的因果关系。然而,在现代社会中,随着科学技术的快速发展,随之产生了诸多的环境问题,人们开始认识到,现有的科学技术对于复杂生态系统的认识仍远远不够,对于环境问题的认识存在很多不确定性(uncertainty)。换言之,人们对于危害后果和行为之间的因果关系缺乏科学上确定性的认识。③ 在此基础上,"风险"(risk)一词得以广泛运用。风险概念原是早期资本主义时期商贸航行的一个术语,随后逐渐成为商业行为和金融投资中的一个日常性概念,意指某项旨在盈利的行为可能承担的利益损失。随着生态危机问题的不断显现,"风险"概念自20世纪80年代以来已从单纯"技术—经济"的范畴扩展为一个社会理论的范畴,并在社会科学文献中逐渐广泛使用。④ 这方面的代表是社会学家提出的"风险社会"理论,贝克认为,在现代社会中,风险的结构和特征发生了根本性的变化,并使整个社会具有"风险社会"的特征。此时,风险具有四个特点:(1)风险造成的灾难不再局限在发生地,而经常产生无法弥补的全球性破坏;(2)风险的严重程度超出了预警检测和事后处理的能力;(3)由于风险发生的时空界限发生了变化,甚至无法确定,所以风险计算无法操作;(4)灾难性事件产生的结果多样,使得风险计算使用的计算程序、常规标准等无法把握。⑤

简言之,"不确定性"是风险社会的基本特征所在。有学者提出,科学知识无法解决的风险问题主要有两种情况:(1)知识上存在不确定性,或者说科学缺乏对相关知识的认识。此时,人们对于风险可能带来的负面影响,无法作出准确评估和预测,只能简单地作出定性的估计。转基因生物、臭氧层破坏等问题即为此类。(2)对风险的后果无法量化。此时,风险的负面影响是可以知道的,但不清楚发生的具体概率,无法加以准确的量化。如在畜牧

---

① Di. Fabio, Gefahr, Vorsorge, Risiko: Die Gefahrenabwehr unter dem Einfluss des Vorsorgeprinzips, JURA 1996, Heft 11, S.568.
② Di. Fabio, Riskoentscheidunhgen im Rechtsstaat, J. C. B. Mohr, 1994, S.67—68.
③ 唐双娥:《环境法风险防范原则研究》,高等教育出版社2004年版,第12页。
④ 刘小枫:《现代性社会理论绪论》,上海三联书店1998年版,第47—48页。
⑤ 杨雪冬:《风险社会理论述评》,载《国家行政学院学报》2005年第1期。

业中使用抗生素问题。① 可见,同传统的"危险"相比,现代社会中的"风险"已无法根据经验法则或科学证据准确判断其因果关系,传统的危险防御已经不再能够涵盖由现代科技所产生的各种风险。风险具备不确定性的面向,已经摧毁了传统警察法上的"危险"概念。② 此时,国家有必要采取进一步的预防措施,也就有必要在法律上明确"风险"概念的含义。

一般而言,"风险"概念是相对于"危险"而言的,指无法经由经验法则判断后果的、可能对法益造成危害的因素。更具体地说,风险和危险的最大不同在于,在主观上,就风险发生的因果关系而言,没有足够的信赖让人相信一定的原因会产生一定的结果;在客观上,也无法得知是否有这样的因果关系存在。③ 从制度运行的角度看,传统上法律系统在面对"危险"时,基本上是以过去经验为条件来处理法律问题,是以过去为取向;风险则具有不确定性和未来取向的特征,这使得法律系统必须改变其时间结构并加强"学习能力"。④ 当代法社会学大师卢曼(Luhmann)则提出,所谓风险就是将负面结果归因于自己的决断,而危险则是将负面结果归于他人。这意味着,风险已不再是客观的事实,而是一个时间(未来)面向和社会面向的建构物。决策者必须在信息、资源、时间有限的情况下进行决策。⑤ 如此,在面对风险时,国家具有"风险预防"(Risikovorsorge)的任务,即国家不仅限于抗拒对于环境具有威胁性之危害和排除已产生之损害,还应更进一步,在一定危险性产生之前就预先去防止其对环境与人类生物之危害性的发生。⑥ 由此,即使风险在产生原因及危害后果上存在科学不确定性,国家也负有保护环境和人类健康之义务,应采取相应预防性措施。

二、"剩余风险"的提出及其规范含义

(一)"剩余风险"问题的出现

随着科学技术的发展,国家对环境生态及人体健康所承担的保护义务经

---

① R. Schomberg, The Precautionary Principle and its Normative Challenges, in E. Fischer, J. Jones & R. v. Schomberg (Eds.), Implementing the Precautionary Principle: Perspectives and Prospects, Cheltenham: Edward Elgar, 2006, pp. 28—31.

② H.-H. Trute, Vorsorgestrukturen und Luftreinhalteplanung im Bundesimmissionsschutzgesetz, Hei-delberg, 1989, S. 15 ff.

③ 葛克昌、钟芳华:《基因科技之风险调控》,载《法令月刊》2000年第12期。

④ Petra Hiller, Probleme prozeduraler Risikoregulierung, Rechtliches Risikomanagement, 1999, S. 29—30.

⑤ Niklas Luhmann, Risiko und Gefahr, in: Soziologische Aufklärung 5, opladen 1990, S. 131—169.

⑥ 陈慈阳:《环境法总论》,中国政法大学出版社2003年版,第170页。

历了从"危险防御"到"风险预防"的转变。在充满着不确定性的风险社会中,国家除了应对传统的"危险"加以管制和排除外,更应对不断出现的环境风险问题加以关注并采取预防性措施。正是出于因应具有科学不确定性环境问题的需要,风险预防原则(Precautionary Principle)应运而生。从 20 世纪 80 年代开始,风险预防原则得以迅速发展,成为环境立法与实践中的热门词汇,并逐渐由区域海洋环境保护领域发展到环境保护一般性领域。国际环境保护中则更是如此,其代表为 1992 年联合国环境与发展大会所通过的《里约宣言》原则 15:"为了保护环境,各国应按照本国的能力广泛适用风险预防措施。遇有严重或不可逆转损害的威胁时,不得以缺乏科学充分确实证据为理由,延迟采取符合成本效益的措施防止环境恶化。"应该说,风险预防原则已获得了国际社会的广泛认可。① 其基本要求在于:如果某行为或因素可能对健康和环境造成威胁,国家就应当采取预防性的措施,即使相应的因果关系在科学上尚未充分确定。

然而,对风险进行提前预防并不意味着无条件地对所有风险进行管制,甚至达到"零风险"状态。从风险规制的特征而言,普遍存在着"最后一英里"(going the last mile)问题,即针对某可能造成危害的风险因素,规制机构采取的措施可以有效地降低至某个水平,但如果要完全加以清除,却会带来高昂的成本而无法取得预期的收益。试图将风险完全清除所面临的困难包括:有限的技术选择、高昂的成本、投入相当的规制资源、高昂的诉讼费用、无尽的争论,等等。② 另外,在风险问题上没有免费午餐,减少任何特定风险的努力都会带来新的风险。③ 这方面的例子很多,如要求证明核电站是绝对安全的阻止了核电站取代火力发电厂,而火力发电是引起全球变暖和酸雨问题的重要因素之一;又如,DDT 在全球的禁用造成了某些第三世界国家瘴气的再次蔓延。④ 概言之,风险是无法完全加以消除的,只能在某一限度内加以控制。

因此,国家所担负的"风险预防"任务并非一味地降低风险,而是应明确预防的范围和程度。换言之,在要求国家采取措施对风险加以预防的同时,也不能忽视社会资源和科学知识在风险问题上的内在局限。此问题反映在

---

① 〔法〕基斯:《国际环境法》,张若思编译,法律出版社 2000 年版,第 93 页。
② 〔美〕斯蒂芬·布雷耶:《打破恶性循环:政府如何有效规制风险》,宋华琳译,法律出版社 2009 年版,第 11—12 页。
③ Frank B. Cross, Paradoxical Perils of the Precautionary Principle, 53 Washington and Lee Law Review, 924(1996).
④ Indur M. Goklany, The Precautionary Principle: A Critical Appraisal, Washington, D. C.: The Cato Institute, 2001, p. 13.

法学上，即为"剩余风险"的判断问题。所谓"剩余风险"(Restrisiko)，是指无法加以排除而应由社会予以忍受的风险。该概念最早来源于德国联邦宪法法院1978年的Kalkar判决。在该案判决书中，德国宪法法院指出："当有关于生命、健康及财产之损害时，立法者必须按照原子能法的规定，最大可能的为危险防止和风险预防订立标准。此标准应当按照科学技术之水准，能实际上排除这种可能发生的损害结果。超越实践理性范围的不确定性，来自于来自人类认识能力的极限。这是无法消除的，因此是全体市民所必须忍受的社会适当负担。"①根据此判决，在核能的利用上，人类认知有其局限；绝对安全是无法建立的，全社会必须伴随、忍受民间利用核能所带来的"剩余风险"。对此，国家并无相应的保护义务。在其他风险问题的控制上，国家和社会同样面临着"剩余风险"的判断与选择问题。

（二）风险的"三分理论"

为了更好的明确"危险""风险"及"剩余风险"概念的含义及法律意涵，德国学者提出了"三分理论"。该理论首先对三个概念加以区分："风险"是指，当损害发生的盖然性未知的情况下，损害发生的可能性；"危险"是指，如果损害发生的盖然性根据可以掌握、可以证实的方法，可以推断出足够的盖然性；"剩余风险"则是因科学技术不断发展，使得损害发生的可能性不具有最终的确定性，尽管采取了风险减低的措施，仍然无法完全加以排除。② 不同的概念有不同的法律效果：面对危险，国家有干预的和排除的义务，即负有"危险防御"任务；面对风险，国家可以干预，但必须在技术可能性、干预手段与所达到利益之间合比例的考量下才能进行，国家的"风险预防"任务必须具有技术上的期待可能性和经济上的合比例性；在无法经由实践理性加以排除的剩余风险领域，国家原则上不应采取行动。③

可见，该理论是以损害发生的盖然性、损害是否可以忍受和排除为标准，对"危险""风险"及"剩余风险"概念加以区分并明确其法律含义。④ 换言之，是以风险为出发点，根据不同的确定程度（盖然性的判断）来加以法律上的区分。"三分理论"在实证法上的体现，集中反映在德国1990年《环境法典》（草案）中。在德国联邦环境部委托专家拟定的该草案中，明确规定了环境法上的危险和风险概念及其相应法律含义。该法在第2条第6项中规定，

---

① 陈春生：《核能利用与法之规制》，月旦出版股份有限公司1996年版，第37页。
② Di. Fabio, Riskoentscheidunhgen im Rechtsstsaat, J. C. B. Mohr, 1994, S. 106.
③ Ibid.
④ Oliver Lepsius, Risikosteuerung durch Verwaltungsrecht: Ermoglichung oder Begrenzung von Innovationen?, VVDStRL 63, 2004, S. 268.

"环境风险"(Umweltrisiko)是指对环境的妨碍有产生可能性,而这种可能性是依据实践理性无法排除的;"环境危险"(Umweltgesetzbuch)是指风险产生的可能程度,已经到了不可忍受的地步。紧接着,《环境法典》(草案)第 7 条规定:"每个人应依状况避免对环境造成损害。对于无可避免的损害应减少到最低程度。"第 15 条规定:"当人民遭遇到与之有关的环境危险或风险时,有权要求主管行政机构,依照合义务裁量采取必要措施,以排除该危险和减低该风险。"

在该草案的立法说明中,起草专家们对相关问题进行了集中阐释①:(1)危险是风险的一种形态,其损害发生的可能性已经大到在法秩序中无法容忍。(2)国家对于被判断为危险的状况,负有排除义务。至于如何排除,则要视可能造成危险的种类、距离及程度以及宪法中所保护法益的种类及重要性而定。(3)除了"危险"和"风险"外,另外一种风险是依据实践理性无法将其排除的"剩余风险"。剩余风险在法律上是允许存在的,而且人民具有忍受义务。

综上所述,在承认"剩余风险"的基础上,适当的对于危害的排除及危险的预防,即构成了宪法上所要求的国家环境保护义务与责任。② 总结而言,在环境国家中,以宪法上国家目标条款为规范依据,国家的环境保护义务包括如下三个基本类型:

(1)国家的现状保持义务,或者说"倒退禁止"义务,即国家权力应保证环境状况不继续恶化。这是最为基本的国家义务。

(2)国家的危险防御义务。即:对于具有明显、直接环境危害性的"危险",国家负有采取干预性措施并加以排除的义务。

(3)国家的风险预防义务,即:对于具科学不确定性的各种"风险",国家应在合理判断社会所能接受"剩余风险"的基础上适当地采取预防措施。

第二节　国家的现状保持义务

在理论上,国家的环保目标条款要求现有的环境保护水平和环保立法依据,是由宪法所要求并保障的。因此落后于现有环境国家水平的行为应予以禁止。立法者固然可以修改环境保护法律的细节,但整体上,国家不得使自

---

① Kloepfer Michael et al, Umweltgesetzbuch: allgemeiner Teil, Berlin: Erich Schmidt, 1991, S. 119—120.

② 陈慈阳:《环境法总论》,中国政法大学出版社 2003 年版,第 200 页。

然生存基础受到比目前更为严重的危害。① 这便构成了国家在环境保护领域的"现状保持"义务。在具体实现上,国家主要以有效污染控制为目的,采取基础性的管制措施,即排污许可证制度。

一、国家履行现状保持义务的核心任务

为履行现状保持义务、确保环境水平不再继续恶化,国家首先应采取污染控制的措施,对现有污染源进行直接管制,即建立排污许可制度,这构成了国家履行现状保持义务的核心任务。排污许可是行政许可在污染防治领域的运用,是指环境保护部门针对排污者的申请,依法审核并确认排污者是否具备合法排污的条件,并对该排污行为依法进行全程监管的行政行为。排污许可证制度则是指有关排污许可证的申请、审核、颁发、终止、吊销、监督管理和罚则等方面所作规定的总称。②

从功能上看,排污许可证制度是环境行政许可的法律化,具有较强的强制性和直接适用性,能有效地将各种有害环境的活动进行监督管理,将其严格控制在国家允许的范围内,是国家进行环境管理的重要手段。更进一步说,排污许可证制度在环境监督管理中具有确定最低底线的意义,它对在环境保护领域采取经济激励、行政指导、公众参与等其他机制起着基础和保障作用。有学者即指出,许可证制度在美国要比排污收费占据更为重要的地位,事实上,从历史经验看,环境政策所取得的多数进展,都是以许可证制度为基础的。③ 正因如此,排污许可证制度获得了各国的普遍认可并体现在各国环境保护立法中。

瑞典是最早实行排污许可证制度的国家,在 1969 年瑞典《环境保护法》第 9 条中规定,从事或者将要从事对环境有害活动者都须向国家环境保护许可证管理委员会提出申请,正式确立了排污许可证制度。根据瑞典《环境保护法》和《环境保护条例》,国家环境保护许可证管理委员会是法定的批准机构,需要申请许可证的活动具体包括:农业和水产养殖业;矿业开采;制造业;电力、煤气及供热;商业;运输;邮电和电信业等七类。许可证的有效性不超

---

① H. Hofmann, Umweltstaat: Bewahrung der natuerlichen Lebensgrundlagen und Schutzvor den Gefahren und Risiken von Wissenschaft und Technik in staatlicher Verantwortung, in: Festschritt 50 Jahre Bundesverfassungsgerich. 2. Klaerung und Fortbildung des Verfassungsrechts, 2001, S. 876.
② 韩德培主编:《环境保护法教程》,法律出版社 2003 年版,第 114 页。
③ 〔美〕保罗·R. 伯特尼、罗伯特·N. 史蒂文斯主编:《环境保护的公共政策》(第 2 版),穆贤清等译,上海三联书店 2004 年版,第 31 页。

过10年,实质是对企业日常监督管理的基础。①

在美国,排污许可证制度是美国污染控制的核心手段,它被广泛适用于各种污染物排放的控制和管理之中。在水污染控制领域,根据1972年《联邦水污染控制法》,从任何点源向美国水体排放污染物的所有设施都必须获得排污许可证,具体表现为"国家消除污染物排放系统"(National Pollutant Discharge Elimination System/ NPDES)。1987年,国会对该法进行修改,将工业和市政暴雨水的排放也纳入 NPDES 许可证的范围内。在空气污染控制领域,1990年,美国国会在对《清洁空气法》进行修订的过程中,借鉴了水污染控制领域实行排污许可证的经验,增设"许可证"的章节,要求建立一个在联邦环保署监督下的、由各州实施的空气污染许可证管理体制。根据该法规定,多数固定污染源必须申请运行许可证。大气污染物排放许可证发放和管理由联邦环保署(EPA)负责,各州环保局可以制订州实施计划和适应本州的特殊规定。在具体质量标准上,由 EPA 制定"国家环境空气质量标准"(NAAQS),各州制订本州执行和维持该标准的实施计划,并报环保局批准后作为法律强制执行。② 概括而言,美国排污许可证制度的具体实施步骤包括:(1)申请和对申请的审查;(2)编制许可证草稿,包括:确立排放要求、规定监测要求、规定标准条件、规定特殊条件;(3)听取公众意见;(4)监督许可证规定要求的实施。③ 在法律执行上,如果被许可人违反法律对许可证赋予、运行的相关规定,联邦环境保护局和被授权的州拥有三种权力:作出限期改善的行政命令、给予行政处罚、提起诉讼。对于不履行行政命令和行政处罚者,联邦环境保护局和被授权的州有权向联邦地方法院提起民事和刑事诉讼。诉讼判决包括:临时或长期的司法禁令、民事罚款、刑罚(包括故意、过失和故意危险犯罪)。

其他具有代表性的相关立法还有:(1)澳大利亚维多利亚州政府于1970年通过法令,正式将排污许可证制度适用于环境保护领域,明确要求对环境有危害的企业都需获得排污许可。澳大利亚法律还授权各地环保部门可根据各地区的具体情况,变通适用排污许可证中规定的标准。④ (2)法国

---

① 全国人大环境与资源委员会编译:《瑞典环境法》,中国环境科学出版社1997年版,第11—13页。
② 林艳宇编译:《美国的大气污染物排放许可证制度》,载《环境监测管理与技术》2004年第3期。
③ 祝兴详等:《中国的排污许可证制度》,中国环境科学出版社1991年版,第13—18页。
④ Gerry Bates & Zada Lipman, Recent Trends in Environmental Law in Australia: Proposals for Intergrated Environmental Management, 9 Resources Management Law Association of New Zealand, 300—301 (1997).

在 1973 年颁布法令确立排污许可证制度,其实施范围为污水排放和固体废弃物处置。法令规定所有排污单位(家庭除外)必须向政府有关部门进行申报登记,内容主要包括:地理位置、排污量、污染物种类、处理设施、排放时间以及已经采取的措施,政府主管部门依职权参照排污者的排污量,确定是否发放许可证或"通知书"。(3)根据日本《大气污染防治法》和《水污染防治法》的规定,公害设施者必须事先将有关设施的构造、使用方法、处理方法等计划向有关部门申报,由主管部门在受理申报书后的 60 天内下达有关处理意见。如果 60 天内未下达,有关部门或申报者均可认为该申报已被认可。表面上,政府不向业者直接发放许可证,但通过申报制度由政府部门严格进行事先审查,在功能上等同于许可证。①

二、"禁止倒退":国家现状保持义务的具体表现

从环境国家及相应"现状保持"义务观之,排污许可证作为国家环境管制的基础性、核心制度,应确保许可的排污水平不能比现有标准宽松。这方面的代表性法律规则,是美国《清洁水法》中实行的"禁止倒退"规则(antibacksliding rule)。

该规则是美国为了保证水污染控制目标的实现而引入的一项要求。1972 年 10 月,美国国会推翻了尼克松总统的否决,通过了"修订联邦水污染控制法"的议案,即《清洁水法》。该法设定了联邦主导下的水污染治理目标,即"恢复并保持国家水体的化学、物理、生物完整"。具体目标是:1985 年前消除适航水域的污染物排放;1982 年 7 月 1 日前达到过渡时期的水质目标,即在可以达到的任何地方,能够为鱼类、贝类及野生生物及其繁殖提供保护,同时还可以提供水上休闲。为了有效达到该目标,《清洁水法》明确规定,从任何点源向美国水体排放污染物的所有设施都必须获得排污许可证,并建立"国家消除污染物排放系统"(NPDES)。联邦对于水污染的规制即建立在该许可系统之上,任何未获得"国家消除污染物排放系统"许可证的人,不可排放污染物,否则构成违法。② 同时,为了使该目标不被沦为宣言,《清洁水法》规定了实现国家目标的三个步骤:第一步,在 1977 年 7 月 1 日前,所有的点源排放必须反映"当前实践最佳控制技术"(Best practical control technology currently available);第二步,在 1983 年 7 月 1 日前,所有的点源污染必

---

① 〔日〕原田尚彦:《环境法》,于敏译,法律出版社 1999 年版,第 82 页。
② Robert. V. Zener(ed), Guide to Environmental Law, New York: Practicing Law Institute,1981, p.60.

须反映"经济可行的最佳可得技术"(best available technology economically achievable);第三步,在1985年实现污染物的零排放。

根据《清洁水法》,建立水污染的排放许可制度,目的在于通过对点源排放的管理,保证其污水符合排污限制(effluent limitations)的目标,从而使水质符合国家要求。然而,在什么是"国家要求"的问题上,1972年《清洁水法》并未具体设定标准和要求。根据联邦和州在水污染管理上的分权,州在防止、降低、消除水污染上负有基本责任,制定具体"排污限制"的权力属于各州,但联邦环境署(EPA)享有对各州所定标准进行审查的权力。同时,《清洁水法》明确规定,在经过相应磋商程序后,EPA应在1972年10月18日起1年内公布规定,为"排污限制"的制定提供指导。① 这种情况就直接造成了联邦和州在具体标准上的冲突。具体情况是:各州在制定"排污限制"时都建立在一个特别的评估上,即根据现有个体排放水平的"最佳专业判断"(best professional judgment,BPJ)。当EPA随后根据前述《清洁水法》的规定,发布排污限制导则(effluent limitation guidelines,ELGs)时,排污者就会以原有州发布的、较为宽松的许可证作为抗辩理由。

为了解决这一矛盾,1977年《清洁水法》的修改加强了EPA在水污染管理上的权力。1978年开始,EPA制定"保证污染控制不受非法倒退"的政策,并以条例的形式予以确定。根据该政策,除非出现列举的例外情况,在重新发放许可证时,禁止放松许可标准,至少应和现有的许可保持同样的排污限制。② 该条例出台后,经营者对此提出了强烈的批评,认为其过于严格和僵化,导致经济效率的不必要损失。③ 为了避免该争议,EPA增加了一条例外,规定在经济生产效率提高的情况下,可以根据随后的排污限制导则的要求将许可标准予以适当放松。1982年,EPA提出,如果根据"最佳专业判断"而发的许可证被证明比随后的排污限制导则更为严格,"禁止倒退"的政策就可以不必执行。这一方面是为了达成全国统一的排放限制标准,另一方面,也是出于节省行政成本的考虑。1984年,在对全国"国家消除污染物排放系统"进行全面检查后,EPA重申了其反对倒退和放松许可限制的立场。④

在此基础上,1987年《清洁水法》在修改过程中,加入了"禁止倒退"的条款,以联邦法律的形式确定了禁止放松管制水平的法律义务。根据其规定,在排污限制是根据本法规定的程序而制定的情况下,当一个许可证初次发放

---

① 33 U.S.A 1314 (2).
② 43 Fed. Reg. 37,078, 37,080 (1978).
③ 45 Fed. Reg. 33,341 (1980).
④ 49 Fed. Reg. 38019 (1984).

后,不能以排污限制导则(ELGs)为基础去重新发放、修改一个许可证,以包含不如前许可证中严格的排污限制。① 同时,为了保证制度的灵活,《清洁水法》对例外情况进行了明确列举,共包括六项②:

(1) 得到许可的设施所使用的材料、重大替代物或添加物在许可证发放之后出现,其证明一个较轻的排污许可具有正当性。

(2) 在许可证发放时不可得,并且在许可证发放时本可以证明一个较轻排污限制的适用具有正当性的资料,现在可以获得;局长认为发放许可证时犯了技术性错误或对法律作了错误解释。

(3) 由于许可证对之无法控制以及对之不能给予合理救济的一些事件,一个较轻的排污限制由必要存在。

(4) 被许可人收到根据本卷 1311 条制定的修改后的许可证。

(5) 被许可人已经安装了前许可证中要求用于达到排污限制的处理措施,并且已经正确运营和维修这些措施,但是未能达到之前的排污限制。此时,更新、修改或重新发放许可证中的限制可以反映实际实现的污染控制水平,但不能不如更新、修改或重新发放许可证时的排污限制严格。

(6) 本项要求不适用于把水质标准变换成排污限制中任何修改后的废物负荷分配或任何替代根据,除非该修改的分配累积效应带来排放进入相关水域的污染物数量降低。

综上,在总体上,美国《清洁水法》及 EPA 要求各州在发放排污许可证时不能在具体标准上予以倒退,应和最新的排污限制导则保持一致。应该说,"禁止倒退"规则较好地解决了美国联邦和州因为权力划分而在水污染控制上可能出现的冲突,确立了联邦环境署在环境管理上的主导权,保证污染控制标准至少能保持在现有水平上,是国家在环境保护上"现状保持"义务的具体表现。

第三节 国家的危险防御义务

针对有非常高的可能造成环境法益损害的各种"危险"因素,国家公权力应及时采取措施加以干预,即国家负有"危险防御义务"。从环境法的发展历史看,在宪法中纳入环境保护基本国策之前,各国已分别在大气、水、噪声、废弃物、野生动植物、森林、土地、河流等领域制定了多部单项法律。例

---

① 33 U.S.A 1342(15),1.
② 33 U.S.A 1342(15),2.

如,在德国,直至20世纪60年代才开始有环境保护及环境法的概念,之前已有防制工业设施排放废气与噪音、水污染防制以及保护稀有动植物的规定。20世纪70年代前期,德国已经制定了许多环境法规,如《联邦污染防制法》《联邦自然保育法》《废弃物处理法》《毒性化学物质管理法》《联邦水资源规划与利用法》等。① 可见,从"环境国家"建构的角度观之,国家所担负的"危险防御义务"并非简单地针对环境污染颁布法律并予以管制,而是应顺应环境基本国策在整体上对国家公权力提出的要求,以预防和排除环境危险为中心,动态的理解国家权力在履行"危险防御义务"上的表现。

从整体上看,国家的环境危险防御义务主要在两个方向上展开:对造成环境影响的行政相对人之行为进行管制,这是国家环境危险防御义务的外部效力;对造成环境影响的国家行为进行约束,这是国家环境危险防御义务的内部效力。两者围绕国家权力的合理分工而形成各自的制度逻辑,共同构成了实现国家环境危险防御义务的二元制度结构。下面分别论述。

一、从行政义务到立法义务:管制行政相对人行为之制度结构

一般而言,国家为有效抵御环境危害,需对造成环境影响的行政相对人之行为予以约束,即进行环境管制。对环境污染的管制绝非单纯禁止甚至"零排放",而是要求将污染物控制在环境容量之内,这就需要建立环境标准制度以作为判断行政相对人行为合法性的依据,这构成了国家环境危险防御义务在"外部效力"面向上的核心制度,并以此作为国家环境管理与环境执法的基础。

一般认为,环境标准是指为了防治环境污染,维护生态平衡,保护人体健康,对环境保护工作中需要统一的各项技术规范和技术要求所作规定的总称。② 从功能上看,环境标准是将环境保护在科技上的技术要求加以规范,使环境法上抽象的专业科技规范得以具体确定,减轻许多审查程序之障碍,也能让人民预测到其依法应为的行为,达到法的安定性。③ 在制定主体上,由于环境标准涉及专业性事项并需要时常变动,不适宜由立法者加以直接规定,而是由行政机关进行指定并公布。这就使得大量的环境标准并不是以法律的形式,而是以行政内部规定的形式存在。但在实践中,环境标准往往成为判断行政相对人行为合法性的重要依据,这就产生了环境标准是否具有约

---

① 陈慈阳:《环境法总论》,中国政法大学出版社2003年版,第155—156页。
② 蔡守秋主编:《环境资源法学》,人民法院出版社2003年版,第172页。
③ 陈慈阳:《环境法总论》,中国政法大学出版社2003年版,第240页。

束行政相对人、法院之外部法律效力的问题,进而关系到立法权和行政权在该问题上的权力分配。

（一）传统公法理论中环境标准的定位及其改变

在传统大陆法系公法理论中,行政机关所颁布的规范性文件被区分为"法规命令"和"行政规则"两类。法规命令(Rechtsverordnung)是行政机构获得法律授权后,对多数不特定人民就一般事项所作的规定,它具有相同于（狭义）法律的对外直接约束力,也称为"授权立法";行政规则(Verwaltungsvorschrift)则是规范行政内部关系的法规,是行政机关基于自身的组织法权限,就行政内部组织、职务分配、作业流程、法令适用、行政裁量等事项进行的规定,不具有约束行政相对人的外部效力,仅有约束下级部门的内部效力。①简言之,法规命令和行政规则最大不同在于是否具备外部效力。在判断方法上,主要有两种:（1）根据授权标准判断、法规命令需要有充分的法律授权根据,授权法律要确定授权的内容、目的和范围,而行政规则的根据则是上级行政机关的指令权。（2）根据程序标准判断。法规命令的制定程序要较为复杂,而且议会可以在授权法律中保留对法规命令的批准权,而行政规则的制定程序较为简单、快捷,原则上没有制定程序的要求;法规命令必须采取书面形式,由行政机关的首长或其代理人签署并公开发布,而行政规则没有必须公布的义务。②

根据这一理论,环境标准即属于不具外部效力的行政规则。如在日本,环境标准在法律性质上,只是表示行政努力目标的一个指标,并不具有作为直接规定国民具体权利义务的法规的性质。③ 根据日本《环境基本法》第16条的规定,环境标准由政府加以设定,其法律形式并不是政令及其法规的形式,而是根据内阁会议决定,以环境省告示的方式向外公布。如此,环境标准对于行政相对人和法院而言不具有法的约束力,

然而,在环境保护法律运行的实践中,环境标准作为行政机关执法的主要依据,就往往会涉及当事人的权利义务问题。例如,法律规定"个人或者组织的倾废行为明显危害环境时,行政机关可予以××行政处罚"。行政机关根据具有"内部约束力"的环境标准认定某个行政相对人的倾废行为对环境造成明显危害,并据此作出行政处罚。此时,在行政诉讼中就产生了法院

---

① 参见陈新民:《行政法学总论》(修订七版),三民书局2000年版,第260—286页。
② 〔德〕哈特穆特·毛雷尔:《行政法学总论》,高家伟译,法律出版社2000年版,第607—609页。
③ 〔日〕原田尚彦:《环境法》,于敏译,法律出版社1999年版,第70页。

是否受该环境标准约束的问题。① 此时,通过行政机关的适用,行政规则具有了事实上的外部效果,同其原先设定的法律效果造成矛盾。② 为了解决这一问题,"行政规则外部化"逐渐成为学者讨论的焦点,并形成了间接外部效果说和直接外部效果说。所谓间接外部效果,是指行政规则仍然不对司法构成直接的约束力,但如果行政规则成为行政惯例或对特定公民的保证,且不违反上阶位法律规范,那么,法院应当基于平等原则或信赖保护原则,肯定它们的效力。只是,法院的直接依据是平等原则或信赖保护原则。所谓直接外部效果,是指行政机关依据其职范围内的"原始立法权"制定的行政规则,具有直接的外部法律效果,对行政法院具有约束力。③

在技术及环境标准是否具有外部法律效力问题上,一般采取的是直接法律效果说,即所谓"规范具体化"行政规则理论。该理论集中体现在德国联邦行政法院1985年的Wyhl判决中。该案争议的焦点,在于法院能否受行政机关发布的辐射标准约束。根据德国《原子能法》第7条第2项的规定,只有当依照科学与技术标准,对于因电厂的设置与运转所将引起的损害已采取必要的预防措施时,才颁布核电厂运作的许可。政府部门据此发布了有关辐射允许剂量值的指标,即废气或者地表水中放射性排放物辐射程度的一般性测算标准。该一般性测算标准并不具有上位法的授权,因此是行政规则。在案件中,原告申请法院撤销行政机关在1975年颁布的核电厂运作许可,理由是该许可的过程不符合原子能法的立法本意,行政机关所依据的一般性测算标准也缺乏法律的授权。联邦行政法院在1985年12月19日作出判决,其中指出,行政机关作出许可所依据的一般性测算标准是具有规范具体化(norm konkretisierend)功能的行政规则,与仅具有规范解释(norm interpretierende)功能的行政规则不同,对行政法院具有规范的拘束力。因此,法院必须尊重行政机关作出的评价,只能就其合法性进行审查。④

根据该判决提出的观点,由于具有专业特征,环境标准属于"规范具体化行政规则",尽管它由行政机关制定,但也拥有对外的法律效力。在本质上,规范具体化的行政规则是由行政机关以命令方式替代立法者去完成法律中尚未成型的地方,具有追加和补充的立法作用。对此,有学者表示赞同,认为行政机关首先作为行政法规的适用者或执行者,拥有法律解释以及因此使

---

① 栾志红:《论环境标准在行政诉讼中的效力》,载《河北法学》2007年第3期。
② 〔德〕哈特穆特·毛雷尔:《行政法学总论》,高家伟译,法律出版社2000年版,第599页。
③ 沈岿:《解析行政规则对司法的约束力》,载《中外法学》2006年第2期。
④ 陈春生:《行政法上之风险决定与行政规则》,载《行政法之学理与体系》(二),元照出版有限公司2007年版,第166页。

法律具体化的权限在法理论上是毋庸置疑的,所以行政规则自应具有将法律规定具体化的作用。① 如此,行政机关在规则制定(rule-making)上就拥有了事实上的立法权。

(二) 环境标准的"法律化"

随着时代的变迁和环境保护运动的需要,针对前述将环境标准视为"规范具体化行政规则"的观点,有许多学者提出了反对意见。其代表性观点指出,当把规范具体化行政规则归入立法领域时,就等于承认行政机关在没有立法者明白授权下取得立法权,这违反了宪法中的权力分立原则。② 从实践中看,德国将环境标准归属于行政规则的做法也遭到了欧盟的反对。在欧盟环境法体系中,环境标准都是以条例(regulations)或指令(directives)的形式颁布的,也就说是以环境法规的方式颁布的,同其他环境法律一样遵循严格的立法程序。③ 如此,欧盟法院在多个案件中都对德国的"规范具体化行政规则"理论提出反对。典型案件有:

(1) 在1991年的Case C-361/88案件中,欧盟执行委员会认为德国在将80/779/EEC号指令转化为国内法的时候,未能采用法律、法规等必要方式确保落实指令中关于二氧化硫及悬浮颗粒的范围值,未能履行欧盟条约所课以的义务,因此向欧洲法院提起诉讼。德国政府抗辩称,已经在相关行政规则中规定了环境标准,该标准可以适用于所有测量大气中二氧化硫及悬浮颗粒的案件。

欧盟法院在判决中认为,德国在将指令转化为国内立法时,采取了行政规则的形式。在德国法中,行政规则本质上不具有强制性,并非法律上的规定,当非典型、不合规则的情形发生时,行政机构具有裁量权,没有强制遵守的义务。同时,根据德国法院判决,行政规则尚无先例可对第三人有直接效力,从事可能制造妨害的业者无法得知其义务的程度。因此,德国未能采取必要措施遵守80/779/EEC号指令中关于二氧化硫及悬浮颗粒之范围值的规定,未能履行其义务。④

(2) 在1991年的Case C-131/88案件中,欧盟执行委员会提出,80/68指令是保护地下水免于危险物质污染的指令,从德国国内立法看,没有设定严

---

① 陈慈阳:《论规范具体化之行政规则在环境法中的外部效力》,载《台湾本土法学杂志》1999年第5期。
② J. Wolf, Die Kompetenz der Verwaltung zur Normsetzung durch Verwaltungsvorschriften, DOV 1986, S.856.
③ 蔡守秋主编:《欧盟环境政策法律研究》,武汉大学出版社2002年版,第115—116页。
④ Case C-361/88 Commission v. Germany [1991] ECR I-2567.

格的条件以确保指令的实施,未履行该指令课以的义务。德国政府抗辩称,指令并不一定要转化为法律才能达到其效果,亦可通过内部措施或行政规定完成。另外,事实上也没有发生违法该指令要求的先例。

欧盟法院在判决中认为,80/68 指令要求成员国采取禁止、授权等方式及监督程序,防止或限制特定物质排放到地下水中。为确保指令的执行,它在转化为国内法时,必须以清楚、清晰的方式进行,使个人对其权利有明确的认识,因此德国主张事实上未发生先例的抗辩是不成立的。在指令转换为国内立法时,内国法上如果只有相关行政措施是不足的。因为其缺乏足够的公开性,而且会随着行政机构的意志而变化,此时不能认为成员国已经适当地遵守了指令要求的义务。因此,德国未能采取必要措施遵守 80/68 指令,未能履行其义务。①

在欧盟判决的压力下,德国也逐步改变了其观点,将环境标准用法律的形式加以规定。例如,1996 年,德国在水资源利用法修改时,接受了欧盟法院的见解,规定污水处理的相关标准在未来不能以行政规则的形式规定,而必须依据法规命令来执行。可见,在承认环境标准具有约束法院和行政相对人的外部效力的同时,更应明确其法律属性,由较为严格的行政立法方式加以规定,不能将其"遗忘"在行政内部裁量的范围内。这就可以有效防止行政机构在法律执行上的恣意。例如,在美国,《清洁空气法》明确规定,空气排放标准属于"立法性规则"(legislative rule),具有充分的法律效力。如此,环境标准就成为行政机构行为时不可或缺的重要基础。在美国联邦环保署(EPA)经由规则制定程序颁布规定该污染物最高允许浓度的立法性规则之前,无论是 EPA 还是其他机构都无权采取行动减少污染物的浓度。② 概言之,环境标准的制定应由立法权加以控制,而非行政权,使其更能符合国家达成"危险防御任务"的要求。因此可以说,在约束行政相对人之"外部效力"面向上,国家的环境危险防御义务经历了从"行政主导"到"立法主导"的转变。

二、行政权的扩张与司法权的谦抑:约束国家行为之制度结构

尽管同企业行为相比,国家自身行为所产生的污染是环境保护的一个次要方面,但必须看到,这却往往是传统环境法律制度所忽视的一个方面。从环境基本国策和国家环境保护义务的角度观之,国家应尽量减少甚至避免自

---

① Case C-131/88 Commission v Germany [1991] ECR I-825.
② Richard J. Pierce, Distinguishing Legislative Rules from Interpretative Rules, 52 Administrative Law Review, 547(2000).

己所造成的污染。德国联邦行政法院也明确提出,国家依据公权力而行使的国家行为,不能免除对环境法规的尊重与遵守。① 无论是国家机关,还是其他公法人团体,都必须遵守环境法设立的行为规范。一般而言,国家行为所造成环境污染和人民权益损害,多为事实行为所造成,如:公共设施发出噪音、政府处理垃圾产生恶臭、工程施工造成污染,等等。此时,遭侵害的相关主体有权采取司法途径加以排除,例如,对于公共设施(如污水净化设备、消防警号、运动场、教堂钟声等)所产生的公害,德国法院已经承认,受侵害的邻人原则上拥有公法上之请求权,可以要求设施之经营不得再造成重大噪音,或将干扰限制在一个最低标准。② 如此,就将造成污染的国家行为纳入法治的框架中。

然而,在强调法律控制的同时,也必须考虑到国家行为和公权力行使的特殊性。具体而言,应注意如下两个问题:

1. 在特殊情况下,国家行政权力得以适当地扩张。行政活动本身具有追求公益的目的,为了公行政任务的达成,必要时可以减低国家对环境法规遵守的限度。③ 这方面的典型情况是自然灾害防治。当发生火山、洪水、气候异常、地震、泥石流等自然灾害时,国家需要采取及时有效的应急处置措施来应对该紧急状态。紧急状态制度的核心是紧急行政及其相应的紧急行政权;行政紧急权力是国家紧急权力的一部分,是针对紧急状态而采取的对抗性权力之一。④ 换言之,为使政府能采取各种强有力的措施,有效地应对自然灾害并度过危机,有必要赋予政府以特殊的、比平常时期更大的行政权力,即紧急行政权力。此时,就可能改变正常的法律秩序,违背既定的或常态下的法治原则和法律制度。⑤ 从根本上讲,国家在紧急状态下享有的"紧急权"也是为了更好地保障人权及社会秩序。有学者即指出,在一个社会中保障人权,首先要保证国家安全和领土完整,即国家政权的稳定性。当发生国际国内危机时,正常的宪法秩序受到破坏,人权就失去了其可靠的基本。在这个意义上讲,维护国家安全是人权保障的前提。⑥

在国家行使紧急行政权力应对自然灾害时,就会涉及相关的环境保护问题,就可能改变正常的法律秩序,对违反既定的或常态下的法治原则和法律

---

① BVerwGE, 29, 52/56.
② 刘淑范:《公法上结果除去请求权之基本理念》,载《政大法学评论》第72期。
③ 陈慈阳:《环境法总论》,中国政法大学出版社2003年版,第197页。
④ 黄学贤、周春华:《略论行政紧急权力法治化的缘由与路径》,载《北方法学》2008年第1期。
⑤ 参见江必新:《紧急状态与行政法治》,载《法学研究》2004年第2期。
⑥ 韩大元:《保障和限制人权的合理界限》,载许崇德主编:《宪法与民主政治》,中国检察出版社1994年版,第242页。

制度的行为"豁免"。这方面的典型情况是紧急权力对环境影响评价程序的变通。在救灾、重建过程中,政府无疑需要修建一些建设项目,具体包括:(1)根据救灾抢险需要,新建临时紧急性工程,如修建临时性道路;(2)灾区公共工程和公共设施的重建,如交通、输电、通讯线路的重建;(3)为安置灾民而新建各种生活设施。这些建设项目无疑属于环境影响评价法律制度所规范的对象,但在"救灾优先"的大背景下,该建设项目的环境影响评价程序就需要进行一定的简化或改变。①

必须指出的是,尽管对原有的环评程序予以变通是紧急状态应急的内在要求,但依据法治国家的要求,应急行政权绝不是为所欲为的"特权"。在依据紧急行政权而对原有法律秩序予以变动时,也应受到法律的规范和必要限制。在面对自然灾害等紧急状态时,紧急行政权既需要对原有行政程序进行必要的变通,又必须依据法治国的要求,对紧急行政权力予以规范,防止权力的滥用。这就有必要引入公法学的"帝王条款"——比例原则(the principle of proportionality)加以判断。根据比例原则的要求,在运用行政权力的过程中,对公民个人权利所造成的损害与其所保护的社会利益之间应保持一定的法益均衡关系。如此,就可以对紧急行政权力对环境影响评价程序的影响进行具体分析②:环评程序可分为事先、事中、事后三个阶段。环评的事先阶段主要涉及项目的审查和范围的确定,是区分不同项目要求、进而正确进行环评的前提,该阶段如果被简化,后续的环评工作就难以开展。因此,环评的事先阶段不能被简化。环评的事后阶段涉及环评文件审查批准后的法律救济和法律监督,依据"无救济即无权利"的法理,为保障公民权利的真正实现,该阶段也不能被简化,否则就破坏了紧急行政权力行使所致成本和收益的均衡。而环评的事中阶段主要涉及公众参与和环评文件审批,在紧急情况下就有必要予以排除,以及时有效地应对自然灾害等突发事件。

综上,在自然灾害防治等特殊情况下,国家行政权出于公共利益的需要,可以减低甚至免除对于特定环境法规的遵守义务,改变正常的法律秩序,以保证能迅速地排除危害。但国家的行为仍应受到比例原则的约束,以免对人民权利造成过多侵害。

2. 国家对企业排放污染的许可,是否可视为违法环境保护义务的"国家行为"？随着排污许可证制度的普遍实施,企业只有在得到国家许可的条件

---

① 陈海嵩:《自然灾害防治中的环境法律问题》,载《时代法学》2008年第4期。
② 陈海嵩:《试论环境影响评价法在紧急状态下的适用》,载《山东科技大学学报》2009年第4期。

下才能排放污染物,相应行政部门即为污染者污染行为的许可和监督机关。如此,就产生了能否将企业污染环境行为"归咎"为国家的问题。有学者提出,可以将"被许可的环境破坏行为"视同为"国家行为",人民可以主张公法上请求权予以抵抗。① 然而,这种观点不适当地扩大了国家责任的范围,在一定程度上混淆了公法与私法的界限,并未得到广泛的认可。换言之,不能将所有的国家设立污染设施许可的行为,都视为国家行为而赋予人民以对抗性的请求权。

在实践中,法院对此一般也持否定态度。典型案例为德国1987年的"森林损害国家赔偿案"。该案中,原告为位于德国巴登州黑森林中某林业企业所有人,原告拥有的经济林因为大气污染造成生长缓慢,持续的林业灾害导致每公顷森林每年损失370万马克。原告认为,由于大气污染是由公权力主体许可的,根据《基本法》所规定的国家保护义务,政府应承担损害赔偿责任。德国联邦普通法院经过审理后指出,本案中被告(德国联邦及巴登州政府)并非造成森林死亡之空气污染物的设备经营者。产生污染物的工业设施虽然经过了被告的许可,但有害污染物的排放并非被告所愿意看到。并未有证据表明,被告违反了污染防治法的规定授予许可。因此,国家并未违反《基本法》所规定的保护义务,无须负赔偿责任。② 可见,法官认为,一般性的大气污染赔偿问题并不能通过国家责任制度来解决,而是立法者的任务。

有必要指出的是,出于保护污染受害人权利的目的,在特定情况下应承认国家的许可行为构成对个人权利的侵犯。目前已经得到认可的做法是在涉及公法相邻关系时,承认国家设立污染设施的许可,具有保护第三人(邻人)的功能。公法相邻关系的产生,是为了防止行政权力的滥用,避免行政机关假借公共利益名义过度侵害第三人的利益。根据"保护规范理论",如果某一公法规范不仅仅以保护公共利益为目的,而且至少也具有保护个人利益为目的,那么该规范就是一个具有保护第三人目的之规范,即公法相邻关系规范。③ 此时,国家机关如疏于执行该公法规范,例如违法核发排放执照,导致第三人权利遭受危害,该第三人即可根据第三人诉讼(邻人诉讼)途径,向法院提起撤销许可之诉。此时国家负有不得违法核发许可的义务。④ 另外,邻人还拥有相关许可程序的参与权,如果不能合法地参与到设立营业设

---

① D. Murswiek, Die staatliche Verantwortung für die Risiken der Technik, Duncker & Humblot: Berlin, 1985, S. 206ff.
② German Bundesgerichtshof, 10.12.1987-III ZR 220/86, BGHZ 102, 350 ff.
③ 金启洲:《德国公法相邻关系制度初论》,载《环球法律评论》2006年第1期。
④ 参见李建良:《论环境保护与人权保障之关系》,载《东吴法律学报》第12卷第2期。

施许可的过程中,也可以向法院提起撤销许可之诉。从更大的范围看,相邻权人是行政许可第三人的一个典型类型。随着公法学理论的发展,已逐步承认许可第三人针对许可行为享有具有寻求救济之权利。如果许可机关对许可申请人违法予以许可,或者许可机关不履行监管职责给第三人造成损害的,受到影响的当事人有权请求法律救济,国家则负有相应的赔偿责任。①

在环境保护领域,之所以承认行政许可第三人的法律救济权,陈慈阳教授做了精辟论述。他指出,由于立法者不可能将可能的环境危险及危害性在法定许可要件上完全考虑到,环境法领域中大部分行政许可的构成要件要经由下位阶具有专业判断与解释的行政法规进行填补。此时,国家对于科技的设施,或者对污染环境的行为作出许可决定,那么就必须对存在的危险或危害性有预期的可能性。经过行政机关的审查和监督,该许可决定仍然造成损害的结果,国家就不能免除其损害排除责任。因此,在法定许可要件上由行政机关来为环境危险或危害判断并依自己专业准则来对污染环境之行为作出许可,那么行政机关对应负起独立于立法者的损害结果责任,如果因违法的许可而危害或污染到第三人,就视为直接国家侵入的行为,第三人可以寻求法律救济。② 此时,对于拥有诉权之第三人(相邻人)的具体判断标准,在学理上采取"特殊相邻人关系"理论,即必须符合一定要件才能被视为此处的相邻人。这里说的法律要件,具体是指该第三人与许可对象或特定设备之间的特殊关系,包括两点:一是具有非常紧密的空间关联性,二是具有非常紧密的时间关联性。③ 满足此两项要件,即具备相应的原告资格。

在明确起诉权后,第三人针对国家行政许可的具体法律救济范围,可以依实践中的相关判例进行探讨。在日本法上,典型案例是1981年的"大阪机场诉讼案"。该案中,大阪机场周边的300余名居民以该机场所起降的飞机产生噪音和震动、排出有害废气给自身的健康和心理造成侵害为由,以许可该机场的进行设置的主体——国家为被告,提起了民事诉讼,要求国家在晚上9时至次日早晨7时之间停止使用该机场,并请求损害赔偿,具体包括过去和将来的损失。日本最高法院在一定程度上认可了原告的损害赔偿请求,但驳回了其停止使用机场的请求。具体理由是:"本案机场供于飞机起降之用,是运输大臣根据综合判断对其所拥有的机场管理权和航空行政权进行不可分割的一体化行使的结果。为此,原告的上述请求,在事理上当然不可避

---

① 黎军:《国家赔偿行政许可第三人问题研究》,载《法学》2004年第10期。
② 陈慈阳:《环境法总论》,中国政法大学出版社2003年版,第201—202页。
③ 同上注,第320—321页。

免地包含了对航空行政权行使进行撤销、变更或者发动的内容。基于这一点,姑且不论被上诉人是否可通过行政诉讼的方法提起这种请求,原告主张拥有上述的那种通常的民事上的请求、即私法上的给付请求权,是不能成立的。换言之,根据狭义的民事诉讼程序,请求在一定时段内禁止将本案的机场提供给航空机降落使用的这一部分,应该说是不符合法律的。"①可以看出,尽管日本最高法院承认了机场附近居民作为第三人进行诉讼的原告资格,也认定大阪机场是个"缺陷机场",认为"由于本案机场的供用,承受损害的社区居民已经达至相当多数的程度,其损害内容亦较为广泛和严重",由此承认了对居民进行损害赔偿(仅针对已经造成的损失,不包括将来可能的损失)的合法性,是对传统上司法救济模式的一个突破。在这个意义上讲,本案中原告获得了胜诉。但是,法院以民事诉讼不能产生公法效果为由,驳回了同撤销许可具同样效果的停止使用机场请求,又表现出在认定行政许可行为是否属于宪法规制的"国家行为"上的保守性,也使此判决遭到了学者的批判。最高法院伊藤正已法官也在判决中表达了不同意见:"关于颁发航空运输执照或者许可事业计划的变更,法律的原意在于:运输大臣应该在考虑因该事业活动有无第三人法益被侵害的可能性及其程度后,作出是否许可的判断。这样,第三人的权利、利益就在可及的程度内获得保护,此时无法避免的不利益被理解为对这些人课以的忍受义务。所以,不位于该机场利用关系中的一般第三人,也是这些行政处分规制作用的当然接受者而被直接规制,在此意义上,这些行政处分具有对一般第三人行使公权力行为的性质。"②按照该观点,第三人在事实上已经受到了行政行为的规制,自然应针对国家的许可行为拥有相应的请求权。但从实践中看,该观点目前只在损害赔偿上得到认可,在直接撤销许可方面还不能为法院所接受,仍需要深入的理论探讨和个案探索。日本最高法院的这一立场也体现在随后 1988 年"名古屋新干线噪音诉讼案"中,即支持原告的赔偿请求,但不支持其停止侵害的请求。③ 在法理上,日本法院主要依据被诉对象的"公共性",对原告(行政许可第三人)的容忍程度进行判断。一般而言,该公共性行为的性质、内容、程度越高,该对行为的容忍程度也越高;针对超越社会生活一般容忍程度的部分,受害者可请求赔偿。④

---

① 王天华:《日本的"公法上当事人诉讼"——脱离传统行政诉讼模式的一个尝试》,载《比较法研究》2008 年第 3 期。
② 最高裁昭和五十六年十二月十六日判决,「民集」35 卷 10 号 1369 页。
③ 参见冷罗生:《日本公害诉讼理论与案例评析》,商务印书馆 2005 年版,第 141—146 页。
④ 東京高裁昭和 61 年 4 月 9 日判决,「判例タイムズ」1192 号 1 页。

在德国法上,针对国家许可的污染排放行为,"支持赔偿但不支持停止侵害"这一立场也得到了法院的认可,其法理依据也是从被诉对象的公共性加以判断。典型案例是1984年的"市立污水处理厂公害案"。在该案中,原告拥有面积738平方米的土地,1970年建设一栋住宅自用。被告——市政府——拥有一污水处理厂,位于该土地的东南方,污水处理厂1972年获得政府许可进行建设,1974年开始运行,配套的污泥处理厂也在1975年开始运行。此后,附件居民一直投诉有臭味。污水处理厂则在1978年投资41亿元兴建除臭设备。原告向法院提起诉讼,要求市政府赔偿1975年到1979年间忍受臭味的损害赔偿。一审地方法院判决被告应支付11400马克的赔偿金。被告不服提出上诉。1984年3月,联邦法院作出终审判决驳回被告上诉。在判决中,联邦法院认定,被告所经营的污水处理厂排放超出标准值而散发臭味,扩散至附近土地。在1975至1979年期间,此臭味导致原告必须紧闭窗户,几乎无法在花园停留,该公害之频繁、方式、强度和作用范围,显然已经对原告财产使用权构成重大侵害。被告经营的污水处理厂属于行政上提供生存照顾的公共设施,导致的臭味构成对邻近财产的直接干预作用。原告因公权力之行政受到牺牲,因为涉及重大公益,无法行使结果排除请求权要求被告停止污水处理厂的营运,但应视为构成类似征收之干预,有权请求公法上的损失补偿请求权。[1]

因此,除了涉及公法相邻关系(行政许可第三人保护)中的违法行政情况,一般情况下,得到许可的主体造成环境污染,受污染者不能直接针对国家的许可行为请求法院审查,而应通过立法完善和行政执行来寻求利益的维护;国家对企业排放污染的许可,尚不能直接作为"国家行为"。此时,司法权应对行政权保持必要之谦抑。总结而言,在约束国家行为之"内部效力"面向上,国家的环境危险防御义务不能简单地依靠传统法治国框架中的司法审查来实现,而更多地依靠行政权的高效行使。

第四节 国家的风险预防义务

在现代风险社会中,造成环境及生态破坏的因素已不在限于具有确定性的"危险",而更多地包含了具有不确定性的"风险"。此时,国家基于环境保护义务,就必须采取相应措施而不能放任不管。从国家为人民提供安全的角度看,在传统上,防御了危险就是安全,由此产生危险防御的国家任务,该任

---

[1] German Bundesgerichtshof, 29.03.1984-III ZR 11/83, BGHZ 91, 20 ff.

务可以通过经验和一般性知识加以明确判断;如今,风险所具有的全球性、世代性和潜在性使得安全的担保成为一件非常困难的事,人民对于"安全"的感受更难确定,由此人民期待国家能采取相关行动并维持现有资源,风险预防的国家任务就此产生。① 另外,从功能上看,国家采取风险预防性措施,使当代人对于环境资源只能进行有限度的开发利用,保留大致相当数量的自然资源和物质财富给后代人,是实现代际公平理念的重要一环。② 国家的风险预防任务,意味着国家保护未来世代之"长期责任"(Langzeitverantwortung)的确立,由决策者采取具备前瞻性和充满对未来世代责任感的意识之行动,从而落实了环境基本国策中有关保护未来世代人的规定。③ 如此,确立国家风险预防任务正是"环境国家"建构的重要一环。

显然,即使是面对具科学确定性的风险,国家仍应积极采取措施以符合人民的期待,这也正是"风险预防原则"在环境法上得到广泛认可的原因所在。然而正如前文所述,由于人类认知能力及国家资源的局限,不可能将风险因素完全消除,也难以全面地将所有可能的、潜在的风险都纳入国家管制之中,一定程度的"剩余风险"是社会所必须加以忍受的现实。可见,实践国家的风险预防义务,关键在于明确国家权力发动的具体标准,决定何种风险属于"剩余风险"。或者说,国家能否适当地实现其"风险预防义务",关键是确立风险领域的决策规则(decision rule)。下面即对此进行探讨。

一、风险预防原则的内在局限

就风险预防原则(precautionary principle)的定义而言,尽管存在模糊性的争议,但从该原则在国内法院、国际法庭、国际组织和条约中被使用的情形中可以看出,它具有某些重要的法律共识或者说核心内容,即:各国在履行环境保护及自然资源可持续利用的义务时,当存在足够的证据证明可能存在严重损害的风险时,即使损害尚未被证实,各国也不能以科学确定性作为不采取行动的正当理由。④ 在表面上看,风险预防原则已经为国家的风险决策提供了基本准则,即:即使存在科学不确定性,国家也应针对风险采取预防性措施。

---

① Grimm, Die Zukunft der Verfassung, in Zum Begriff der Verfassung, Ulrich K. Preuss, 1991, S. 281
② 刘长兴:《论环境法上的代际公平》,载《武汉理工大学学报》(社会科学版)2006年第1期。
③ M. Kloepfer, Umweltsrecht, Verlag C. H. Beck, München, 1998, S. 125. f
④ Patricia Birnie & Alan Boyle, International law and the Environment(2nd Ed), Oxford University Press, 2002, p. 120.

然而正如前文所述,无限度地降低风险直至"零风险"缺乏现实性。更深一步说,技术带来的风险往往与其带来的收益并存,如果一味强调减低某种风险,反而可能阻碍技术潜在收益的实现,这不仅妨碍了社会福利的增加,也不能真正保证环境与人类健康的安全性。有学者即指出《卡塔赫纳生物安全议定书》在这方面存在的问题。① 另外,一个社会不可能在所有风险问题上都保证警惕并全面性地采取国家干预措施,每一个社会和每一个人都是选择特定的风险加以关注。有学者即明确指出,大力宣传风险预防原则的欧洲人并不比美国人更加反对风险,他们只是对反对某些特定的风险,比如转基因产品。与此同时,美国人同样有他们所关注的风险。② 针对风险预防原则在决策规则上的困境,美国的孙斯坦(Sunstein)教授提出了更为理论化的批评。他指出,在现实世界的争论中,不采取规制措施会同风险预防原则相冲突,因为我们会受到可能发生的风险的影响。但是采取规制措施本身也可能带来新的风险,这同样会和风险预防原则相冲突。因此,风险预防原则在逻辑上是令人困惑的,它禁止了所有能够设想的可能方案,包括不行动本身。仅仅当我们自己很盲目,并且只看到相关损害的一部分时,风险预防原则才能提供指导。③

因此,简单地强调国家应采取干预措施无助于问题的解决,关键在于如何认定国家干预的界限,合理地判断出社会所应承受的"剩余风险"。但是,"剩余风险"概念本身也缺乏必要的操作指引。有学者即指出,德国联邦法院 Kalkar 判决所提出的"剩余风险"的基础在于超越实践理性之认知范围。而"实践理性"一词来源于康德哲学理论,自身就缺乏明确的判断标准,存在较大的不确定性。④ 针对此问题,一种可能的方法是将"成本/效益分析"作为适用风险预防原则的要件,即运用风险评估方法,将各种因素进行量化分析并得出一个"可接受风险"(acceptable risk),决策者据此作出决策。有学者则在"成本/效益分析"的基础上,主张根据适用风险预防原则的标准或者说"阈值"的不同,将风险预防原则分为强的和弱的两种。在风险远大于收益的情况下,应适用强的风险预防原则;在风险与收益并存,特别是收益大于

---

① Jonathan H. Adler. More Sorry Than Safe: Assessing The Precautionary Principle and The Proposed International Biosafety Protocol, 35 Texas International law Journal, 73(2000).

② Jonathan B. Wiener & Michael D. Rogers, Comparing Precaution in the United States and Europe, 5 Journal of Risk Research, 317—319 (2002).

③ Cass R. Sunstein, Beyond The Precautionary Principle, 151 University of Pennsylvania Law Review, 1021—1058(2003).

④ Oliver Lepsius, Risikosteuerung durch Verwaltungsrecht: Ermöglichung oder Begrenzung von Innovationen?, VVDStRL 63,2004,S. 268.

风险的情况下,应适用较弱的风险预防原则。①

　　应该说,相较于单纯的、道德式的主张运用风险预防原则,引入"成本/效益分析"无疑给国家的风险决策提供了较多的支持。然而,我们还必须注意到其中的局限性。风险预防原则的前提是科学不确定性,即科学知识对某一环境问题的危害和因果关系等并没有足够的了解。那么,在科学知识欠缺的情况下,如何准确、客观地计算特定行动的成本和收益?有学者就指出,1992年《里约环境与发展宣言》原则15有关风险预防原则的陈述是自相矛盾的,因为没有科学信息就不可能决定成本与效益。② 从"成本/效益分析"方法自身看,将各种价值,如生命、痛苦或生物多样性都简化为以金钱来标识的数值,即使这种分析在理论上有一些用处,但对相关争议的过分简化,使其易遭到误导甚至是滥用。③ 换言之,它必然面对着如何将生命价值和经济价值相互通约的难题。在这种情况下,相关分析过程就极易被主观性因素所影响。有学者明确指出,由于现实世界中的不确定性、不完全的信息、科学家之间对有效信息的解释和推论上存在的分歧,风险评估者必然要作出许多假设和估计,例如在保守派、风险偏好派和中性假设派之间进行选择,而这种选择显然是一个政策问题。④ 有学者甚至提出,由于风险评估中充斥着大量的推论、假设和自由裁量,它得出的数据是毫无意义的。⑤

　　因此,在科学不确定性的前提下,任何形式的风险评估或"成本/效益分析"都难以摆脱价值判断的争议而证成自身的客观性,也就难以为风险预防原则提供完整之支撑。也正因为风险预防难以达成实体性的决策规则,越来越多的学者转而倾向于从道德原则和宏观的角度加以解释,即认为,风险预防原则提供了一个管理不确定性风险的理性框架,但其本身不是一种决策法则(decision algorithm),个案与个案之间是无法确保一致的。⑥ 或者,在强调风险预防原则道德价值的同时,主张预防原则自身对如何进行决策并未提供

---

　　① 相关论述,参见胡斌:《试论国际环境法中的风险预防原则》,载《环境保护》2002年第6期;唐双娥:《环境法风险防范原则研究》,高等教育出版社2004年版,第159—161页。
　　② 〔美〕戴伊:《理解公共政策》,彭勃等译,华夏出版社2004年版,第195页。
　　③ Celia Campbell-Mohn, John S. Applegate, Learning From NEPA: Guidelines for Responsible Risk Legislation, 23 Harvard Environmental Law Review, 101 (1999).
　　④ Celia Campbell-Mohn, John S. Applegate, Learning From NEPA: Guidelines for Responsible Risk Legislation, 23 Harvard Environmental Law Review, 97 (1999).
　　⑤ Mark Eliot Shere, The Myth of Meaningful Environmental Risk Assessment, 19 Harvard Environmental Law Review, 413(1995).
　　⑥ COMEST, The Precautionary Principle, United Nations Educational Scientific and Cultural Organization, 2005, p.51.

既定的规则,其适用取决于具体情形。① 这说明,风险预防原则在达成决策规则上具有内在的局限性,无法在现实中给国家权力的运作提供具体指导。

二、风险决策的形成及相应国家义务

所谓风险决策,是指针对因科技而造成环境和人体健康的不确定性威胁,国家根据一定的标准作出预防的决定。在风险预防原则具有内在局限性的情况下,我们就需要由诸多风险所形塑的基本社会形态——风险社会(risk society)的自身特征出发,明确风险决策的真正困难何在并加以解决。

(一)风险社会中科学理性与社会理性的分裂

风险社会中一个最为显著的社会现象是,专家和公众在风险的认知上具有较大的差异,在某种程度上甚至构成了对立,即:多数在专家看来具有较高危险性因而需要优先对待的风险,公众会不以为然;而在公众看来具有极度危险性的多数风险,专家则认为其危险性可以忽略。从心理学的角度,这种现象可以解释为公众缺乏相应的知识,被非理性情绪所支配,但由于其隐含着"专家至上"的价值观,并无法真正解决实际问题。② 此时,就需要从风险社会理论入手,提供更具有规范解释力的认识。

自启蒙运动以来,不断强化的科学主义信念与科技官僚的制度化结合构成了工业社会的"科学理性",而以工业社会为代表的现代社会正是处在这种线性的、以工具理性为基础的"科学理性"的支配下。随着风险社会的到来,科学理性越来越显现出局限性,德国著名社会学家贝克指出,循着工业社会现代化过程的内在逻辑,人类社会将可能行进到一切都必须按照科技专家所提出的原则来进行管理的技术统治时代,或者行进到直接由科技专家统治一切的专家政治时代。但在巨大风险和灾难面前,没有一个人可以称得上是真正的专家,对那些技术专家来说更是如此。而科学家和工程技术人员在诊断巨大风险和灾难时所具有的无可比拟的垄断特权,同时会造成科学本身所无法解决也难以回避的现实危机。③ 因此,科学理性声称能够客观地研究风险的危险性的断言,已经成为一个问题;人们不接受对风险的科学界定,这不

---

① Douglas A. Kysar, It Might Have Been: Risk, Precaution, and Opportunity Costs, 22 Journal of Land Use and Environment law, 56(2006); Katie Steele, The Precautionary Principle: A new Approach to Public Decision-making?, 5 Law, Probability and Risk,19(2006).
② 参见陈海嵩:《科技风险认知的差异及其解释》,载《东北大学学报》(社会科学版)2009年第5期。
③ 参见[德]乌尔里希·贝克:《从工业社会到风险社会》,载薛晓勇、周战超主编:《全球化与风险社会》,社会科学文献出版社2005年版,第90—96页。

应该被指责为"非理性"的行为,这恰恰意味着风险技术专家在他们暗含价值前提的假定上是错误的。① 据此,专家不能再独享对风险的判断和解释权,对风险的认识不可能没有价值判断,而公众的风险感知和可接受度是社会对风险的理性认识,更进一步说,公众对风险的认知打破了技术专家和科学理性的垄断统治,它所体现的"社会理性"必须得到认真对待。

因此,从社会学的角度看,专家和大众在风险认知上的对立其实是两种不同"理性"之间的对立:如果我们坚持传统的科学理性,在概率和客观意义上理解风险,就很容易得出公众是非理性的结论;如果我们在价值和主观意义上理解风险,认为风险认识不可能离开价值判断,就会坚持公众的"社会理性"而认为专家的指责其实是一种偏见。显然,科学理性和社会理性两者在这里出现了矛盾和分裂。这正如贝克所言:"在风险的论争中变得清晰的,是在处理文明的危险可能性的问题上科学理性和社会理性之间的断裂和缺口,双方都在绕开对方谈论问题。"②

(二) 风险决策的两难

就政府的公共决策而言,必须考虑到正当性和合理性两个方面:一方面,民主作为人民公意的技术化、制度化表达方式,已成为统治正当性的渊源所在,并在世界范围内得以广泛传播。"除了个别例外,各国政府都在借助这样或那样的民主方式来标榜统治的正当性,这样的共相是无可否认的。"③显然,在公共决策的正当性基础来源于民主机制和公众意志表达的前提下,公共决策要获得正当性,首先就不能偏离公众意志;另一方面,19世纪以来,随着工业化的完成和科学主义思想占据主导地位,理性主义的要求扩大到国家和社会公共生活领域里,要求政府公共政策的理性化和政府公共行政管理的理性化并逐渐成为一种基本的价值理念。④ 缺乏对于手段及其后果的准确计算,公共决策同样无法得以顺利施行。

由此可见,就风险决策而言,其正当性来自公众的风险感知和"社会理性",而其合理性来自专家对风险的科学界定和"科学理性"。由于"科学理性"和"社会理性"之间巨大的断裂,风险决策也就不可避免地面临着两难的局面,即正当性和合理性之间存在冲突。具体而言,这种冲突表现为两个方面:

---

① 参见〔德〕贝克:《风险社会》,何博闻译,译林出版社2004年版,第29页。
② 同上注,第30页。
③ 季卫东:《秩序的正统性问题》,载《浙江学刊》2002年第5期。
④ 张国庆:《论理性主义公共政策分析的局限性》,载《北京大学学报》1997年第4期。

一方面，如果公众并不认为该风险很严重，政府能仅凭专家的建议就作出决策、对某种风险采取规制措施吗？更为重要的是，由于现代社会的专业化趋势，每个人所熟知的领域越来越小，而面对常常具有科学不确定性的风险时，即使专家内部往往也会有很多的分歧。著名社会学家吉登斯就指出，专家的意见如此经常性地不一致，以至于即使专业人员也会发现，他们自己对于核心部分的特定专家领域也跟外行的人一样，要面临同样的选择。简言之，"在我们生活的不同领域中，我们大家都是专家，又都是外行的普通人"①。在专家并非总是可以信赖的情况下，此时政府应如何决策？

另一方面，也许更为常见的情形是，当公众对某种风险感到恐惧，认为该风险造成了较大威胁，并通过民主机制提出了严格规制该风险的要求的时候，政府能否因为科学家说该风险并不那么值得恐惧、公众的这种担心是非理性的，就不采取预防措施以规制该风险呢？以公众缺乏专业知识为理由而让专家享有解释风险的独断权，又难以回答批评者的如下诘问："要求人们在发表见解前都应是专家，或至少熟悉科学，与我们民主社会的基本信条是相悖的。民主是一种赌博，一种良心优先于能力的赌博。在允许公民使用其投票权或者参加陪审团之前，我们并不需要他是一位宪法或刑法专家，甚至不需要他具有'业余'知识水平。为什么在涉及技术与科学事务时我们要提出更多的要求？"②

在前述正当性和合理性发生冲突的情况下，政府和立法机关应如何作为？吉登斯指出："对于某种新风险情形的公开宣布，就像疯牛病事件所表达的那样，必产生深远影响。如果一项风险被公布出来，或者经过政府干预而被赋予了'官方'性质，然而事实上却是人为夸大或者最后什么也没发生的话，批评家就会说这是'谣言惑众'；但是，如果官方认为这事风险很小，因此对是否要公开宣布持谨慎态度，那么批评家们就又会说这是'掩盖真相'。"③可见，缺乏正当性的风险决策会被公众视为是"掩盖真相"，而缺乏合理性的风险决策会被专家视为是"谣言惑众"。无论是"掩盖真相"还是"谣言惑众"，都意味着公共决策并未有效弥合科学理性和社会理性的分裂，也难以在实践中真正发挥作用。

---

① 〔英〕安东尼·吉登斯、克里斯多弗·皮尔森：《现代性——吉登斯访谈录》，尹宏毅译，新华出版社 2001 年版，第 86—88 页。
② 〔德〕迪尔克斯、格罗特主编：《在理解与信赖之间：公众、科学与技术》，田松等译，北京理工大学出版社 2006 年版，第 21—22 页。
③ 郑曦原、李方惠：《通向未来之路——与吉登斯对话》，四川人民出版社 2002 年版，第 172 页。

(三) 风险决策规则与国家义务

显然,形成风险决策规则的关键在于通过适当的制度安排,化解在风险问题上科学理性与社会理性的对立。从根本上讲,科学理性和社会理性并非截然对立。贝克指出,科学理性和社会理性确实是分裂的,但它们同时保持着互相交织、互相依赖的关系。一言以蔽之,没有社会理性的科学理性是空洞的,但没有科学理性的社会理性是盲目的。① 从国际上处理相关事务的经验看,融合两者的关键,就在于平等对待的基础上达成社会共识。如2000年,英国上议会科学技术特别委员会通过的《科学与技术》(Science and Society)报告中就明确提出,在风险问题上应尊重公众的判断,公众对科学的不信任是首要问题所在,解决这一问题应当通过在公众与科技专家间的公开对话和建立共识来完成。这代表了风险决策领域的"民主转向"。② 这也正符合并在一定程度上推动了西方社会自19世纪90年代开始兴起的"协商民主"(deliberative democracy)潮流,被认为是民主理论在新时代中的发展,具有明显的时代性。

因此,风险决策形成过程中必须充分考虑民众意见,注重协商民主和公众参与,通过制度安排融合科学理性与社会理性。笔者认为,应在区分不同情况的基础上,明确各自的风险决策规则及其相应国家义务。具体而言:

1. 风险决策的一般性规则

该规则要求,在面临具备科学不确定风险时,国家应根据民主审议的结果,决定是否采取干预措施。换言之,在一般情况下,风险预防性国家行为的正当性来自于经由相应民主审议机制达成的社会共识。在具体制度上,各国在实践中已经发展出了一些行之有效的民主审议科技风险的方式,包括:共识会议(consensus conference)、公民陪审团(citizens' juries)、协商式民主测验(deliberative polling)、常设咨询组(standing consultative panels)、议会听证会(headings for parliament)、表决会议(voting conference)等,它们的共同特征在于:吸纳普通公民、听取专家意见、进行理性商谈、讨论和辩论、提出政策建议。③ 其中,"共识会议"是运用较多且得到广泛认可的公众参与决策形式。它起源于丹麦,于1987年第一次举行。在组织上,共识会议由公民小组、专

---

① 〔德〕贝克:《风险社会》,何博闻译,译林出版社2004年版,第30页。
② John Durant, Participatory technology assessment and the democratic model of the public understanding of science, 5 Science and public Policy, 313—319(1999).
③ 参见英国上议院科学技术特别委员会:《科学与社会》,张卜天、张东林译,北京理工大学出版社2005年版,第67—70页;佟贺丰:《丹麦公众参与科学事务模式综述》,载《科学学与科学技术管理》2004年第12期。

家小组和咨询委员会组成,其中由 14 名普通公民组成的公民小组是会议的主角。实践证明,凝聚了公民小组共识的最后文件可以有效地对政府决策构成影响,共识会议也得到了越来越多的应用。据 2002 年的统计资料显示,全球已有 16 个国家采用,并至少共举办了 46 次共识会议,议题包括转基因食品、环境问题等许多方面。① 经过符合程序理性之民主审议过程而形成的社会共识,应作为政府决策进行风险规制的主要依据。

在风险规制目标确定后,紧接着就是规制手段、即"如何管制"的问题。对于风险议题而言,国家干预和行政决策包含有多种可能的管制手段与措施。通过公民审议得出应依据预防原则对某风险予以管制的决定,只是一个大致的政策目标,尚需具体的行政手段加以落实,具体包含:完全禁止、适当处理、减少曝露、加强控制、暂时限制、对承受风险者提出建议、对业者课以说明义务,等等。此时,就有必要引入专家意见和科技合理性,依据现有的科学知识提出具体的政策建议以补强(reinforce)公民审议之结论,实现科学理性与社会理性的相互融合。行政机关应召集相关专业人士,成立专业的咨询委员会。专家应在现有科学知识可能的范围内,通过风险评估、成本—效益分析等多种方式,获得相对一致的认识,并明确各种手段所可能造成的后果。

此时,国家所应担负的法律义务有:

(1)信息公开的义务。在风险社会中,确保公民能从法定渠道及时获得相关信息是民主审议程序能顺利进行的前提,也是风险决策获得公众认同的前提。这方面的一个典型例子是英国政府在处理疯牛病问题上试图隐瞒信息的教训。当疯牛病传染人的事例通过新闻媒体的报道而逐渐引起公众注意时,英国政府为了不引起恐慌而加以否认。这样做的结果是既没能及时控制疯牛病,又大大丧失了政府和科学界的信誉。② 因此,政府应保证相关风险信息的及时发布,公民则拥有相应的请求权。同时,针对目前并非实质违法,但可能对人民健康与生活环境造成较大影响的产品信息,国家也应在一定时候发布警告,通过间接性的影响性措施达成环境保护的社会意志。③

(2)保障公众参与决策之"程序正义"的义务。唯有公民通过合理的民主审议充分参与到相关决策过程中,政府的风险决策才具有正当性。这就需要政府保证相关过程的"程序正义",具体标准包括:① 社会角色都应该获得机会,提出不同的观点;② 社会角色应该获得机会,挑战和拒绝当前正在考

---

① 参见许志晋、毛宝铭:《共识会议的实质及其启示》,载《中国科技论坛》2006 年第 3 期。
② 李正伟、刘兵:《生物技术与公众理解科学:以英国为例的分析》,载《科学文化评论》2004 年第 2 期。
③ 陈慈阳:《环境法总论》,中国政法大学出版社 2003 年版,第 254 页。

虑事项的观点;③ 确保不同的社会角色之间在真正对话的基础上开展平等的交流;④ 所有受决策影响的不同社会角色的观点彼此能作到真正的理解;⑤ 所有的社会角色要得到公平的对待,确保决策的形成和原则的应用是连贯一致的;⑥ 决策者要清楚地表明他们将如何实施决策过程的结果,给出决策背后的理由和逻辑。①

(3) 持续调查与更新的义务。对于一个具科学不确定性的风险,持续性的研究、调查并收集信息是非常重要的。尽管根据现有的知识,该风险属于未知领域,但并非意味着要放弃现有的经验法则,采取一个漫无目的,甚至是碰运气的预防措施。② 即使在风险的领域,国家的管制也应具有一定的经验基础,并尽可能地利用可能的途径获得最新的相关信息。③ 对此,除了进行持续性的观察外,国家也可将相关义务课以风险制造者,例如通过立法规定风险制造者具有随时报备的义务。当相关科学知识取得重大进展,或社会大众的认识发生较大变化时,国家应及时对之前的风险决策予以再审查,优化甚至是改变相关措施。概言之,在环境国家中,由于科技不断发展,立法者具有事后不断改善的义务(Nachbesserungspflicht des Gesetzgebers)。④

2. 风险决策的特殊性规则

该规则是要求:在遇到严重或不可逆转损害的威胁时,国家应当采取风险预防措施。换言之,如果某风险的结果是灾难性的,就不应通过沟通和商谈程序来作出决定,而应直接作出采取措施的决定。从效果上看,该规则其实是风险预防原则的直接适用。这是由灾难性风险的特征所决定的:这类风险从未发生过,其概率很低,但预期后果非常可怕。由污染引起的气候灾难性重大变化是这方面的典型例子。对于这类风险,由于其后果是灾难性的,我们就必须尽可能保护我们自己。⑤ 在广为接受的《里约环境与发展宣言》原则 15 中,提出的采取风险预防措施的前提也是"严重或不可逆转的环境损害"(serious or irreversible environmental damage)。从根本上说,对于可能引起全球灾难性后果的风险,应当采取风险预防原则,这是人类在面对该类风

---

① S. Joss & A. Brownlea. Considering the concept of procedural justice for public policy—and decision-making in science and technology, 26 Science and Public Policy, 328(1999).

② Ossenbuhl, Vorsorge als Rechtsprinzip im Gesundheits, Arbeits—und Umweltschutz, NVwZ, Heft 3, 1986, S. 161ff.

③ Di. Fabio, Gefahr, Vorsorge, Risiko: Die Gefahrenabwehr unter dem Einfluss des Vorsorgeprinzips, JURA 1996, Heft 11, S. 5. 572.

④ M. Kloepfer, Umweltrecht, Verlag C. H. Beck, München,1998, S.129f.

⑤ 〔美〕刘易斯:《技术与风险》,杨健、缭健兴译,中国对外翻译出版公司 1994 年版,第 11—15 页。

险时的普遍反应,也是最容易和最可能达成共识的领域所在。

　　该特殊性规则适用最具代表性的一个领域,即为全球气候变化问题。根据联合国政府间气候变化专业委员会(IPCC)发布的全球气候变化报告,目前全球气候变暖是一个明显的趋势,会对世界各地造成巨大的影响。在原因的判断上,根据 IPCC 第五次评估报告(AR5),人类活动很可能(95% 以上)导致了近 60 年以来全球平均气温的升高。① 可见,尽管我们必须注意到气候变化议题后的国家利益博弈和话语权问题②,同时也必须对不支持温室气体造成气候变化的科学观点保持开放和宽容,但由于气候变化后果的严重性,人类社会就有必要及时地采取预防措施。即使是对风险预防原则提出强烈批评的孙斯坦教授,也认为:由于温室气体在大气中的聚集所造成的影响是长期和不可逆的,全球气候变化会造成灾难性的后果,因此在全球变暖问题上不能一味等待。孙斯坦教授进一步提出,在面对不可逆和灾难性危险的时候,应及时的采取风险预防原则。③ 孙斯坦教授将其归纳为"反灾难原则"(Anti-Catastrophe Principle)。当存在发生重大灾难的风险,但现有的科学却无法精确评估出可能发生最糟情况的可能性时,就必须以"最大最小值"(Maximin)作为决策的辅助工具,理性的应对灾难的发生。④

　　此时,国家权力负有积极作为的义务,立法者应制定相关法律,明确风险规制的合法性;行政部门则应针对相应的政策措施,以预防并降低该风险。从世界各主要国家应对气候变化的措施上看,就体现出"立法 + 专门性政策"的特点。例如,日本在 1998 年 10 月就颁布了《地球温暖化对策推进法》,该法明确了全球变暖的含义,阐释了温室气体的种类,明确规定了中央政府、地方政府、企业和市民的责任,提出了志愿者应对气候变暖的做法,并制定了相应罚则。在美国,2001 年宣布退出《京都议定书》之后,由于受到国际和国内的巨大压力,近年来也积极推动国内立法并发布相关政策。在 2005 年,加利福尼亚州就颁布了《全球温室气体效应治理法案》,通过地方立法的形式明确了强制性减排目标及相应法律义务。2009 年 6 月 26 日,美国众议院以 219 票对 212 票的微弱多数,通过了《美国清洁能源安全法案》(The American

---

　　① See Thomas Stocker, Qin Dahe, Gian-Kasper Plattner(Eds.). Climate Change 2013: The Physical Science Basis, IPCC, Stockholm, Sweden, 2013.
　　② 参见史军:《气候变化冷思考》,载《阅江学刊》2014 年第 3 期。
　　③ Cass R. Sunstein,, Irreversible and Catastrophic: Global warming, Terrorism and Other Problems, Eleventh Annual Lloyd K. Garrison Lecture on Environmental Law, Pace Environmental Law Review, Winter 2005—2006.
　　④ Cass R. Sunstein, Laws of Fear: Beyond the Precautionary Principle. Cambridge University Press, 2005, p.109.

Clean Energy and Security Act,ACES)。该法案尽管未能在参议院最后通过,但代表了美国政府控制温室气体排放的努力。另外值得注意的是,近年来,发展中国家的气候变化立法迅速发展,极大地推动了世界范围内气候变化立法与气候变化应对措施的发展,例如,2012 年墨西哥颁布的《气候变化基本法》是气候变化综合性立法的典范,在世界范围内也具有领先地位。从总体上看,发展中国家的气候变化立法毫不逊色于发达国家,已经成为推动气候变化立法发展的主要力量。①

由此,在面临着可能带来灾难性后果的风险时,国家负有实质性的作为义务,应积极采取预防性的管制措施,而无需过多考虑风险决策的正当性问题。在具体措施的选择和程度的判断上,政府仍应组织并参考专家意见,保证风险决策的合理性。

三、风险决策的司法审查

(一) 对立法权的违宪审查

为了满足国家环境保护义务的要求,立法者应进行相应的立法活动。这时就出现了对立法行为的司法控制问题,即:如果出现"立法不作为"的情况,法院如何行使违宪审查权?立法义务的履行由谁加以判断?

对该问题的认识,涉及宪法框架中"立法者的形成自由"。一般而言,宪法规范赋予立法者以积极的作为义务,但立法者仍然享有较大的自由空间。这是因为,同一般法律规范不同,宪法在规范方式上,多使用具有高度抽象性、概括性的语言,以及一些不确定法律概念来表达制宪者的意图,同时在规范内容上,宪法并非规范所有事项,而只涉及国家及人民的根本事项,提供国家活动的"框架秩序"。具体的生活秩序的形成,则有待于立法者在具框架性"宪法秩序"的基础上,对各种价值进行权衡并分配各种资源来达成。另外,国家资源具有有限性,立法者对于资源的分配必须享有一定的形成空间以便因应社会的发展需要。② 立法者此时所享有的自由空间,意味着立法者对于如何立法拥有裁量权力,即"立法裁量"问题。

根据学者的一般观点,司法权应对立法裁量予以尊重,宪法只是一种划定国家活动的"框架秩序",具体内容需要由立法者填补。"如何填补并充实宪法框架的内容,属于政治便宜性的问题,立法者应依时代精神,参与立法程

---

① 陈海嵩:《发展中国家应对气候变化立法及其启示》,载《南京工业大学学报》(社会科学版) 2013 年第 4 期。
② 李建良:《论立法裁量之宪法基础理论》,载《台北大学法学论丛》第 47 期。

序者的理念、政党的纲领、现有可资利用的预算手段等因素来决定。立法者之所以享有如此广泛的活动空间,并非出于该框架的不确定,而是宪法对于诸多事项的判断,仅做低密度的指示所致。"① 从立法权与司法权的功能分工上看,立法机关能够反映社会上各种不同政治立场、不同利益群体的声音,相较于具独立性的法官,更能作出为各方接受的决定。对此,司法权应予以尊重。

就国家的风险决策而言,由于涉及高度科技性内容,立法者对于如何完成相关立法义务更拥有自由形成的空间。这方面的典型案例是1978年德国宪法法院的Kalkar判决(快滋生反应炉案判决)。该案判决中明确指出:"宪法法院在审查未来才能加以判断的问题时,例如快滋生反应科技是有利还是有害,应有所保留。此种极不确定的情况,应由立法者及政府根据其相关权限范围内,作出其认为合目的性的决定。以自己之评估来取代立法者的决定,非法院的任务,因为此缺乏法律上的基准。"② 如此,立法裁量就构成了宪法审查的界限所在。

有必要指出的是,承认立法裁量的地位,并非预先排除司法权对立法权的审查。实际上,立法裁量不是违宪审查的前提,而是违宪审查的结论。在个案中,司法机关针对某个立法行为(包括积极作为和消极不作为),应根据该案性质先确定审查标准,依据该标准审查立法机关是否享有立法裁量及其范围。在此基础上,司法机关才作出合宪或违宪的判断。在这个意义上,司法机关是通过对审查标准宽严度的把握,对不同领域立法行为和合宪性作出判断,进而明确"立法裁量"的范围所在。从大陆法系宪法学理论及实践看,已经发展出一套确认违宪审查机关针对何种案件适用何种审查力度的"审查密度"理论。根据此理论,宪法法院对法律的审查标准根据宽严程度的不同,可分为三类③:(1)明显性审查(Evidenzkontrolle),是指立法者的决定不得抵触宪法的最外围界限,只有当立法决定明显的、显而易见的抵触宪法时,宪法法院才宣告其违宪。这是一项最为宽松的审查基准。(2)可支持性审查(Vertretbarkeitskontrol),也称为"适当性审查",是指只要法律条文的内容合乎事理,并为立法事实所支持,宪法法院即予以尊重。此时,司法机关可以就立法者的事实判断和预测决定进行实质性的审查;立法者的形成自由虽受

---

① Christian Starck:《法学、宪法法院审判权与基本权利》,杨子慧等译,元照出版有限公司2006年版,第245页。
② 李建良:《论立法裁量之宪法基础理论》,载《台北大学法学论丛》第47期。
③ 参见苏彦图:《立法者的形成余地与违宪审查——审查密度理论的解析与检讨》,台湾大学法律研究所硕士论文,1998年,第120—135页。

到一定限制,但仍有较大空间。只要找到一个"合乎事理并可以支持"的理由,宪法法院就应予以尊重。(3)强烈内容审查(Intensiveinhaltstrolleko),这是最为严格的审查标准,宪法法院要求立法者的行为必须达到"充分的真实性"或"相当可靠性"的程度,否则就会被宣布违宪。此时,宪法法院完全可以以自己的判断来替代立法行为。

从相关判例看,对于环境保护及科技风险事项,宪法法院采取的是较为宽松的审查标准。典型案例是1981年德国的"机场噪声案"。在该案件中,原告是居住在机场旁边的居民,认为飞机噪音的高强度、高频率和突击式重复的高音对生理和心理都造成损害,导致其整体生活质量的丧失。原告认为,立法者虽然制定了有关防治飞行噪音的法规(1959年《航空器飞航许可规定》),但现有规定属于被动式的保护措施,立法者没有主动地为行政机关提供适当的许可航空器和核准飞机场营运的标准,导致行政机关由于有效法规的欠缺,不能使航空工业通过适当的飞机结构从源头上对航空噪音进行防治。因此,原告主张立法者的"不作为"侵害了《基本法》所规定的保护义务,而向宪法法院提出诉愿。从原告的请求看,本案涉及的是立法者已经制定了相关法律,但后来出现了立法者当初没有预见的情况,立法机关也没有及时修改相关立法,而导致对人民造成损害的立法不作为问题。

在该案审理中,德国联邦宪法法院提出了审查立法权行为的审查标准。判决指出,对风险的预防是包括在国家机关应负的保护义务范围之内的,宪法上的保护义务可以邀请制定一种形式的法律,但是否、何时有必要制定该法律及其内容如何,则取决于可能产生风险的种类、临近性和繁忙程度等因素决定。根据以往的一些先例,宪法法院已经确定了只有在立法者明显违背了保护义务的情况下,法院才能决定介入审查的标准。如何通过主动的立法措施实现国家的保护义务,通常是一个极其复杂的问题。根据不同的情况,可能有各种不同的方法。依照权力分立的基本原则和民主原则,必须经过妥协才能作出的决定是应该属于由人民直接给予合法权力的立法者的责任。对立法者的决定,除非涉及具有最重要意义的法益,联邦宪法法院通常只能有限制地加以审查。宪法法院只能在明显的、最初合法的法规因为之后这段期间情况的改变,已变为宪法上不可忍受,而且虽然如此,立法者仍继续不作为或采取了明显错误的改进措施时,才能确认立法者以不作为方式修订法规的方式违背宪法。

基于上述理由,宪法法院认为,关于可期待忍受的飞行噪音负担的界限,还没有可靠的科学上的认知,而且该问题所涉及的是一个极为复杂的题材,要制定法规,应给予立法者适当的收集经验和适应的回旋余地。以上述标准为根据,看不出立法者有明显因怠于修改法规而违背其保护人民不受有害身体健康飞行噪音影响的义务。原告的起诉缺乏法律依据,予以驳回。① 可以看出,该案中所使用的审查标准接近于最为宽松的"明显性审查"。根据判决的说理,立法者对于立法义务的履行,只有在宪法上达到不可忍受并且有继续的明显错误措施时,才能宣告立法不作为的违宪。如此,针对风险预防的国家任务,立法者一般拥有较大的"立法裁量"空间,立法机关应在充分考虑各方面意见及科学知识发展的情况下,审慎地履行其立法义务;只有其行为明显对人民权益构成不可忍受的侵害时(如对全球变暖问题的忽视),司法权才能对此进行实质性审查并宣告违宪。

（二）对行政权的司法审查

相较于立法权,行政权在履行国家风险预防义务上扮演着更为重要的角色。由于风险社会所产生的威胁往往具有复杂性和动态性的特征,为及时应对此种风险,立法者就必须大量授权行政机关制定风险预防和风险衡量的规范。行政权因为自身特征,能够以动态性的决策来预防风险,达成法益保护的目标,这是司法者和立法者所不及的。因此,对于风险的判断,行政权在功能上具有优位性。② 换言之,在风险的语境中,行政权不仅仅是"执行"法律,更是具有"决策"的功能。此时,如何妥善处理司法权和行政权之间的关系、行政权应受到怎样的司法控制,就成为必须加以关注的课题。

对国家风险预防义务而言,由于科学技术的快速发展性和风险判断的高度专业性,立法机关不可能详细地对风险规制予以规定,只能以"公共利益""科学技术发展现状""不可忍受"等不确定法律概念对风险规制给予框架性指导。根据学界通说,行政机关在适用这些不确定法律概念上拥有不受法院审查的涵摄自由,即"判断余地"（Beurteilungsspielraum）。此时,行政机关具有某些不可替代或不能重复的行政决定权,即使面对司法权,也存在某些由行政机关自行负责的领域。行政法院必须接受在该领域内作出的行政决定,只能进行有限度的审查。概言之,法院仅能审查行政机关是否有逾越此领域范围,其余在此领域中所为之行政决定,法院必须尊重。③

从德国的司法实践看,法院已普遍认为,在风险决策领域,行政机关有判

---

① 《机场噪音案判决》,吴琦云译,载《德国联邦宪法法院裁判选辑（八）》,1999年,第372—411页。
② Di. Fabio, Riskoentscheidunhgen im Rechtsstsaat, J. C. B. Mohr, 1994, S.284—297.
③ 参见陈敏:《行政法总论》（第五版）,新学林出版有限公司2007年版,第200—202页;翁岳生主编:《行政法》,中国法制出版社2002年版,第225页。

断余地的权限。① 在 1978 年 Kalkar 案判决中,德国联邦宪法法院在判决中认为,根据宪法,立法者没有义务去规定可能的风险种类、风险因素、调查风险的程序或确定的可忍受值。立法者如果对这些加以规定,对于宪法法益的保护反而有害。由于风险的要素在学术、科技、技术发展中不断变化,只有持续不断地配合最新的认知水平调整风险评估的相关重要因素与情况,才能符合最佳危险防御和风险预防原则的要求。由于必须不断地配合相关因素的变迁进行迅速调整,所以交给行政机关进行判断与调整,比交给立法者更为合适,也有助于实现"动态的基本权保护"。② 所谓"动态的基本权保护",则是指由于科技的快速发展,在科技法和环境法的领域,国家对于基本权利的保护必须依据具体情况的不同,作不同的应对措施,使人民基本权利获得实质性的保障。此时,立法者使用不确定法律概念,授权行政机关依据个别具体情况而为不同的决定,就具有了正当理由。③ 在 1985 年的 Wyhl 案判决中,德国联邦行政法院也提出,有关科学上争议的评价,包括风险评估和风险评价,属于行政的事务,而不能由法院的判断加以取代。行政对于危险防止和风险预防的达成具有较好的设施和人才,因此对于法律行为之方式,比立法和行政法院更具有权限。④

从美国的司法实践看,1984 年的"谢弗林诉自然资源保护委员会"案判决被广泛运用,使得在环境保护、能源、食品和药品等广泛新兴风险规制领域发生了现代行政国家下的权力位移,法律解释的主导权从法院流向了行政机关,其理由主要在于:(1) 基于专家统治论(technocratic)的考虑。在现代行政国家下,法院面对具有高度技术性的管制框架和管制事项只能望而却步,行政机关作为专业机构,在特定领域有专业化的人员和事实认定能力,当涉及技术性问题和非常复杂的事实问题时,它具有更多的专业优势。(2) 法律中经常留下了为传统法律解释工具所无法解决的缝隙和含混,这些问题的解决需要政策判断和政策选择,在民主制度下应由政治部门而非法院进行政策判定。行政机关比法院有着更强的民主合法性基础,由它来解决政策问题,可以使民主利益得到更好的表达。⑤ 如此,在风险决策领域,法院应尊重行政机关对事实情况进行的判断,其司法审查权受到限制。

---

① 陈春生:《行政裁量之研究》,载《行政法之学理与体系》(一),三民书局 1996 年版,第 147 页。
② BVerfGE 49, 89,139 f.
③ BVerfGE 49, 89,141 ff.
④ DVBl. 1986, 190(194)
⑤ 宋华琳:《行政国家下的权力分立》,载李晓安主编:《首都法学论坛》(第 1 卷),北京大学出版社 2005 年版。

有必要指出的是,承认行政机关在风险决策领域享有较大的"判断余地",并非完全排除司法审查的适用,而是出于功能分工而尊重行政机关在专业判断上的优势。行政机关在进行相关活动时,仍应受到一定的约束并受到司法权的监督。更进一步说,由于强调国家对社会生活的介入,宪法中权力分立的中心已经从立法权转向行政权,即从"立法国家"变成"行政国家"。① 在行政权力不断扩张、膨胀并逐步形成所谓"行政国家"中,尽管它具有宪法上的正当性,但仍然需要注重法治原则防止行政权力的异化。正如德国学者汉斯·彼得斯所言:"我们已经生活在一个行政国家之中。现代国家权力中最强有力者,是行政权,而不是立法权或司法权。我们不必隐瞒这个事实,反而是要致力组织、引导我们的生活朝此既定的方向前进,来反映社会发展的走向,使得行政的膨胀能够符合法治国家的理念,而不致杂乱无章。"② 概言之,在现代社会中,行政权的行使已在国家运作、经济发展和公民的个人生活中发挥越来越核心的作用,此时就需要将传统法治国所强调的"限权"(restriction of the power)转变为现代法治下的"控权"(control of the power),既充分发挥行政权力在社会形成上的主观能动性,又通过必要的措施防止行政权力的恣意,保障公民权利不被过度侵害。

因此,行政机关在风险决策领域所享有的"判断余地"绝非不受法律约束的绝对自由,而具有内在界限。具体而言,为了避免行政决定的恣意,学者提出了两种"判断瑕疵"的情况作为判断自由裁量权合法与否的标准,即所谓"判断逾越"和"判断滥用"。判断逾越是指行政机关的裁量逾越了概念的范围或与法律相矛盾,即超越了自由裁量的前提性范围;判断滥用是指行政机关在未完全考虑相关情况或者考虑无关的因素,而以错误的方式作出判断。行政决定如出现这两种情况,就构成违法,法院应依法予以撤销并要求行政机关重新进行判断。

在风险决策领域,行政机关在"判断余地"上的界限,或者说司法审查的范围主要集中在行政程序问题,即:针对风险决定,法院不审查其内容是否正确,仅审查其方法是否适当。法院应仅仅审查行政机关在决定时是否已从正确的资讯、评价、数据等出发,如已经符合上述要件,即使事后确认结果不适当,也不能指控为违法。③ 另外,行政机关应按照法律要求,保证公众参与的

---

① 〔日〕杉原泰雄:《宪法的历史——比较宪法学新论》,吕昶等译,社会科学文献出版社2000年版,第131页。
② 陈新民:《行政国家理念的澄清——谈汉斯·彼德斯的〈为行政国家的奋斗论〉》,载《公法学札记》,中国政法大学出版社2001年版,第25页。
③ 林锡尧:《行政法要义》,元照出版有限公司2006年版,第274页。

充分进行,不能任意增减参与事项和参与主体,或者变更参与方式,否则就构成"裁量逾越"。对行政机关风险决定的程序性审查,这方面的典型案例为美国 1976 年"自然资源保护同盟诉核能规制委员会"一案。

该案中的基本情况为:根据 1954 年《原子能法》,国会在核能发展方面赋予原子能委员会(后被转移给核能规制委员会)广泛的管制权限。1967 年,美国核能规制委员会(Nuclear Regulatory Commission,NRC)同意授予 Vermont Yankee 公司在佛蒙特州建设一个核电站的许可证。著名的环境非政府组织"自然资源保护同盟"(NRDC)对此持反对意见,但在 1971 年举行的有关该申请的听证会上被排除在外。1976 年,哥伦比亚特区上诉法院作出判决认为,核规制委员会制定燃料循环法规的程序没有利用本可利用的方法,排除了充分反映事实和相反意见的可能性,因此不足以形成适当的"对问题的公开讨论"。核能规制委员会授予许可证的行为"没有对废料处理中涉及的问题,包括过去的错误,对不确定性以及专家间的歧见,作一个全面的分析,这类行为很难算得上是理性决定"。据此,该案判决要求核能规制委员会为科学技术问题"创设真正对话的程序装置",强调确保就核心问题进行实在的"意见交换"。判决中甚至提出,为了维护程序上的正当程序标准,行政管理机构必要时可遵循比《行政程序法》所规定的更为复杂的制定法规程序。[①] Bazelon 法官在判决意见中则认为,因为核废料的处理可能会给公众健康带来严重的影响,因此行政机关应该采取比"通告—评论程序"更精确,并能保证更多准确性的程序,例如包括非正式的协商、文件开示、由来自行政机关之外持不同见解的专家组成的技术咨询委员会、交叉质证、由政府资助的独立研究、对技术报告的详尽演绎、对已有文献的整理以及方法学上的备忘录等等。[②]

在日本的相关案例(如 1978 年伊方原子能设置诉讼案)中,对于核能技术是否安全的"专业技术裁量",法院也是依托专业机构的判断来加以判断的。法院只对行政机关的程序是否合法进行审查,这种审查被称为"程序的事后审查方式"并被大力推广。[③] 在 1992 年,日本最高法院对本案作出最终判决。在判决书中,最高法院明确指出,对原子能设施安全性的审查,涉及各方面极为先进的科学、专门科技知识。法院在审理是否取消原子炉设置的许可时,只能审查行政机构依据核能委员会的专门技术性调查审议以及判断所

---

① Natural Resources Defense Council. v. Nuclear Regulatory Commission, 547 F.2d 633,644 (D.C. Cir. 1976).
② 547 F.2d at 656 (D.C. Cir. 1976).
③ 冷罗生:《日本公害诉讼理论与案例评析》,商务印书馆 2005 年版,第 314 页。

作出的决定是否合理。如果参照现有科学技术水平,行政机关的决定有不合理之处,或者该决定存在忽略专家意见而自行决定的情形,该决定则被认为有缺陷,从而原子炉设置许可亦被视为违法。在本案中,原告主张原子炉设置许可的过程有瑕疵,原告须对此负举证责任,却未能举出证据加以证明,因此难以认定原告的主张,被告的行政许可并无不合理之处。① 基于此,最高法院驳回原告上诉。

可见,在行政机关享有风险决定的"判断余地"的前提下,司法权逐步走向程序取向的司法审查。此时,法院并不介入实质的政策决定,但借由程序的要求(例如举行或重开听证会以充实决策的事实基础、规则制定或裁决程序的选择等等)进行审查,在程序面上强化了司法的功能。② 如此,既尊重了对于行政机关在风险问题上的专业优势,也为行政机关的裁量权力划定了法律界限,确保其免于恣意。

---

① 最高裁平成四(1992)年十月二十九日判决,「民集」46卷7号1174頁。
② 叶俊荣:《环境行政的正当法律程序》,翰庐图书出版有限公司2001年版,第29页。

第三部分

国家环境保护义务的实践展开

第五章 我国实现国家环境保护义务的路径分析

第一节 实现国家环境保护义务的规范路径

一、解释方法的优先性

一个不争的事实是,尽管我国的环境保护工作已取得了较大成绩,但从实现"环境国家"、落实国家环境保护义务的角度观之,尚存在较大差距。为了符合"环境国家"的要求,我国宪法及相应法律体系需加以完善。这就涉及"宪法变迁"的方法问题。

从宪法学说史看,"宪法变迁"的概念最早出自于德国著名公法学者耶林内克(Jellinek)。在《宪法的修改与宪法的变迁》一书中,耶林内克首次对"宪法修改"和"宪法变迁"概念进行了区分,并系统地提出了宪法变迁的几种情况:(1)根据立法机关、政府或司法机构的解释而发生的变迁;(2)根据政治需要而发生的变化;(3)根据宪法惯例而发生的变迁;(4)因为国家权力的不行使而发生的变化;(5)根据宪法的根本精神而发生的变化。① 有学者在此基础上,在狭义上定义"宪法变迁",即指称为除宪法修改之外的宪法内容变动的方式:宪法修改是按照宪法规定的程序,有意识、有目的地对宪法规范予以变更的明示的行为,而宪法变迁是一种伴随着社会生活的变化,对宪法规范实质内容进行变更,但宪法条文本身保持不变的行为,两者具有同等的宪法效力。② 或者说,宪法修改称为"修宪"(Verfassungsanderungen),是指宪法典在条文上的明文修改;宪法变迁(Verfassungswandel),是指一国的宪法典虽然没有经过明文修改,但经由法院判决、国会立法或宪法习惯,使宪法内容的实质含义或原来具有的效力,发生变更。③ 也有的学者用"宪法演变"一词来指称宪法修改之外的宪法内容变动方式。④ 相对的,有学者在广

---

① 秦前红:《宪法变迁论》,武汉大学出版社2002年版,第1—2页。
② 韩大元:《宪法变迁理论评析》,载《法学评论》1997年第4期。
③ 许育典:《宪法学》(第三版),元照出版有限公司2009年版,第24—31页。
④ 郭道晖:《论宪法演变与宪法修改》,载《中国法学》1993年第3期。

义上定义"宪法变迁",将宪法发展、变化的全部方式纳入,具体分为三个层面①:(1)指世界各国宪法、某种类型宪法产生、发展的经过;(2)指某国宪法对条文进行明文修改的经过;(3)指宪法的自然变更或者说无形修改,即宪法条文本身没有发生变化,但其实质内容发生变化并产生一定的社会效果。

应该说,从根源上看,由于立宪者仅具备"有限理性"而非全知全能,随着社会的发展,宪法规范与社会生活之间必然会出现一定的距离,这就产生了宪法内容随之变动的问题。"宪法变迁"概念的提出,目的在于提示,除了对宪法进行修改之外,还存在一种隐性的方式实现宪法内容的变动,两者皆为"描述性概念",并不存在严格的逻辑区隔。因此,严格地区分"宪法修改"和"宪法变迁"并无实益,反而人为地增加了理论体系的复杂性。将"宪法变迁"作广义理解、作为一个指称宪法规范变动的总括性概念,进而能综合地比较、分析各种宪法变化模式,更能符合社会现实对宪法规范的需求。

在广义理解"宪法变迁"的基础上,就可以对宪法变化的各种模式进行探析。一般而言,宪法修改和宪法解释是实现宪法变迁最为重要的两种方式,两者的主要特点在于:(1)从形式上看,宪法修改对宪法内容的变动是直接的、明显的,而宪法解释对宪法内容的变动是含蓄的、不明显的;(2)从自由程度上看,宪法修改除了受到程序上的约束和限制外,形成新条文的"多数意见"实际上并不受法律约束,因此宪法修改具有较大的自由度和灵活性。宪法解释不仅受到自身权限的限制,还受到其解释对象——宪法文本的制约,自由空间较小;(3)两者所需要的判断性质不同,宪法修改是以政治判断为基础,宪法解释以法律判断为基础。② 宪法修改和宪法解释对于现实的最大影响,则在于宪法的稳定性和权威性。宪法修改是对宪法条文的直接变革,频繁的修改自然会影响到宪法的稳定性。同时,宪法修改假定现有宪法具有缺陷,隐含着反权威的态度,不断的质疑就会使宪法的权威性难以真正确立。宪法解释则是在保持宪法条文前提下进行的宪法变迁,假定宪法是完美的,以谦卑的态度看待宪法,通过解释的方法从宪法条文中得出符合社会现实的意涵。因此,宪法解释内在地具有维护宪法稳定性和权威性的功能。例如美国宪法具有较好的稳定性,宪法意涵的变化更多是通过最高法院在案件审理中运用法律解释方式实现的,正如前美国最高法院大法官休斯所言:

---

① 秦前红:《宪法变迁论》,武汉大学出版社2002年版,第3页。
② 侯健:《宪法变迁模式与宪政秩序的塑造》,载《法律科学》2004年第4期。

"我们生活在宪法的统治下,而宪法存在于法官的解释之中。"[1]

由此,宪法的完善绝不是只有对宪法进行修改一条路,而应充分考虑宪法的稳定性和权威性,认真对待宪法解释。在某种意义上,宪法变动不仅仅是一个宪法变迁的技术问题,它在一定程度上反映了统治者对宪法的态度以及对宪法变迁方式的理解,也反映了一个国家对法治的认识。[2] 概言之,宪法修改和宪法解释都是解决宪法规范与社会现实相互冲突、实现宪法变迁的重要方式,如何妥善处理两者关系也正是我们思考宪法变迁的基本背景。从我国宪法来看,自 1954 年颁布新中国第一部宪法以来,共经历了 9 次修宪,分别在 1975 年、1978 年、1979 年、1980 年、1982 年、1988 年、1993 年、1999 年、2004 年。其中,全面修改为三次(1975 年、1978 年、1982 年)。对此,已经有学者提出,尽管从 1982 年以来,部分修改已经取代全面修改,成为我国宪法变动的主要形态,这代表了我国因应时代课题而发生的重要变化,然而在思考方式上仍然存在"重修改轻解释"的现象,即面对规范与现实的冲突时,主要依赖于(或习惯于)修宪权的运用,这反映了宪法思考方式的封闭和教条性。宪法解释的缺位也会影响宪法修改意义的实现。[3] 有观点则明确提出,"政策性修宪"是历次宪法变革的基本模式,简单地以政策性调整代替制度性设计,必然会导致宪法跟着政策走,缺乏必要的稳定性和权威性。[4] 基于此,近年来学者们开始强调宪法解释在宪法变迁中的作用,提出应从传统的"修宪型"模式转向"解释型"模式,立基于宪法的法律性质,通过宪法解释活动,在各种社会问题中寻找宪法的价值,使宪法在持续性与变化的张力中保持平衡。[5]

综上所述,一味地对宪法进行修改并不是理性的宪法变迁方式,为了保证宪法的稳定性和权威性,宪法解释方式应被优先得以适用,兼顾现实性与宪法规范性。这正如德国法学家 Hesse 所言,"修宪问题开始于宪法变迁的可能性结束之时"。[6] 换言之,"解释型"模式应成为我们思考宪法规范变化的主要思考背景。就环境保护事项而言,尽管我国生态环境保护的现实迫切

---

[1] 〔美〕米克尔约翰:《表达自由的法律限度》,侯健译,贵州人民出版社 2003 年版,第 24 页。
[2] 陈金钊、牛文军:《宪法的演进及其方法》,载《学习与探索》2004 年第 2 期。
[3] 韩大元:《社会转型与宪法解释功能——谈建立"中国宪法解释学"的可能性》,载《法制与社会发展》2002 年第 6 期。
[4] 曾萍:《宪法修改问题研究综述》,载《人大研究》2003 年第 9 期。
[5] 参见韩大元:《论宪法规范与社会现实的冲突》,载《中国法学》2000 年第 5 期;陈方:《"十六大"后的中国宪法与法制发展研讨会综述》,载《中国法学》2003 年第 1 期。
[6] K. Hesse, Gurndzüge des Verfassungsrechts der Bundesrepublik Deutschland, Heidelberg, 1991 § I Rdnr. 39.

需要相应宪法规范,但并不能简单地主张应在我国宪法中加入相关条款。从另一个角度说,在没有对相应条款规范含义及现实情况进行全面把握的情况下,就贸然主张进行宪法修改,看似是对宪法宣示作用的重视,其实是否定了宪法的规范性,也不符合宪法修改的谨慎原则。① 在"解释型"模式和规范法学视域中进行理性思考与谨慎选择,应为我国宪法在生态危机挑战下予以宪法变迁的基本模式。

二、我国"环保目标条款"规范依据的确立

通过解释方法在我国现行宪法中确立国家环境保护义务的规范依据,有两种可能进路:一是根据2004年修宪所增加的第33条第3款"国家尊重和保护人权"之规定,将其视为"概括性人权保障条款"并从中推导出作为基本人权的"环境权",进而确立相应的国家消极、保护、给付义务;二是根据《宪法》第26条"国家保护和改善生活环境与生态环境,防治污染和其他公害;国家组织和鼓励植树造林,保护林木",和《宪法》第9条第2款"国家保障自然资源的合理利用,保护珍贵的动物和植物。禁止任何组织或者个人用任何手段侵占或者破坏自然资源"的规定,确认我国《宪法》的环境基本国策条款,并导出相应的国家义务。

显然,第一种进路正是本书第三章所批判的"基于'基本权利—国家义务'关系而生成国家环境保护义务"思路,既缺乏深入的规范论证,也无法应对复杂多变的环境保护实践,自不足取,对此不再赘述。第二种进路则符合前面所论证的"基于'国家目标条款'而生成国家环境保护义务"之思路,应予采纳。此时,有两个问题值得进一步讨论:

1. 由于存在两个不同条文,应如何确立现行宪法中"环境基本国策"的规范依据? 从制宪原意看,《宪法》第26条和第9条第2款位于不同的"规范群"中,具有不同的功能:第6条至第18条是对社会主义经济制度的规定,其中第9条对自然资源国家所有权的规定是为了"保证整个国民经济的发展符合于劳动人民的整体利益和长远利益"。② 第19条至24条是对社会主义精神文明的规定,第25条是对计划生育基本国策的规定,随后的第26条显然和第9条不存在联系,而是一个独立的"基本国策"条款。

如此,根据宪法解释的原旨主义,现行宪法中的"环境基本国策条款"仅

---

① 谨慎性原则是宪法修改的第一位原则,其要求不得随意或轻易修改宪法,避免频繁修宪。参见谢维雁:《我国宪法修改原则论析》,载《现代法学》2006年第6期。

② 彭真:《关于中华人民共和国宪法修改草案的报告》,第五届全国人民代表大会第五次会议

指第26条。但是,从体系解释和目的解释的角度出发,不能简单地将第9条第2款排除在环境基本国策之外:(1)根据体系解释,《宪法》第9条是国家为确保社会成员持续共享自然资源,对自然资源使用而设立的国家规制;第2款的真谛在于确立了具有责任性的"规制国家"而非"全权国家",政府处分自然资源的行为也应符合宪法的规制。① 据此,宪法第9条并非简单的宣示国家的自然资源所有权以保障国民经济的发展,而是设立了一种国家责任。(2)根据目的解释,不能简单地将"环境"和"自然资源"加以割裂。在规范层面,环境法和自然资源法具有趋同的法律保护客体、共同的法律调整对象、相互融合的法律调整方法。② 在这个意义上,将环境基本国策局限在《宪法》第26条并不符合现代生态环境保护的整体性和综合性要求。

综上,现行《宪法》中"环境基本国策"的规范依据,由第26条和第9条第2款共同构成,符合环境保护的时代需求和宪法规制的内在要求。

2. 现行《宪法》中的"环境基本国策",是否足以作为"国家目标条款"? 从历史上看,我国《宪法》首次对环境保护内容加以规定,是1978年《宪法》第11条第3款:"国家保护环境和自然资源,防治污染和其他公害。"该条款确立了我国的环境基本国策,并为现行1982年《宪法》所继承。相较于1978年《宪法》,1982年《宪法》对环境基本国策的规定在形式上进行了"拆分",即在不同条文中分别规定环境保护(第26条)和自然资源保护(第9条第2款)的内容,这固然是制宪者出于完善自然资源国家所有权规定而作的选择,客观上也"扩充"了环境基本国策的规范空间,为形成"国家目标条款"创造了更大可能。

从内容上比较,现行《宪法》的规定具有明显进步,体现在:(1)理念的进步。1978年《宪法》第11条第1、2款是对国家发展国民经济的规定,在此之后规定环境基本国策(第3款),显然是将环境保护作为经济发展的补充。而现行《宪法》第26条是一个独立条文,体现出环境保护的独立性,强化了环境基本国策在国家目标体系中的地位。(2)内容的进步。1982年《宪法》除保留"防治污染和其他公害"的规定之外,对1978年《宪法》中"国家保护环境和自然资源"的规定进行了细化和大幅度扩充,具体为:在第26条中,将原"国家保护环境"的规定细化为"国家保护和改善生活环境与生态环境",即将"环境"具体分解为"生活环境"和"生态环境",并加入了"改善"一词;在第9条第2款中,将原"国家保护自然资源"的规定,扩充为"国家保障自然

---

① 王旭:《论自然资源国家所有权的宪法规制功能》,载《中国法学》2013年第6期。
② 杜群:《环境法与自然资源法的融合》,载《法学研究》2000年第6期。

资源的合理利用,保护珍贵的动物和植物。禁止任何组织或者个人用任何手段侵占或者破坏自然资源",丰富和完善了自然资源保护的内容。

就对国家权力的约束而言,现行《宪法》"环境基本国策"的规定可归纳为三个等级:(1)"国家保障"。具体是第9条第2款中"国家保障自然资源的合理利用"的规定。这是对行使自然资源使用权的规定,属于"赋权型"条款。但根据"合理利用"之精神,也可对国家权力构成间接约束。(2)"国家保护"。第26条"国家保护和改善生活环境与生态环境"的规定,和第9条第2款"国家保护珍贵的动物和植物"的规定,从规范层面看,应解释为隐含有"应当"的价值判断和立法宗旨而对公权力设定义务。据此,生活环境和生态环境是否得到有效保护和改善,以及珍贵动植物保护的情况,对包括立法、行政、司法在内的国家权力构成直接约束。(3)"禁止任何组织……"第9条第2款中"禁止任何组织或者个人用任何手段侵占或者破坏自然资源"之规定,一方面表明自然资源使用权和受益权受到一定限制,另一方面意味着代管国有资源的行政机关在执法过程中也必须受宪法约束。①

综上,现行《宪法》"环境基本国策"的规定在理念和内容上具有较大进步,对包括立法、行政、司法在内的国家公权力也构成了约束,足以作为我国环境保护领域的"国家目标条款"。

第二节 实现国家环境保护义务的实践路径

一、对环境法治现状的判断

在生态环境日趋恶化的当代中国,实现国家环境保护义务具有无可辩驳的重要意义;近年来,全国各地对生态文明建设的重视与推动也为国家环境保护义务的实现提供了良好机遇。然而,必要性不等于必然性,可能性也不意味着现实性。在当代中国语境下实现国家环境保护义务,需要以对环境法治的现状的准确判断为前提。

从总体上看,我国环境法治已经历四十年的发展,目前已经基本形成环境保护法律体系,包括法律30余部、行政法规90余部及一大批环境保护地方性法规;尽管存在一些立法不完善之处,但更重要的是确保环境法律法规的遵守与执行。② 在某种意义上,"实施不力"是环境法治被广为诟病的主要

---

① 王旭:《论自然资源国家所有权的宪法规制功能》,载《中国法学》2013年第6期。
② 孙佑海:《如何使环境法治真正管用?》,载《环境保护》2013年第14期。

原因。这也正是近年来学界一再呼吁强化政府环境责任、促进环境法实施的宗旨所在。

深入分析,我国政府对于环境保护职责的履行,在纵向上表现出典型的二元主体特征,即政府的环境保护职能被分解到中央和地方两个层次的执行主体,具体表现为中央政府的环保职能与各地方政府的环保职能,主要行政机构包括:国家环境保护部、五大区域环境监察中心和各省、自治区、直辖市的环保厅(局)。① 这一"二元结构"也早已为《环境保护法》所确认。②

一般而言,中央政府代表了全国人民的共同环境利益,同时也反映出我国在国际社会上的环境角色,因此中央政府更有积极性去履行自身的环境保护职责。2012年,党的十八大将生态文明建设作为中国特色社会主义建设的重要组成部分;2013年11月,十八届三中全会公报用专门章节阐释"加快生态文明制度建设"。另外,从"十一五"规划开始,我国明确提出要建设资源节约型、环境友好型社会,并用专门章节宣示了"保护修复自然生态"和"加大环境保护力度"的宏观措施;同时,"十一五"和"十二五"规划提出了节能减排的约束性目标,要求单位GDP能源消费和主要污染物排放量下降,这都体现了党中央、国务院对于生态环境保护和生态文明建设的高度重视和决心。但在地方政府层面,由于受到政绩考核和财政来源的双重压力,一些地方的政府与企业、企业家组成牢固的"政商同盟";即使不考虑官员个人对企业的参股和企业家对官员的贿赂等隐蔽性因素,但就主要制度压力和内在利益而言,地方政府和企业之间的"政经一体化"机制的形成也较为容易,并成为推动地方经济增长的主要动力机制。③ 这种"政经一体化"机制对地方政府履行环境保护职责构成了多方面的消极影响。具体而言:

1. 个别地方政府出于"地方保护主义",对环境违法行为予以庇护。有的地方为了追求单纯的经济增长,通过制定和实行"绿卡""进厂审签""预约执法""挂牌"等土政策,为企业提供特殊保护,不准或禁止环保等有关执法部门到企业进行正常的监督管理和执法检查,在一定程度上庇护了企业的环境违法行为。一些政府甘当违法企业保护伞,免收企业包括排污费等所有行政费用,甚至明文要求对企业进行检查需事先提出申请经同意后方可进

---

① 王凤:《公众参与环保行为机理研究》,中国环境科学出版社2008年版,第70页。
② 1989年《环境保护法》第7条第1款规定:"国务院环境保护行政主管部门,对全国环境保护工作实施统一监督管理",第2款规定:"县级以上地方人民政府环境保护行政主管部门,对本辖区的环境保护工作实施统一监督管理。"
③ 张玉林:《政经一体化开发机制与中国农村的环境冲突》,载《探索与争鸣》2006年第5期。

入。① 一次环保专项行动,环保总局就发现有 18 个地方制定了 200 多项违反环保法律法规的土政策。② 有的地方对重污染企业不仅不处罚,反而因为其是"纳税大户"而给予重奖。③ 2007 年,原国家环境保护总局对 11 个省、自治区、直辖市的 126 个工业园区进行检查,发现有 110 个工业园存在违规审批、越权审批、降低环境影响评价等级、三同时(同时设计、同时施工、同时投产使用)制度不落实等环境违法问题,占检查总数的 87%;园区企业违法排污现象较为严重,但由于是当地政府招商引资过来的,因此不怕查。④ 近年来的调查表明,仍有地方政府通过红头文件或会议纪要的方式为污染企业"保驾护航"。⑤

2. 有的地方政府疏于承担环境保护职责,造成"政府不作为"。现实中有相当部分的地方政府不能很好地履行环保职责,甚至推卸、逃避责任。在 2005 年初,国家环保总局和国家统计局对 10 个省市启动了以环境核算和污染经济损失调查为内容的绿色 GDP 试点工作,2006 年发布了我国第一份绿色 GDP 核算研究报告。但根据实践情况看,试点工作没有获得地方政府普遍支持,有不少省份要求退出核算试点,使绿色 GDP 陷入"叫好不叫座"的尴尬境地。⑥ 另外,有的地方政府及其环境保护部门对企业的环境违法行为采取消极态度,被归纳为"百姓不上访不查、领导不批示不查、媒体不揭露不查",把自己从污染中暂时得到的"好处"看得比当地百姓和子孙后代的福祉更重要更紧迫。⑦ 如在 2006 年的"岳阳县砷污染"事件中,造成饮用水污染的根源在于企业的常态性排放,而责任企业——浩源公司自开始生产后,一直没有进行环保审批,也没用采取有效的治理措施,当地政府对此负有不可推卸的责任。⑧ 近年来在全国各地(如甘肃徽县、陕西凤翔、湖南武冈)频频出现的儿童血铅超标事件更是清楚地表明,一些地方政府在利益驱使面前忽视了环境保护与人体健康。国家环保总局副局长潘岳明确指出,这些环境事件的原因"看似责任在企业,实则根源在当地政府,在地方保护主义,'政府

---

① 王强:《环保风暴刮向地方权力》,载《商务周刊》2005 年第 12 期。
② 牛晓波、杨磊:《环保总局第三张牌:修法问责污染保护伞》,载《21 世纪经济报道》2007 年 2 月 28 日,第 1 版。
③ 高长安:《河北赤城高耗能企业不受罚反受奖》,载《科学时报》2007 年 6 月 29 日,第 3 版。
④ 陈芳、杨维汉:《工业园区缘何成耗能污染重灾区》,载《新华观点》2007 年 8 月 2 日。
⑤ 参见郑加良:《封丘县政府保驾毒工厂》,载《中国青年报》2010 年第 5 月 11 日;李钢:《地方政府竟为污染大户保驾护航》,载《新华日报》2010 年 7 月 27 日。
⑥ 周阳品、黄光庆:《绿色 GDP 的发展及其在中国的实践》,载《环境科学导刊》2009 年第 2 期;黄国文:《绿色 GDP 核算试点遇阻说明什么?》,载《经济研究参考》2007 年第 12 期。
⑦ 滕朝阳:《没有什么比落实科学发展观更重要》,载《半月谈》2007 年第 16 期。
⑧ 曹晶、张开宏:《"岳阳砷污染":地方政府打擦边球》,载《中国新闻周刊》2006 年第 36 期。

不作为'是导致污染事件的根本原因"①。

3. 环境保护部门受制于内外部环境,无法有效地进行环境管理。目前我国的地方环境保护部门的人事权和财务权都在同级人民政府手上;地方环保局在名义上从属于国家环保部,但实际上它受当地政府的领导和控制。② 在这种情况下,环保部门很难违背当地政府的意志而严格履行环境保护职责。2013 年以来,"容缺预审"政策成为一些地方建设项目规避环评的"方便之门",就明显受到地方政府的影响。③ 在有些情况下,甚至环保部门自身就有"招商引资"的指标。在"顶得住的站不住"情况下,一些基层环保局局长只能服从地方发展的"大局",或者采取非制度化的方式反映当地的环境问题。另外,我国环境治理能力还有待加强,部分环保部门在设备、人员和资金上都面临着较大的困难,也直接制约了环保部门履行职责的能力。

总结而言,一些地方政府不履行环境保护责任以及履行环境保护责任不到位,已成为当前制约我国环境保护事业和环境法律实施的严重障碍;概括而言,一方面是中央政府坚定的"节能减排"决心,另一方面是地方政府的"软执行"导致中央决策效力的消减。④ 换言之,我国较为广泛地存在着环境管制的"政府失灵",治理并克服这种"政府失灵"已经成为当前经济发展和政治文明、生态文明建设的一项紧迫的任务。⑤

二、实现国家环境保护义务的"立法+行政"路径

在逻辑上,实现国家环境保护义务的路径集合包括三类:(1) 立法路径,即通过不断制定新法或修订旧法,突出政府的环境责任,应对环境监管的"政府失灵";(2) 行政路径,即不断完善环境管理体制机制,提升政府在生态环境领域的规制能力;(3) 司法路径,即通过司法审查权的行使,对政府权力形成有效监督。从学界主流观点看,基于前述环境法治现状的判断,基本思路是"立法+司法创新",即:通过立法建立对政府行为的监督与制约,强化政府环境责任,并在《环境保护法》的修改及其他环境法律的完善过程中加

---

① 刘世昕:《国家环保总局:近期两大环境事件根源在行政不作为》,载《中国青年报》2006 年 9 月 15 日。
② 李万新:《中国的环境监管与治理》,载《公共行政评论》2008 年第 5 期。
③ 吕明合、唐悦:《环评成缓评,缓评成难评》,载《南方周末》2014 年 5 月 15 日。
④ 吕忠梅:《监管环境监管者:立法缺失及制度构建》,载《法商研究》2009 年第 5 期。
⑤ 王曦:《当前我国环境法制建设亟须解决的三大问题》,载《法学评论》2008 年第 4 期。

以充分体现①；大力推动以环境公益诉讼为代表的环境司法创新,弥补环境执法的不力,督促政府有效履行环境职责。② 从社会舆论和公众认知看,"立法+司法创新"的思路也得到了认可,并对相关立法完善"寄予厚望",最突出的例证即为《环境保护法》修改过程中环境公益诉讼条款所引发的社会争议。③

从策略角度分析,"立法+司法创新"思路之所以得到普遍认可,根源在于学界和社会舆论对环境法治"存量"的负面评价,即对目前环境执法和环境司法现状表示不满,对行政部门和司法部门实施环境法律、监督公权力的态度与能力保持高度怀疑和不信任。基于此判断,试图通过完善立法和推进环境公益诉讼实现环境法治"增量"的优化,并对环境法治"存量"构成有效约束与监督。

应该说,建立在"环境执法不力"和"环境司法有限"基本判断上的"立法+司法创新"思路,较为准确地反映了当前中国环境法治的现状与发展阶段,笔者原则上予以赞同。但是也必须指出,该思路存在一定疏漏,下述问题需要加以进一步讨论:

1. 正确处理"立法论"和"解释论"的关系。有学者对环境法研究"立法至上"的倾向提出了批评:"一碰到问题,就呼吁新法,很少考虑通过对现行法的解释和适用来解决问题。"④这一批评可谓一针见血,但却有失偏颇。从单纯学术研究的角度看,"动辄立法"式的研究固然值得批判,"解释论"研究也是形成法教义学体系的必经之途。但从学术界所"嵌入"的经济社会体制看,尚不能简单否定"立法论"研究的价值。当代中国正处于社会转型的历史性过程之中,多元利益和多元主体的形成,已经使权益分配发生了从"政策博弈"到"立法博弈"的转变。⑤ 在现阶段,我国环境保护与经济发展的矛

---

① 参见王曦:《当前我国环境法制建设亟须解决的三大问题》,载《法学评论》2008 年第 4 期;吕忠梅:《监管环境监管者:立法缺失及制度构建》,载《法商研究》2009 年第 5 期;蔡守秋:《论修改〈环境保护法〉的几个问题》,载《政法论丛》2013 年第 4 期。

② 别涛:《环境公益诉讼立法的新起点》,载《法学评论》2013 年第 1 期。

③ 2013 年 7 月,《环境保护法修正案》(草案二次审议稿)公开征求意见,其中第 48 条规定:"对污染环境、破坏生态,损害社会公共利益的行为,中华环保联合会以及在省、自治区、直辖市设立的环保联合会可以向人民法院提起诉讼。"该条款立即引发了社会舆论的广泛质疑,认为构成了环境公益诉讼主体的"垄断"(参见庄庆鸿:《环境公益诉讼为何仍"高门槛"》,载《中国青年报》2013 年 10 月 31 日)。根据最终审议通过的《环境保护法》第 58 条,环境公益诉讼主体范围是"依法在设区的市级以上人民政府民政部门登记,专门从事环境保护公益活动连续五年以上且无违法记录"的社会组织。

④ 参见巩固:《环境法律观检讨》,载《法学研究》2011 年第 6 期。

⑤ 许章润:《从政策博弈到立法博弈——关于当代中国立法民主化进程的省察》,载《政治与法律》2008 年第 3 期。

盾仍然突出,环境法律法规的制定、修改无不体现出浓厚的博弈和妥协色彩。学术界通过深入研究,对法律的"立改废"提出建议并影响立法决策,尽量使环境立法摆脱部门利益而更多体现生态价值与公众期待,在当代中国有非常重要的价值①,而这是单纯的"解释论"研究所无法实现的。在某种意义上说,当前开展环境法的"解释论"研究的确具有重要价值,但如果过于强调"解释论"而否定"立法论",就等同于放弃了学术研究的实践关怀而使环境法研究变成"自说自话",无助于推进国家环境保护义务的实现。

值得说明的是,2014年4月24日,十二届全国人大常委会第八次会议审议通过了《环境保护法》修订草案,这是我国环境法治发展进程中的重要里程碑。纵观本次修改《环境保护法》的全过程,经历了四次审议和二次公开征求意见,修改思路也从原先的"修正"变为"修订"②,较为全面地反映了当前生态环境保护的重点问题,立法质量有较大进步,应视为我国环境保护法律体系的"基本法"。对新《环境保护法》展开深入研究并推动其实施,也是今后一段时期内环境法理论与实务界的主要任务。然而,这不代表着环境法研究"立法论"的终结。从实施角度看,基本法的"统领"作用不可能仅靠自身的原则性规定自动实现,而必须经由对单行法之具体制度的具体修改,否则就极易沦为花瓶式立法。③ 在《环境保护法》修订完成后,各环境保护单行法的修改工作仍然是"任重道远"。④ 因此,环境法研究一方面需要围绕新《环境保护法》开展"解释论"研究,另一方面也需要继续深入进行"立法论"研究,持续推动中国环境立法的完善。

2. 正确定位环境公益诉讼。从环境公益诉讼制度的功能定位看,对政府行为进行约束与监督是其中的首要方面。一般认为,环境公益诉讼能够克服环境行政机关执法不力的弊端,促进政府积极遵守法律规定。⑤ 推行环境公益诉讼也是各地建立"环保法庭"的初衷所在。然而,根据目前能公开获

---

① 如2012年9月,环境法学界针对《环境保护法修正案(草案)》一审稿提出联名专家意见书,表达对该法律草案的反对意见,力图使立法"拖到下一届"人大任期,初衷即在于该草案"无实质进步"。任重远等:《明争环保法修订》,载《财新·新世纪》2012年第44期。
② 在2012年8月、2013年6月,全国人大常委会对《环境保护法》(修正草案)进行了两次审议;2013年10月、2014年4月,全国人大常委会对《环境保护法》(修订草案)进行了两次审议。2012年8月和2013年7月两次公开征求意见。
③ 巩固:《政府激励视角下的〈环境保护法〉修改》,载《法学》2013年第1期。
④ 例如,在本届全国人大常委会的立法规划中,除修改《环境保护法》外,《水污染防治法》(修改)、《大气污染防治法》(修改)、《森林法》(修改)、《土壤污染防治法》均被列入"一类立法项目",亟须加以完成。
⑤ 参见陈虹:《环境公益诉讼功能研究》,载《法商研究》2009年第1期;卢伟、陈亮:《环境公益诉讼功能再造》,载《人民法院报》2012年11月21日。

得的 30 个环境公益诉讼案例看,绝大多数案件的被告是公民或企业,仅有 2 起案件被告是政府部门;从主体上看,2/3 的案件是由公权力机关(地方政府、环保局、检察院等)作为原告。① 从效果看,由政府或社会组织向企业提起的"环境公益诉讼",并没有起到监督政府的作用而是"帮助政府",是以司法方式取代行政执法。这一点已经引发了部分学者的质疑。②

分析其原因,环境公益诉讼在实践中的"功能错位",固然受到一些地方政府的抵制情绪甚至直接干预的影响,但也和实践中对环境公益诉讼定位的模糊及制度"异化"有直接关系。从目前环境公益诉讼的整体情况看,全国各地普遍存在"零受案"的困境;为实现"零的突破",往往在政府多方协调后选择特定对象起诉,难以摆脱"应景"或"作秀"的嫌疑。③ 按照该运作逻辑,就必然会发生环境执法过程中法院"提前介入"的情况,甚至在查处环境违法行为时,由检察机关直接提起诉讼而不是进行行政执法。④ 此时,就形成了"司法替代行政"的错位,表现出权力运作的随意性而非规范性,反而对政府履行环境职责的权威构成损害。正如有学者所言,试图借助诉讼机制补充环境行政监管的"无能",只会进一步弱化环境行政机关本应独立承担的监管职责,也有违宪法的一般原理与制度框架。⑤ 从本质上讲,环境公益诉讼是在政府怠于履行环保职责时,"倒逼"行政权力以实现国家环境保护义务的辅助性措施,不能"越界"构成执行环境法律的方式。

因此,有必要对环境公益诉讼制度的实践运行和各种形式的"环境司法创新"保持一定的审慎态度。如果说在《环境保护法》修改之前,由于存在"环境违法成本低"现象,尚有必要通过环境公益诉讼"威慑企业、帮助执法"的话,新《环境保护法》重点针对"违法成本低、守法成本高"现象采取了有针对性的措施,实现了对污染者处罚的"上不封顶"⑥,环境公益诉讼也应及时"转型",以推进国家环境保护义务为目标,实现从"帮助政府"到"监督政府"的转变。从策略上考虑,由于新《环境保护法》第 58 条将公益诉讼的对象设定为"污染环境、破坏生态,损害社会公共利益的行为",表明立法者尚未对

---

① 阮丽娟:《环境公益诉讼的性质识别、原告寻找与审理机关专门化》,载《北方法学》2013 年第 6 期。
② 有学者提出,为什么政府在拥有强大执法权的情况下"自废武功",去追求一个诉讼的"形式",要通过诉讼的方式来进行行政执法?参见胡玮:《环境公益诉讼:概念的迷思》,载徐祥民主编:《中国环境法学评论》(第 9 卷),科学出版社 2013 年版。
③ 陈亮:《环境公益诉讼"零受案率"之反思》,载《法学》2013 年第 7 期。
④ 相关情况,参见刘超:《环境风险行政规制的断裂与统合》,载《法学评论》2013 年第 3 期。
⑤ 沈寿文:《环境公益诉讼行政机关原告资格之反思》,载《当代法学》2013 年第 1 期。
⑥ 根据第 59 条,针对拒不改正的污染者,行政机关可以按照原处罚数额按日连续处罚,将学界多年呼吁的"按日连续处罚"正式写入立法。

环境行政公益诉讼达成共识。这一任务的完成,需要在当前《行政诉讼法》的修改过程中予以持续推动。

3. 正确对待行政机关在实现国家环境保护义务中的作用。一般认为,目前环境执法普遍面临着来自外部的强大阻力,包括:政绩考核、财政体制、社会观念、管理体制等;同时,环保部门内部也存在着执法能力不足和执法动力缺失的问题,这些使得环境执法的有效性与效率受到极大影响。① 这正是学者们极力主张"强化政府环境责任"的缘由所在。然而,对环境执法现状保持批判态度并不意味着应在制度设计中"回避"行政机关,对政府持强烈怀疑态度而无视其重要性也带有过于强烈的感情色彩。必须看到,行政机关相对于立法机关和司法机关而言,在日常性、数量以及专业经验上具有不可避免的优势。② 在现代风险社会中,行政机关的灵活性、专业性优势是国家应对复杂形势的重要依凭,不可能被事先立法和事后司法所取代。在这一意义上,不能轻视行政机关在实现国家环境保护义务中所发挥的重要作用;除强化政府责任外,还应注重政府规制能力的提升,促使其有效履行环保职责。

基于上述讨论,本书认为,在现阶段实现国家环境保护义务的基本路径是"立法+行政",包含两个主要策略:立法路径发挥主导作用;行政路径发挥基础作用。以环境公益诉讼为代表的司法路径,应留待相关立法修改完成后予以展开。

---

① 参见汪劲主编:《环保法治三十年:我们成功了吗》,北京大学出版社2011年版,第211—265页。
② 〔美〕杰里·马肖:《贪婪、混沌和治理——利用公共选择改良公法》,宋功德译,毕红海校,商务印书馆2009年版,第168页。

第六章　我国实现国家环境保护义务的制度结构

第一节　实现现状保持义务的制度设计

一、生态红线:履行现状保持义务的核心制度

一个众所周知的事实是,当前我国环境状况总体恶化的趋势尚未得到根本遏制。在某种意义上说,不断恶化的环境状况与公民不断提高的环境质量要求,是我国当前最为突出的社会矛盾之一。在现阶段,通过有针对性的制度设计落实国家的现状保持义务,是实践国家环境保护义务的优先目标。

根据我国的生态环境现状,造成"环境状况总体恶化"的原因并不仅仅是污染物排放超过环境容量阈值,还包括生态系统的持续退化和资源压力的不断增大。扭转这一趋势,就需要根据我国经济社会可持续发展的需要,在生态、环境、资源三大领域明确各自的"底线"①,并通过相应的制度安排予以保障,落实国家的现状保持义务。这即为生态红线制度,它在深度和广度上都超越了传统上仅仅通过排污许可制度对污染物水平进行控制的做法,是我国生态文明制度建设中的重大创新,值得加以深入分析。

(一)生态红线的缘起

从发生学角度看,2011年《国务院关于加强环境保护重点工作的意见》(国发[2011]35号)首次提出"生态红线"概念,提出"在重要生态功能区、陆地和海洋生态环境敏感区、脆弱区等区域划定生态红线";2013年底,《中共中央关于全面深化改革若干重大问题的决定》中用专章阐释"划定生态保护红线"。总体上,"生态红线"已经为多个高层次文件所确认和强调,体现了国家以强制性手段强化生态保护的坚定决心与政策导向,是我国生态环境保护领域的重大战略决策与制度创新,也是现阶段生态文明建设的重要内容。

需要指出的是,从"生态红线"的发展过程看,理论与实务界在一致认可其为"中国生态安全的底线"的同时,对具体含义、范围、推进途径等基础问

---

① 李干杰:《生态保护红线——确保国家生态安全的生命线》,载《求是》2014年第2期。

题存在较大争议。① 从实践中看,2012 年以来,水利、海洋、林业等相关部门均提出相应的"红线",相互间存在一定的交叉和"打架"现象。② 基于此,2013 年 11 月《中共中央关于全面深化改革若干重大问题的决定》对生态红线进行了专门阐释,将生态红线从单纯的生态空间保护领域,延伸至自然资源和生态环境领域,使生态红线成为一个综合性概念。③ 2014 年 1 月底,环境保护部印发《国家生态保护红线——生态功能基线划定技术指南(试行)》,标志着全国范围内生态红线划定工作的全面开展,以省级行政区为落实单位。④ 同时,对生态红线的基本含义进行了明确,并将生态保护红线划分为三类,分别为:生态功能红线(生态功能保障基线)、环境质量红线(环境质量安全底线)、资源利用红线(自然资源利用上线)。⑤ 这应视为国家层面上对"生态红线"内涵与外延的权威界定,为建立系统、完备的生态红线制度提供了基础。从各地的实践情况看,江苏、天津已经公布其生态保护区域的空间红线⑥,四川、广西、青海等地也提出了划定"生态红线"的工作任务。

(二)生态红线实施中的规范难题

根据国家提出并推进生态红线的意图,"划定"只是制度建设的途径或手段,"严守"才是制度建设的目标。因此,在全面展开生态红线划定工作之后,如何使生态红线真正"落地"就成为制度建构的关键环节所在。从性质上看,生态保护红线的划定主要涉及技术问题,即通过科学评估确定保护的空间范围或者限值⑦,而生态保护红线的"落地"则是一个规范性问题,即采取何种措施实现生态红线的目标。这就涉及生态红线的规范属性及其实施方式。

从国家提出与推进生态红线的方式和目标观之,生态红线无疑属于公共政策这一规范类型,是国家针对生态环境保护与生态安全问题所作出的战略

---

① 参见王玲:《红线能否保护中国》,载《财新·新世纪》2013 年第 43 期;袁端端:《概念未落地 部门争划线 生态红线:一条悬着的线》,载《南方周末》2013 年 11 月 21 日。
② 参见章轲:《交叉打架的生态红线》,载《第一财经日报》2014 年 2 月 12 日。
③ 鞠昌华:《生态保护红线成为综合性概念》,载《中国环境报》2013 年 11 月 18 日。
④ 环境保护部:《红线是实线 关键在执行》,载《中国环境报》2014 年 1 月 28 日。
⑤ 李干杰:《生态保护红线——确保国家生态安全的生命线》,载《求是》2014 年第 2 期。
⑥ 2013 年 9 月,江苏省政府正式印发《江苏省生态红线区域保护规划》,划定了 15 类 779 种生态红线区域,是全国首个正式划定生态红线的省份;2014 年 2 月,天津市人大常委会通过《天津市生态用地保护红线划定方案》,划定生态用地保护范围约 2980 平方公里,其中红线区总面积约 1800 平方公里。
⑦ 例如,根据环保部《生态功能基线划定技术指南》,生态功能红线(狭义生态红线)的划定,主要是通过生态重要性评估识别出具有重要保护价值的空间区域,对重要生态功能区,生态敏感区、脆弱区,禁止开发区等不同类型区域建立差异化划分技术方法。参见环境保护部:《红线是实线 关键在执行》,载《中国环境报》2014 年 1 月 28 日。

决策与制度安排。从政治的高度看,生态保护红线是继"18亿亩耕地红线"后,另一条被提到国家层面的"生命线"①,因此,其应属于国家公共政策体系中的"基本政策"类型②,即根据国家生态文明建设的总要求,明确政府行为的目标与任务,指导各项具体生态环境保护政策的制定。换言之,在理论上,"生态红线"应定位为国家的基本性公共政策。

在明确了规范属性之后,更为重要的问题在于实施,即政策执行问题。一般而言,政策执行是政策过程的重要实践环节,是解决政策问题、实现政策目标的唯一途径。③ 尽管获得了多个高层次国家文件的确认,然而从生态红线自身的发展现状看,尚不足以确保形成切实有效的"执行性决策",在"落地"环节存在多个规范难题:(1)在实施范围上,目前环保部《生态功能基线划定技术指南》只是对狭义生态红线——生态功能红线的划定提出了具体技术要求,对环境质量红线、资源利用红线如何确定尚缺乏明确规定。(2)在推进途径上,从目前确定的生态功能红线划定方式看,其主要依托《全国主体功能区规划》《全国生态功能区划》中的宏观尺度国土空间划分,在精细度上不能满足实际操作的要求。④ 这就意味着,生态功能红线不可能仅凭"自上而下"的方式加以推进,其"落地"更多依赖于地方政府对本行政区域内的生态用地进行确认,需要一个"政策再界定"的过程。(3)在规范效力上,将生态红线定位为国家层面的"基本政策",其效力体现在明确生态红线在国家公共政策体系中的权威性、重要性,使其在各级政府议程设置中具有优先性,并对执行加以保障。然而,目前国家层面还没有相关的具体法律法规或配套政策、管理办法,也缺乏确保地方政府执行的强制、激励措施。⑤ 在这个意义上说,目前根据规范性文件所形成的"生态红线"并不具备约束各级政府及相关主体的强制效力。

因此,仅从公共政策的角度看待并推行生态红线,并不能确保其具有足够的规范效力,也不足以提供"红线"对相关主体行为加以限制的合法性。在理论上,公共政策的全过程包括:问题的确定、议程设置、政策形成、政策合

---

① 李干杰:《生态保护红线——确保国家生态安全的生命线》,载《求是》2014年第2期。
② 在纵向上,公共政策可分为元政策、基本政策与具体政策三种类型,其中,基本政策是为促进某一领域发展而规定的主要目标、任务和行动准则。参见张国庆:《现代公共政策导论》,北京大学出版社1997年版,第22页。
③ 朴贞子等:《政策执行论》,中国社会科学出版社2010年版,第2页。
④ 无论是《全国生态功能区划》中的重要生态功能区,还是《全国主体功能区规划》中的重点生态功能区,其面积都非常大,有些甚至包括多个地市和区县,没有实际操作性。参见袁端端:《概念未落地 部门争划线 生态红线:一条悬着的线》,载《南方周末》2013年11月21日。
⑤ 王山山:《生态红线的落地难题》,载《中国经济周刊》2014年第4期。

法化、政策贯彻。① 根据此模型,目前我国生态红线制度正处在"政策形成"阶段,接下来即需要对其进行合法化并确保执行的效力。

同时需要指出的是,2014年4月修订通过的《环境保护法》对"生态保护红线"进行了法律确认,第29条第1款规定:"国家在重点生态功能区、生态环境敏感区和脆弱区等区域划定生态保护红线,实行严格保护。"从内容上看,上述条款所规定的"生态保护红线"仅涉及生态空间保护领域,等同于前述环保部定义中的"生态功能红线"(为避免概念上的混淆,下面统称为"生态功能红线")。这一方面充分体现了国家以强制性手段强化生态保护的坚定决心,另一方面也必须看到,新《环境保护法》第29条第1款仅为一原则性、宣示性条文,无法仅凭环境基本法的"统领"作用自动实现。② 在性质上分析,新《环境保护法》尽管将生态红线制度的部分内容(生态功能红线)推进至"政策合法化"阶段,但仍然缺乏明确的规范效力。为避免相关规定沦为具文,需要进行深入的法律论证,明确其规范内涵和实施路径。

可见,生态红线的真正"落地",需要从政策视角转向法律视角,根据解释论的视角,在我国现行法律体系的基础上对其进行深入的法律解释,明确生态红线的规范效力及适用的规范路径。在此基础上,根据立法论的视角,得以对目前我国相关法律体系的缺陷进行分析与矫正,从而构建"生态红线"法治化的整体图景。

二、生态红线的规范依据及其法律效力

(一)生态功能红线的规范依据及其法律效力

根据目前对生态红线的权威界定,生态功能红线是以维护自然生态系统服务、保障国家和区域生态安全为目标,在特定区域划定的最小生态保护空间,其范围主要包括三类:重要生态功能区;生态敏感区、脆弱区;禁止开发区。③ 在划定依据上,重要生态功能区和禁止开发区根据《全国主体功能区规划》和《全国生态功能区划》加以确定,生态敏感区、脆弱区根据《全国生态功能区划》和《全国海洋功能区划》加以确定。

从性质上看,主体功能区规划、生态功能区划、海洋功能区划均属于我国空间规划体系,是我国国土空间管理体系的重要组成部分;其中,生态功能区

---

① 〔美〕戴伊:《理解公共政策》,彭勃译,华夏出版社2004年版,第13页。
② 从实施角度看,环境基本法的"统领"作用不可能仅靠自身的原则性规定自动实现,而必须依靠具体制度的构建与完善。参见巩固:《政府激励视角下的〈环境保护法〉修改》,载《法学》2013年第1期。
③ 参见环境保护部:《红线是实线 关键在执行》,载《中国环境报》2014年1月28日。

划、海洋功能区划是根据区域自然要素进行的专项性区划,主体功能区规划是统筹考虑多方面因素的综合性区划。从规范效力上看,生态功能区划、海洋功能区划适用范围较为狭窄,由相关主管部门发布(环保部门和海洋部门),并不直接制定相关政策;主体功能区规划由各级人民政府发布,需要制定相应配套政策,是各级政府履行公共服务职能、进行宏观调控的重要依据。① 在这个意义上,以《全国主体功能区规划》为代表的主体功能区划具有较强的效力,似可作为生态功能红线的规范依据。

然而,关键问题在于,目前的主体功能区划是否具有法律解释的空间、以确定生态功能红线的法律地位? 深入考察不难发现,它存在多方面的问题:(1)在法律依据上,目前我国的主体功能区规划并无明确的法律规定,靠政策文件或"有关精神"加以支撑和推进。② (2)在技术基础和政策研究上,目前我国划分主体功能区的技术基础薄弱,对"限制开发区""优化开发区"和"重点开发区"的界定,只能流于宏观和模糊的判断,还不能有效指导实践,相关配套政策也没有达到具体细化的程度。③ 据此可以得出判断:目前主体功能区划并无明确的法定地位,技术基础及研究进展也不够充分,在"认知可能性、操作可能性与实践可能性"④上仍具有较大的不确定性,尚未达到法的安定性标准。(3)从现实情况看,目前我国自然保护区域的管理存在严重的"政出多门"现象,涉及林业、环保、建设、农业、国土、海洋等十余个部门,造成大量多头管理、交叉管理和管理真空问题;也正是因为利益冲突与部门协调问题,我国自然保护区域的统一立法迟迟无法出台。⑤ 显然,如果根据主体功能区划认定具有法律效力的生态功能红线,并未解决多元利益冲突与协调的问题,反而会直接扰乱现有的管理秩序,不利于生态保护目标的实现。

因此,以《全国主体功能区规划》为代表的主体功能区划不适宜作为生态功能红线的规范依据。换言之,从法律解释的视角观之,目前无法通过对《全国主体功能区规划》进行文义解释、体系解释的方式将生态功能红线"法定化"。在法律上确定生态功能红线,应以目前立法为主要规范依据通过目的解释的方式进行,即根据强化生态保护、保障生态安全的宗旨,识别现有立

---

① 课题组:《必须明确生态功能区划与主体功能区划关系》,载《浙江经济》2007年第2期。
② 参见陈晨:《试析当前我国空间管制政策的悖论与体系化途径》,载《国际城市规划》2009年第5期;汪劲柏、赵民:《论建构统一的国土及城乡空间管理框架》,载《城市规划》2008年第12期。
③ 汪劲柏、赵民:《论建构统一的国土及城乡空间管理框架》,载《城市规划》2008年第12期;张胜武、石培基:《主体功能区研究进展与述评》,载《开发研究》2012年第3期。
④ 〔德〕考夫曼:《法律哲学》,刘幸义等译,法律出版社2004年版,第274页。
⑤ 刘晓星:《自然保护地法究竟怎么立更好》,载《中国环境报》2013年3月15日。

法(全国适用,即不包括地方立法)中相关保护性区域的规定,明确生态功能红线在法律体系中的保障范围。具体情况如下表所示:

表6.1 国家层面立法对生态保护区域的规定

保护区域名称	主要法律依据
世界文化与自然遗产	《保护世界文化与自然遗产公约》《文物保护法》
自然保护区	《自然保护区条例》
风景名胜区	《风景名胜区条例》
森林公园	《森林法》《森林公园管理办法》《国家级森林公园管理办法》
地质遗址保护区(地质公园)	《地质遗址保护管理规定》
水利风景区	《水利风景区管理办法》
湿地区域	《湿地保护管理规定》
饮用水水源保护区	《水污染防治法》《饮用水水源保护区污染防治管理规定》
水产种质资源保护区	《渔业法》《水产种质资源保护区管理暂行办法》
海洋特别保护区	《海洋特别保护区管理办法》
公益林地	《森林法》《国家级公益林管理办法》
水源涵养区	《水土保持法》《水污染防治法》
洪水调蓄区	《防洪法》《蓄滞洪区运用补偿暂行办法》《国家蓄滞洪区修订名录》
河道保护区域	《河道管理条例》

综上,在依法治国和"法治政府"建设的时代背景下,我国的生态功能红线应由具有明确法律依据的保护性区域组成,目前包括:世界文化与自然遗产、自然保护区、风景名胜区、森林公园、地质遗址保护区、水利风景区、湿地区域、饮用水水源保护区、水产种质资源保护区、海洋特别保护区、公益林地、水源涵养区、洪水调蓄区、河道保护区域。此时,技术手段(如生态系统服务重要性评价、生态敏感性评价)是识别保护区域的科学依据,但不应作为"红线"法律效力的依据;如果根据科学评估和专家论证,发现具有重要生态功能及保护价值的空间区域不在目前法定的保护区域内,就需要经过法定程序对保护区域范围进行调整,而不能直接将其视为具有强制性和规范性的生态功能红线。

(二)环境质量红线的规范依据及其法律效力

根据目前对生态红线的权威界定,环境质量红线是为维护人居环境与人体健康的基本需要,必须严格执行的最低环境管理限值①,但没有进行更为详细的说明。因此,对环境质量红线规范依据的理解,较为适宜的方法是根据这一原则性界定,对"最低环境管理限值"的相关规则进行识别和阐释。在总体上,根据环境管理的两种基本方式——浓度控制和总量控制,环境质量红线主要涉及两类规则:

1. 基于浓度的环境标准制度。环境标准是针对环保工作中需要统一的技术要求所制定的技术性规范,我国环境标准体系可概括为"两级六类":在适用范围上分为国家环境标准和地方环境标准两级,在内容上分为环境质量标准、污染物排放标准、环境基础标准、环境方法标准、环境标准物质标准、环保仪器设备标准。根据《标准化法》及相关规定,环境质量标准、污染物排放标准属于强制性标准(标注为 GB),其他环境标准属于推荐性标准(标注为 GB/T)。在规范性上,环境标准规定的是环境洁净程度的下限,是环境规制最低限度的"门槛性"标准。② 因此,从构建生态红线的角度观之,强制性环境标准(环境质量标准和污染物排放标准)中对各具体环境指标限额(标准值)的规定,应作为各相关领域"最低环境管理限值"的设定,是浓度控制领域环境质量红线的规范依据。

在法律效力上,尽管有学者认为环境标准是环境法的渊源,具有直接的法律效力,但从法理上深入分析可知,环境标准属于行政规范性文件,并无独立的法律效力;只有经过其他法律规范的"援引",方能产生相应的法律效力。概言之,环境标准自身并不能对排放污染的行为构成直接约束。③ 因此,从依法行政的角度看,强制性环境标准并不能直接作为环境质量红线的法律基础,而必须通过必要的程序加以"转化",用体系解释的方式确定其效力,具体而言:(1) 针对环境质量标准,当其与政府有关主体功能分区、环境功能分区划分的措施相结合时,即产生相应的法律效力④;(2) 针对污染物排放标准,当有关法律法规进行明确的指引时,所指引领域的污染物排放标准即具有法律效力。⑤

2. 基于总量的污染物排放总量控制制度。从管理方式上看,环境标准

---

① 参见环境保护部:《红线是实线 关键在执行》,载《中国环境报》2014 年 1 月 28 日。
② 宋华琳:《论行政规则对司法的规范效应》,载《中国法学》2006 年第 6 期。
③ 对此问题的详细分析,参见杨朝霞:《论环境标准的法律地位》,载《行政与法》2008 年第 1 期。
④ 汪劲主编:《环保法治三十年:我们成功了吗》,北京大学出版社 2011 年版,第 137 页。
⑤ 如《大气污染防治法》第 48 条规定:"违反本法规定,向大气排放污染物超过国家和地方规定排放标准的,应当限期治理",其对大气污染物排放标准有明确的指引,环保部门执法时对相应的具体标准即产生法律效力。

属于针对具体排放源的浓度控制方式,但无法有效控制污染排放总量超过环境容量,需要对排放单位进行更为严格的总量控制。① 基于此,我国从"九五"期间起,建立了污染物排放总量控制制度,对一个规划期内全国主要污染物的排放总量实行控制,并通过修法的方式,在《海洋环境保护法》(1999年修订)、《大气污染防治法》(2000年修订)、《水污染防治法》(2008年修订)中对污染物排放总量控制制度进行了法律确认。② 但从构建生态红线的角度观之,上述立法中的原则性规定无法明确污染物总量的"最低限值",必须借助国家制定的规范性文件加以具体化,其核心是本时期的国家综合性发展规划(国民经济和社会发展五年规划),其对"主要污染物"的范围及减排指标作为具有法律效力的"约束性指标"③加以确定,辅之以部门规章的方式,制定本时期主要污染物总量减排的"三个办法",包括:统计办法、监测办法、考核办法。④ 因此,总量控制领域环境质量红线的规范依据,应是上述"法律+规划+部门规章"的集合。

在法律效力上,根据《海洋环境保护法》等法律的规定,污染物排放总量控制的"具体办法和实施步骤由国务院规定",应视为立法机关的授权。然而,国务院针对污染物总量减排并未制定行政法规,而是通过环保部门制定部门规章(上述"三个办法")的方式加以明确,显然不属于一般性的授权立法。因此,其法律效力应在区分行政机关和社会主体(包括公民、法人、其他组织等,下同)的基础上,进行文义解释:(1) 针对行政机关,国民经济和社会发展五年规划对主要污染物减排的设定,和相应的污染物总量减排部门规章(统计办法、监测办法、考核办法)具有法律效力;针对分解到的约束性指标任务,地方政府及中央政府有关部门负有法定义务加以完成并承担相应责任;(2) 针对社会主体,由于规范性文件并非严格的行政立法,具有相对易变

---

① 宋国君:《论中国污染物排放总量控制和浓度控制》,载《环境保护》2000年第6期。
② 具体为:《海洋环境保护法》第3条、《大气污染防治法》第15条、《水污染防治法》第18条。
③ "十一五"规划首次将经济社会发展指标分为"预期性指标"和"约束性指标",并明确宣示"本规划确定的约束性指标,具有法律效力。"根据"十一五"规划,到2010年,主要污染物(二氧化硫和化学需氧量)排放总量与2005年相比减少10%。
④ 根据"十二五"规划,目前我国实行总量控制的主要污染物有四项:化学需氧量(COD)、二氧化硫、氨氮、氮氧化物,并提出了具体的减排目标。同时,环保部、国家发改委、统计局联合制定《"十二五"期间主要污染物总量减排统计办法》《"十二五"期间主要污染物总量减排监测办法》《"十二五"期间主要污染物总量减排考核办法》,对总量控制的具体措施加以规定。

性①,除特殊主体外②,国民经济和社会发展五年规划及相关文件不直接设定公民实体权利义务,不产生法律约束力。③

综上,目前具有法律效力的环境质量红线包括两类:一是经过法定程序"转化"的强制性环境标准,这是污染物排放浓度控制领域的法定"最低限值";二是针对行政机关(地方政府及中央政府有关部门)设定的主要污染物总量减排目标,这是污染物总量控制领域的法定"最低限值"。

(三)资源利用红线的规范依据及其法律效力

根据目前对生态红线的界定,资源利用红线是指为促进资源能源节约,保障能源、水、土地等资源安全利用和高效利用的最高或最低要求④,但没有进行更为详细的说明。因此,对资源利用红线规范依据的理解,较为适宜的方法是根据这一原则界定,对"最高或最低要求"的相关规则进行识别和阐释。主要包括:

1. 能源利用领域。2007年修订后的《节约能源法》对政府节能目标责任制(第6条)与重点用能单位节能(第52—55条)的规定,为能源利用的"红线"提供了法律基础。"十一五"规划首次将节能指标作为约束性指标,具体确定了能源消费的"最高要求",即:到2010年,单位国内生产总值(单位GDP)能源消耗降低20%左右。在"十二五"规划中,能源利用相关的约束性指标扩充为三项:到2015年,单位GDP能源消耗降低16%;单位GDP二氧化碳排放减低17%;非化石能源占一次能源消费比重达到11.4%。在具体落实上,针对单位GDP能耗目标,国家发改委、统计局制定了"三个方案",即:《单位GDP能耗统计指标体系实施方案》《单位GDP能耗监测体系实施方案》《单位GDP能耗考核体系实施方案》;针对单位GDP二氧化碳目标,国务院制定了《"十二五"控制温室气体排放工作方案》。考察上述"方案",在制定程序和名称上均不符合《行政法规制定程序条例》《规章制定程序条例》的要求,在性质上应属于规范性文件(政策性文件)。因此,能源利用领域"红线"的规范依据,应为"法律+规划+规范性文件"的集合。

在法律效力上,节能指标与前文中的污染物总量减排指标(即节能减排

---

① 例如,在我国污染物总量控制制度实行过程中,"主要污染物"的范围随不同时期的要求而不断变化,"九五"期间设定为12项,"十五"期间设定为9项,"十一五"期间设定为2项,"十二五"期间设定为4项。

② 主要涉及大型国有企业。根据《中央企业节能减排监督管理暂行办法》(国资委令第23号),中央企业具有履行节能减排并进行监测与报告的法定义务。

③ 一般认为,作为法律文件的国民经济和社会发展五年规划只对政府有约束力。参见郝铁川:《我国国民经济和社会发展规划具有法律约束力吗》,载《学习与探索》2007年第2期。

④ 参见环境保护部:《红线是实线 关键在执行》,载《中国环境报》2014年1月28日。

指标)同属于国家五年规划中确立的"约束性指标",其法律效力应区分行政机关和公民予以解释:(1)针对行政机关,《节约能源法》第6条确立了目标责任制在节能管理中的核心地位,节能目标对各级政府具有约束力。① 据此,作为"约束性指标"的国民经济和社会发展五年规划中所确立的能源利用目标对地方政府具有法律约束力,地方政府应完成其分解到的任务。(2)针对社会主体,根据《节约能源法》中"国家加强对重点用能单位的节能管理"的原则性规定,实践中的具体措施则是根据国务院《节能减排综合性工作方案》,由中央政府、地方政府各自同重点耗能企业签署节能目标责任书,每年由政府组织考核并公开。这应视为通过行政契约的方式,确立了重点企业节能的法律责任。除重点用能单位以外的其他公民、法人和社会组织,节能指标不产生法定义务。

2. 水资源利用领域。2011年中央一号文件提出实行最严格水资源管理制度;2012年1月,国务院发布《关于实行最严格水资源管理制度的意见》(国发[2012]3号),对"最严格水资源管理"进行了具体安排。在内容上,主要是建立四项制度(用水总量控制制度、用水效率控制制度、水功能区限制纳污制度、水资源管理责任与考察制度),确立三条红线(水资源开发利用控制红线、用水效率控制红线、水功能区限制纳污红线)。② 从目前立法来看,最严格水资源管理"三条红线"的直接法律依据分别为:水资源开发利用控制红线(《水法》第47、48条);用水效率控制红线(《水法》第8、51、52条);水功能区限制纳污红线(《水法》第32、33、34条,《水污染防治法》第9、18条)。因此,水资源利用领域"红线"的规范依据,应为"法律+规范性文件"的集合。

在法律效力上,前述最严格水资源管理"三条红线"的法律依据均为原则性规定,既没有规定相应的政府责任,也无法具体确认水资源利用的"最高或最低要求",需要根据相关政策文件(如国务院《意见》)加以明确。从最严格水资源管理制度实践看,"三条红线"的目标完成、制度建设和措施落实,依赖于上级政府与下级政府之间的任务分解与管理考核,但相关制度并未在《水法》等立法中有明确规定;为实行最严格水资源管理制度,亟待完善水资源管理立法,理清各级政府之间、部门之间、流域机构与行政区域之间的权利义务关系。③ 因此,从严格意义上说,水资源管理"三条红线"仍属于"管

---

① 栗晓宏、周立香:《节能减排的政策和制度创新》,载《环境保护》2013年第21期。
② 程晓冰:《三大红线不可逾越——我国实行最严格的水资源管理制度》,载《中国环境报》2012年4月24日。
③ 陈金木、梁迎修:《实行最严格水资源管理制度的立法对策》,载《人民黄河》2014年第1期。

理红线"而非"法律红线",尚不能直接视为具有法律效力的水资源利用领域生态红线。

3. 土地资源利用领域。从实践中看,主要涉及如下领域:(1) 耕地保护。"十一五"规划提出"耕地保有量保持1.2亿公顷"的耕地保护目标并将其作为"约束性指标"。在此基础上,《全国土地利用总体规划纲要(2006—2020年)》明确提出"坚守18亿亩耕地红线",这一目标也体现在"十二五"规划中,即:耕地保有量保持在18.18亿亩。从目前立法看,"耕地红线"的直接依据是《土地管理法》对耕地保护制度所作的严格规定。(2) 林地保护。"十二五"规划设立了森林的约束性指标,即:到2015年森林覆盖率提高到21.66%;森林蓄积量增加6亿立方米,达到143亿立方米。2013年7月,国家林业局发布《推进生态文明建设规划纲要(2013—2020年)》,宣布启动生态红线保护行动,提出了"四条红线",包括:林地和森林、湿地、荒漠植被、物种,并提出了相应的底线数量要求。在上述"四条红线"中,与"十二五"规划目标相关的有"林地和森林"领域,其法律依据为《森林法》中有关森林资源(包括森林、林木、林地)保护的规定。因此,目前土地资源利用领域"红线"主要包括耕地和林地,其规范依据应为"法律+规划"的集合。

在法律效力上,由于耕地保有量和森林覆盖率均属于"十二五"规划的约束性指标,同时在《土地管理法》和《森林法》中有较为详细的规定,耕地保护制度和森林资源保护制度在实践中亦已实施有年,因此,目前的"耕地红线"和"林地红线"应视为确认土地资源利用"最低要求"的法律红线,对行政机关具有法律约束力。值得注意的是,前述林业部门提出的"四条红线",除已经具有明确法律效力的林地和森林红线外,其余的湿地、荒漠植被、物种红线在目前的立法和国家五年规划中均没有明确的依据,只能视为林业部门内部的管理措施,不具备相应的法律效力。

综上,目前具有法律效力的资源利用红线包括两类:一是根据国家综合性发展规划(五年规划)确定的节能目标,这是能源利用领域的法定"最高要求";二是根据国家综合性发展规划(五年规划)及相关立法确立的"耕地红线"和"林地红线",这是土地资源利用领域的法定"最低要求"。同时应说明的是,水资源管理"三条红线"在规范依据上目前尚未取得明确的法律授权,不能视为水资源利用领域的法定"最低要求",仍属于管理措施而非法律制度。

三、生态红线"落地"的不同模式

总结上述分析,从总体层面看,除个别领域外(水资源利用),目前我国已经建立起具有法律效力的生态功能红线、环境质量红线和资源利用红线。从个体层面看,不同种类生态红线的主要区别体现为三点:(1) 在规范依据上,是根据法律规定即可明确,还是需要其他材料(规划或规范性文件)加以明确;(2) 在法律效力上,是仅对政府具有约束力,还是对所有主体(包括政府和社会主体)都具有约束力;(3) 在实施方式上,是根据法律规定予以强制实施,还是需要根据总体目标进行分解并进行问责或考核。据此可对不同种类生态红线进行规范意义上的区分。具体参见下表:

表 6.2 不同种类生态红线的效力比较与实施方式

红线种类	所涉领域	规范依据	法律效力		实施方式
			对政府	对社会主体	
生态功能红线	① 生态空间保护	法律	有	有	强制实施
环境质量红线	② 污染物浓度控制	法律	有	有	强制实施
	③ 污染物总量控制	法律+规划+部门规章	有	无(特殊主体除外)	目标分解、行政问责
资源利用红线	④ 能源利用	法律+规划+规范性文件	有	无(特殊主体除外)	目标分解、行政问责
	⑤ 水资源利用	法律+规范性文件	无	无	目标分解、层级考核
	⑥ 土地资源利用	法律+规划	有	无	目标分解、行政问责

根据上表,以法律效力的强弱和有无为标准,可以总结出生态红线适用的三种模式:基于"硬约束力"的法律强制模式,在表中①、②领域适用;基于"软约束力"的政府责任模式,在表中③、④、⑥领域适用;基于"科层制"的绩效考核模式,在表中⑤领域适用。这正是生态红线"落地"的基本方式。下面分别论述:

(一) 生态红线适用的法律强制模式

纵观生态空间保护和污染物浓度控制领域的"生态红线",其共同特征在于:凭借法律规定即可明确划定红线所需的"最小空间"和"最低管理限值",对政府和社会主体提出了具有法律效力的义务要求。因此,生态空间保护和污染物浓度控制领域"生态红线"在适用上,关键在于以国家强制力为后盾确保法律规定的实施,可归纳为以"硬约束力"为特征的法律强制模式。在具体适用过程中,须根据法律规定和实践需求,识别相关法律问题并提出解决之策:

1. 生态空间保护领域"生态红线"(生态功能红线)的具体适用。从总体上看,生态功能红线采取"分级分区"管控机制,即:国家和地方各自确定不同等级生态红线并进行监管;生态红线区域内部实行分区管理。① 从依法行政角度看,生态功能红线的"分级"只是对现有法定保护区域管理等级(国家级和地方级,具体有国家、省、市、县四级)的再次确认,不涉及法律问题;生态功能红线的"分区"则对行政相对人权益构成直接影响,应遵循法律保留原则,建立在法律法规中对生态保护区域"功能分区"的基础上。根据目前立法,对具有重要生态功能和保护价值的"核心区域"进行严格保护,禁止一切形式的开发建设活动;其余的"一般区域"保护力度稍显宽松,相关活动须符合法律规定或规划。基于法定保护力度的强弱,生态功能红线可分为"一级管控区"(完全禁止)和"二级管控区"(适度禁止),进而采取差异化的管控措施。在具体适用上,应通过文义解释方法,将各类法定生态保护区域中的功能分区分别纳入一级或二级管控区。同时,由于现实中生态保护区域存在大量由多头管理造成的"一地多牌"现象,此时应通过目的解释方法,按照"从严保护"的原则,针对存在重叠的区域适用较为严格的管控措施。

有必要指出的是,一些纳入红线的区域在立法中尚未明确规定功能分区(包括水源涵养区、洪水调蓄区、河道保护区域),这就为相应红线的"分区"留下了行政自由裁量的空间,但为了避免行政恣意损害生态利益,同时应建立相应的行政裁量权基准制度,对"分区"的合理性加以规范。一般而言,水源涵养区和河道保护区域具有较为重要的生态保护价值,应根据具体情况分别划定一级和二级管控区;洪水调蓄区一般不具备非常重要的生态功能,同时涉及经济社会多方面利益,整体划为二级管控区较为合理。

综合上述分析,根据目前法律体系,我国生态保护区域功能分区的情况是:世界文化与自然遗产(重点保护区、一般保护区);自然保护区(核心区、缓冲区、实验区);风景名胜区(核心景区、一般景区);森林公园(生态保护区、游览区);地质遗址保护区(极为罕见的地质遗迹、具有重要科学价值的地质遗迹、具一定价值的地质遗迹);水利风景区(核心景区、景区、保护地带);湿地(重要湿地、一般湿地);饮用水水源保护区(一级保护区、二级保护区、准保护区);水产种质资源保护区(核心区、保护区);海洋特别保护区(重点保护区、适度利用区、生态与资源恢复区、预留区);公益林地(一级公益林、二级公益林、三级公益林)。以一级管控区和二级管控区的划分为基础,得到下表:

---

① 参见环境保护部:《红线是实线 关键在执行》,载《中国环境报》2014年1月28日。

表 6.3 生态功能红线适用中的"分区"

保护区域名称	一级管控区	二级管控区
世界文化与自然遗产	重点保护区	一般保护区
自然保护区	核心区;缓冲区	实验区
风景名胜区	核心景区	其他景区
森林公园	生态保护区	游览区
地质遗址保护区(地质公园)	极为罕见的地质遗迹;具有重要科学价值的地质遗迹	具一定价值的地质遗迹
水利风景区	核心景区	景区;保护地带
湿地区域	重要湿地	一般湿地
饮用水水源保护区	一级保护区	二级保护区;准保护区
水产种质资源保护区	核心区	实验区
海洋特别保护区	重点保护区	适度利用区;生态与资源恢复区;预留区
公益林地	一级公益林	二级公益林;三级公益林
水源涵养区	视情况划定	视情况划定
河道保护区域	视情况划定	视情况划定
洪水调蓄区	整体划为二级管控区	

2. 污染物浓度控制领域"生态红线"的具体适用。根据前文分析,强制性环境标准经过法定程序"转化"后即可直接适用,构成了具有强制效力的污染物浓度控制领域"环境质量红线"。然而必须注意到,我国目前的环境标准体系存在诸多缺陷,并不能确保实现"维护人居环境与人体健康"的环境质量目标。主要问题有:(1)标准滞后。我国多数环境标准制定于20世纪八九十年代并一直沿用自今,当年控制水平较低的标准规定已经无法满足当前日益增长的环境质量要求。同时,光、热、土壤等污染类型及其损害一直未制定相应标准,存在管制空白。① (2)标准冲突。针对同一环境要素,不同部门制定的标准存在交叉和冲突,如居民住宅噪声标准就有 3 种不同标准,电磁辐射标准也有两个版本,安全限值相差较大。② (3)标准缺失。我国目前环境标准偏重于污染防治,缺少专门针对公众健康设定的指标,而卫生标准也不能满足现代环境与健康问题的需要,造成环境保护与人体健康保

---

① 张晏、汪劲:《我国环境标准制度存在的问题及对策》,载《中国环境科学》2012 年第 1 期。
② 同上注。

障之间存在较大的落差,不能有效应对日益突出的环境健康损害事件。①

可见,为确保实现环境质量目标,污染物浓度控制领域"生态红线"在适用上不能仅凭行政合法性而直接适用相关"国标",必须强调行政合理性,对裁量权的行使进行严格的法律控制②:(1)针对标准滞后和标准缺失问题,可参考适用国外的相关标准,同时应把握两个基本原则:权威性原则,即标准必须来源于发达国家或相关国际组织;时效性原则,即标准限值应符合当前国际上通行的要求。(2)针对标准冲突问题,原则上应根据"从严"的要求,适用更为严格的国家标准规定;如果决定适用较低的标准,行政机关必须提出充分的理由。

(二) 生态红线适用的政府责任模式

纵观污染物总量控制、能源利用、土地资源利用领域的"生态红线",其共同特征在于:单纯根据法律规定,无法确定划定红线所需的"最高或最低要求",具体数值需根据国家五年规划中的相应"约束性指标"加以确定;只对政府产生法律效力,对社会主体(特殊主体除外)不产生效力。从性质上分析,规划属于公共领域的"软法",即不具有司法适用性,但能产生实际效果的制度。③ 一般而言,我国的计划、规划有别于一般法的结构,没有传统上所说的法律约束力,但对国民经济发展和公共行政起到重要的规范、调节、指导作用,属于"软法"而不是"硬法"。④ 因此,污染物总量控制、能源利用、土地资源利用领域"生态红线"在适用上,关键在于对政府及其工作人员提出不具有法律强制效力、但产生一定实际效果的责任要求,可归纳为以"软约束力"为特征的政府责任模式,表现在目标层层分解和考核的基础上,对个地方各级政府、相关部门及工作人员、特殊主体(国有企业)进行问责,即实行"目标责任制"。

此时,具体的责任形式主要包括:(1)政治责任,主要通过对领导干部在综合考核基础上进行问责的方式加以体现。例如,根据《单位 GDP 能耗考核体系实施方案》和《主要污染物总量减排考核办法》所确立的节能与减排目标责任制,节能与减排目标的完成情况是各级政府领导班子和领导干部综合

---

① 参见段小丽等:《"十二五"我国环境与健康标准体系的思考》,载《环境工程技术学报》2011年第3期;赵立新:《环境标准的健康价值反思》,载《中国地质大学学报》2010年第4期。

② 波斯纳即指出,由于标准赋予官员在适用上较大的裁量权,这就为裁量权的滥用开了道。〔美〕波斯纳:《法理学问题》,苏力译,中国政法大学出版社2002年版,第57页。

③ 参见宋功德:《公域软法规范的主要渊源》,载罗豪才主编:《软法与公共治理》,北京大学出版社2006年版,第189—196页。

④ 罗豪才主编:《软法的理论与实践》,北京大学出版社2010年版,第2页。

考核评价的重要依据,实行问责制和"一票否决"制。由于领导干部综合考核不区分具体等级,应视为一种政治责任,但从各地的问责实践看,"一票否决"意味着未完成年度节能减排目标部门的领导干部,在年度考核中不得评定为称职以上等级,进而根据《公务员法》产生相应法律后果。① (2) 行政责任,主要通过对违反相关管理规定的工作人员给予行政处分的方式加以体现。例如,根据2008年发布的《违法土地管理规定行为处分办法》,对具有违反土地管理规定行为的责任人员,应视情节轻重,给予开除、撤职、降级、记大过、记过、警告等处分。(3) 声誉责任,即通过公开评价和声誉褒损的方式对政府完成任务情况予以激励或惩戒,主要形式有:表彰奖励、通报表扬、通报批评、剥夺获奖资格。例如,根据《单位 GDP 能耗考核体系实施方案》,对完成和超额完成节能目标的地方政府,进行表彰奖励;在节能考核工作中瞒报、谎报情况的地区,予以通报批评;对完成和超额完成节能目标的企业,予以通报表扬;未完成节能考核目标的省级政府,领导干部不得参加年度评奖、不得授予荣誉称号。(4) 管理行为责任,在法理上是指违反经济管理义务的地方政府及其工作人员,以其经济管理行为受到某种限制为代价承担责任的方式。② 此时,该责任形式表现为未完成考核目标的地方政府在相应管理权力上受到暂时剥夺或中止。例如,根据《主要污染物总量减排考核办法》,针对未完成减排目标的省级政府,环境保护部可进行"区域限批",即暂停该地区所有新增主要污染物排放建设项目的环评审批。在安徽、江西等省,针对未完成减排目标的地(市),也采取了相应的"区域限批"措施。

综上,污染物总量控制、能源利用、土地资源利用领域的"生态红线",在适用上主要通过不具法律强制力的政府责任得以实现,应视为一种"政府主导型软法"的适用方式,具体责任形式包括:政治责任、行政责任、声誉责任、管理行为责任。

(三) 生态红线适用的绩效管理模式

根据前文所述,在水资源利用领域,目前"三条红线"并不产生严格意义上的法律效力。从"最严格水资源管理制度"的实施来看,主要依赖于2011年中央一号文件和国务院《关于实行最严格水资源管理制度的意见》中所提出的"水资源管理责任和考核制度"。2013年1月,国务院办公厅下发《实行最严格水资源管理制度考核办法》(简称《考核办法》);2014年2月,水利部、

---

① 邓成明:《节能减排问责制的软法进路分析及其完善》,载《暨南学报》(哲学社会科学版) 2013 年第 6 期。
② 漆多俊:《经济法基础理论》,法律出版社 2008 年版,第 152 页。

发改委等十部门联合印发《实行最严格水资源管理制度考核工作实施方案》（简称《实施方案》），初步建立了水资源管理责任和考核制度。各地也相继出台相应的考核办法与实施方案。

根据《考核办法》，考核内容包括三项：目标完成情况、制度建设情况和措施落实情况；考核采取评分法（满分为100），结果分为四个等级：优秀、良好、及格和不及格，纳入当年度政府主要负责人和领导班子综合考核评价体系；考核不及格的地区，要进行限期整改并向国务院提交书面报告。根据《实施方案》，考核指标既包括用水总量等定量指标，也包括能力建设、制度建设等定性指标，可见，水资源管理考核制度并非单纯对数值目标的考核，在指标上具有"软硬结合"的特点，考核方式也是弹性较大的打分制，不具备"一票否决"的效力，同前述节能减排及耕地保护的目标责任制具有较大差别，应视为一种政府绩效评估措施而非设定严格的政府责任。

因此，水资源利用领域"生态红线"在适用上，主要凭借作为政府管理制度的"最严格水资源管理制度"考核机制，将目标进行层层分解并对完成情况进行考核，可归纳为以"科层制"为基础的绩效考核模式。

四、生态红线的法治化路径

前文基于解释论立场进行的分析，目的是在现行法律体系内找寻并确认生态红线的"安身之所"。这既是使生态红线成为法律制度并真正"落地"、实践国家现状保持义务的必经之途，也是法学学科属性所致。正如拉伦茨所言，法学如果不想转变成一种社会理论而维持其法学角色，就必须假定现行法秩序是大体合理的。① 然而，强调解释论的必要性并非否定立法论的合理性。我们也必须看到，目前我国生态环境保护法律体系及制度安排存在缺陷，需要根据生态文明建设的要求进行变革与完善。因此，在通过法律解释对"生态红线"进行制度确认的基础上，还需要根据立法论的视角展开分析，有针对性地对相应领域进行法律修改与制度完善，提升生态红线制度的法治化程度。择其要者，主要从实体和程序两个层面展开：

（一）实体法规则的完善

1. 制定自然保护区域的综合性立法，改革自然保护管理体制。从总体上看，我国目前在生态空间保护领域的立法，是以保护对象的自然属性为主要依据，设立自然保护区、风景名胜区、森林公园、地质公园等不同保护类型；

---

① 〔德〕卡尔·拉伦茨：《法学方法论》，陈爱娥译，商务印书馆2003年版，第77页。

在立法模式上,以"类型化部门立法"为主要特色,由各主管部门就其管理对象制定单行法规。① 一般认为,该体系存在立法层次低、调整范围窄、内容封闭滞后、部门色彩浓厚等诸多问题,不能适应生态环境保护的现实需要。② 同时,在管理体制上也存在较大缺陷:不同类型自然保护区域分属多个部门管理,部门与部门之间、部门与地方政府之间关系错综复杂,因利益冲突产生的条块分割、行政壁垒现象普遍,缺乏信息交流和协调机制。③

因此,为使生态功能红线能够真正发挥作用,应进行相应的法律革新,以制定自然保护区域综合性立法为目标和核心,建构合理的生态空间保护法律体系。该综合性立法的重点包括:(1) 扩大调整范围。应参考世界自然保护同盟(IUCN)提出的自然保护区域分类体系,以国际上通行的"自然保护地"概念全面整合现有自然保护区、风景名胜区、森林公园、地质公园等相关保护区域,进行科学合理的分类、分区,对具有重大生态、科研、景观价值的自然区域加以统一保护。(2) 改革管理体制。对目前"纵向上分级管理,横向上综合管理与分部门管理相结合"的管理体制进行改革,以管理权与监督权分离为原则,在保留多部门管理的基础上,强化综合管理部门的统一协调与监督职能,将"政出多门"转变为"统一监管"。(3) 协调利益冲突。由于历史原因,我国多数自然保护区存在程度不一的土地权属问题,尤其在南方自然保护区中集体土地(林地)面积比例过高,导致的冲突是影响自然保护区管理效果的重要因素。④ 这就需要在现有森林生态效益补偿制度的基础上,进一步完善自然保护区生态补偿机制并在立法中进行确认;同时应确认"利益相关者参与"的基本原则,通过社区共管等方式让当地居民参与到自然保护区日常管理中,将"封闭式管理"转变为"合作式管理",协调社区发展与自然保护之间的利益冲突。

2. 制定适应最严格水资源管理的综合性法规,理顺水资源管理体制。目前我国水资源综合性立法是2002年修订的《水法》,确立了水资源开发、利用、保护、节约的基本制度。相关行政法规包括《取水许可和水资源费征收管理条例》《水文条例》《抗旱条例》《黄河水量调度条例》等;相关部门规章

---

① 徐本鑫:《中国自然保护地立法模式探析》,载《旅游科学》2010年第5期。
② 参见肖建华、胡美灵:《国内自然保护区的立法争议与重构》,载《法学杂志》2009年第10期。
③ 参见高利红、程芳:《我国自然遗产保护的立法合理性研究》,载《江西社会科学》2012年第1期;陈磊:《中国自然保护形势严峻》,载《南方周末》2013年2月19日。
④ 参见刘文敬等:《我国自然保护区集体林现状与问题分析》,载《世界林业研究》2011年第3期;周建华、温亚利:《中国自然保护区土地权属管理现状及发展趋势》,载《环境保护》2006年第11期。

包括《建设项目水资源论证管理办法》《水量分配管理办法》等。总体上看，目前的水资源立法与最严格水资源管理制度的需要相比还存在诸多不足，主要有①：在地下水管理、水生态补偿、城市污水处理、水资源管理责任与考核等领域存在立法空白；《水法》中规定的水权管理、水功能区管理、节约用水、非传统水资源开发利用等制度缺乏专门的配套立法；《水功能区管理办法》效力层级较低，适用范围有限，有必要上升为行政法规。

因此，有必要以行政法规的方式，制定最严格水资源管理的综合性立法，即《水资源管理条例》（以下简称《条例》）。作为《水法》的配套法规和"最严格水资源管理制度"的直接法律依据，《条例》应明确规定"三条红线"及用水总量控制、用水效率控制、水功能区限制纳污、水资源管理责任"四项制度"。同时，在管理体制上，《条例》应明确流域管理机构和区域水行政主管机构之间的权力划分与责任承担；明确与建设、国土资源等部门的关系，将再生水、雨水、地热水等非传统水资源纳入水资源的统一管理体系，进一步理顺目前水资源管理"流域管理与区域管理相结合"的管理体制，彻底杜绝"多龙治水"情况的出现。

（二）程序法规则的完善

根据前文，我国已经初步形成具有规范依据和法律效力的生态红线体系，并通过"法律强制模式"或"政府责任模式"加以实施。有必要指出的是，有观点认为，五年规划设定的节能减排约束性指标只是靠行政手段强制实行，不符合法治精神，应当将规划的约束性指标纳入法制轨道。② 显然，这是对"法治"和"法律效力"的狭隘理解，忽视了作为"软法"的规划及其约束性指标所具有的实际约束力。在某种情况下，软法对管制效果的有效性可能比硬法更强。③ 在当代中国语境下，通过政府责任的方式实现节能减排目标，比单纯的法律强制方式更为"对症下药"，也避免了因限制营业自由而产生的合宪性问题，具有更强的可操作性。因此，在实体法层面，除前述亟待完善的两个领域外，我国生态红线制度已基本确立且无需大的修改。

但是，在程序法层面，目前我国相关领域立法及制度安排尚存在较大缺陷，亟须加以完善，强化生态红线划定与适用中的程序规制。具体包括：

1. 提升环境标准制定中的公众参与力度。目前国家环境保护标准的制定程序是：管理部门（环保部）立项——委托相关单位（科研院所或有关企

---

① 陈金木、梁迎修：《实行最严格水资源管理制度的立法对策》，载《人民黄河》2014年第1期。
② 李挚萍：《节能减排指标的法律效力分析》，载《环境保护》2007年第12期。
③ 罗豪才、毕洪海：《通过软法的治理》，载《法学家》2006年第1期。

业)起草——征求意见——审批并公布。尽管《国家环境保护标准制修订工作管理办法》中要求"向社会公众或有关单位征求意见",但缺乏详细的可操作规定,不能保证环境标准制定程序的正当性;即使广泛征求意见,公众意见也往往不被采纳。① 因此,需要在环境标准编制和修订中充分体现公众参与的要求,增加专家论证会、公众座谈会的环节,并对编制机关课以法定的回应义务。

2. 完善节能减排中的公众参与和问责程序规范。尽管近年来我国的节能减排工作取得较大成效,但也必须看到,由于实现节能目标具有更大的难度②,一些地方政府在节能上内在动力不足,为了冲刺完成"十一五"节能目标而实行"拉闸限电",产生不良社会影响。为了促进节能工作的进一步实施,就需要调动社会各界的积极性,使公众能够参与到节能减排的决策、执行和监督过程中。③ 同时,目前的节能减排问责制也缺乏公众的广泛参与,问责的公开性和公信力不足,问责的程序性规范缺失④,需要有针对性地加以弥补。

3. 严格规范生态保护区域调整的法定程序。近年来,一些地方出于经济建设和资源开发的需要,将自然保护区范围或功能区进行随意调整,对生态环境保护造成严重影响,而原《国家级自然保护区范围调整和功能区调整及更改名称管理规定》存在着调整程序不健全、规定不完善等问题,未能有效遏制上述乱象。基于此,2013 年 12 月,国务院印发新的《国家级自然保护区调整管理规定》,确立了严格保护的原则,对调整理由、调整年限、调整程序、责任追究等问题进行了全面规定,为实现生态功能红线的动态管理提供了基础法律程序。但是也必须看到,除国家级自然保护区外,其余生态保护区域调整的程序性规定还较为缺乏,需要及时予以弥补。

另外,需要指出的是,从落实生态红线制度宗旨的角度看,上述《调整管理规定》主要从"减法"角度对自然保护区的调整进行规范,即对因经济开发、项目建设改变自然保护区现状的行为加以严格控制,缺乏从"加法"角度对自然保护区的调整程序进行规定,应加以及时弥补。根据前文所述,如果通过科学评估发现具有重要生态功能及保护价值的空间区域不在目前法定

---

① 张晏、汪劲:《我国环境标准制度存在的问题及对策》,载《中国环境科学》2012 年第 1 期。
② 一般而言,实现节能指标的难度要大于实现污染物减排指标的难度。陈刚等:《节能减排约束性指标的中期进展》,载《环境保护》2009 年第 20 期。
③ 参见李惠民等:《中国"十一五"节能目标责任制的评价与分析》,载《生态经济》2011 年第 9 期;陈德敏、霍亚涛:《我国节能减排中的公众参与机制研究》,载《科技进步与对策》2010 年第 6 期。
④ 邓成明:《节能减排问责制的软法进路分析及其完善》,载《暨南学报》(哲学社会科学版) 2013 年第 6 期。

的保护区域内,就需要经过法定程序对保护区域范围进行调整,将其纳入正式的"红线"范围内。这一调整过程往往涉及多方面的复杂利益,不宜仅靠政府权力单方面加以强制完成,还必须考虑到相对人合法权益的补偿,并通过听证会、专家论证会等公众参与途径强化行政决策的合法性与合理性。

第二节 实现危险防御义务的制度设计

如本书第四章的论述,为有效抵御环境危险,国家权力应进行合理分工并在两个面向上予以展开:在管制行政相对人行为的"外部效力"面向上,应强化立法权对行政权的约束,对环境标准的制定与修改进行必要的法律控制;在约束国家行为的"内部效力"面向上,司法权应对行政权保持必要之谦抑,在确保行政效能和约束政府行为之间达成平衡。此二元化的制度结构为国家环境危险防御义务的实现提供了基础性框架。

毋庸讳言,在生态环境问题日益严重的当代中国,需要国家积极采取措施以抵御环境危险。以我国现行《宪法》第 26 条和第 9 条第 2 款所共同构成的环境基本国策为基础,根据上述二元制度结构,得以对国家环境危险防御义务在我国的实现进行具体分析:

一、环境危险防御之外部效力的制度安排

如前所述,环境标准是实践环境危险防御义务"外部效力"的核心制度所在。从总体上看,针对排放污染物造成环境危害的行为,我国已经建立起环境立法体系并通过环境执法体制加以执行,约束相对人行为之核心制度——环境标准也较为完善,形成了"两级六类"的环境标准体系。然而,环境标准在适用过程中是否体现了国家权力的合理配置,尚需要进行深入研讨。

从制定主体看,根据《环境保护法》第 15、16 条的规定,环境质量标准和污染物排放标准均由国家环境保护部或省级人民政府制定,这与我国食品安全、职业病防治等领域的立法相类似,是立法者对行政机关标准制定权的一揽子"空白式"授权,尽管体现了对行政专业性的尊重,但对标准制定的内容及其程序都缺少必要的约束,也不是导引行政机关制定标准的明确原则[①],必然造成行政权力在技术标准领域的过度膨胀。

这种情况集中体现在环境标准的适用上。根据《环境保护法》及其他环

---

① 宋华琳:《论技术标准的法律性质》,载《行政法学研究》2008 年第 3 期。

境立法中的授权条款,结合《环境标准管理办法》的规定,我国的环境标准不是行政规章,更不是技术性法规,它属于行政规范性文件,并无独立的法律效力;只有经过其他法律规范的"援引",方能产生相应的法律效力。概言之,环境标准自身并不能对相对人的排污行为构成直接约束。① 因此,从适用的角度看,环境标准通过法律的"援引"方具有正式的法律效力。我国目前环境保护领域的法律共有 10 部。② 对这 10 部法律中"援引"环境标准的方式进行归纳和分析,可以得到如下四种基本方式:

第一种(A 方式)是法律援引"国家标准"的方式。如《海洋环境保护法》第 34 条规定,含病原体的医疗污水、生活污水和工业废水必须符合国家有关排放标准,才能排入海域。《固体废物污染环境防治法》第 25 条规定,进口的固体废物必须符合国家环境保护标准。

第二种(B 方式)是法律援引"国家或者地方标准"的方式。如《水污染防治法》第 9 条规定,排放水污染物,不得超过国家或者地方规定的水污染物排放标准。第 45 条规定,向城镇污水集中处理设施排放水污染物,应当符合国家或者地方规定的水污染物排放标准。

第三种(C 方式)是法律援引"国家和地方标准"的方式。如《大气污染防治法》第 18 条规定,向大气排放污染物的,应当符合大气污染物排放标准,遵守重点大气污染物排放总量控制要求。

第四种(D 方式)是法律援引"标准"的方式。如《大气污染防治法》第 33 条规定,新采的高硫份、高灰份的煤矿,必须建设配套的煤炭洗选设施,使煤炭中的含硫份、含灰份达到规定的标准。《水污染防治法》第 52 条规定,船舶排放含油污水、生活污水,应当符合船舶污染物排放标准。

以每个法律条文为一个单位,每种方式的具体援引情况参见下表:

表 6.4 我国环境立法中对标准的援引

法律名称	实施时间（最新修订后）	A 方式	B 方式	C 方式	D 方式
《环境保护法》	2015.01.01	1	2	1	3
《海洋环境保护法》	2000.04.01	5	1	1	4
《水污染防治法》	2008.06.01	4	3	0	4

---

① 对此问题的详细分析,参见杨朝霞:《论环境标准的法律地位》,载《行政与法》2008 年第 1 期。

② 仅指由全国人大及其常委会通过的狭义法律,分别为:《环境保护法》《海洋环境保护法》《水污染防治法》《大气污染防治法》《固体废物污染环境防治法》《环境影响评价法》《噪声污染防治法》《放射性污染防治法》《清洁生产促进法》和《循环经济促进法》。

（续表）

法律名称	实施时间（最新修订后）	A方式	B方式	C方式	D方式
《大气污染防治法》	2016.01.01	2	0	2	11
《固体废物污染环境防治法》	2005.04.01	5	0	0	0
《环境影响评价法》	2003.09.01	0	0	0	0
《噪声污染防治法》	1997.03.01	5	0	0	1
《放射性污染防治法》	2003.10.01	4	0	0	0
《清洁生产促进法》	2012.07.01	2	2	0	0
《循环经济促进法》	2009.01.01	4	0	0	4
合计		32	8	4	27

由上表可以看出，我国目前环境立法普遍对标准进行了明确援引，援引方式最多的是"国家标准"（32次），保障了环境标准的强制适用，但从实现国家环境危险防御义务的角度观之，其在国家权力的合理分配上存在较大的问题，不仅在一般意义上"削弱立法机关的权力"①，更是造成一系列的恣意行政行为：(1) 国家标准和地方标准的关系存在混淆。根据《环境保护法》第15、16条的规定，国家标准（包括环境质量标准和污染物排放标准）未规定的项目，可以制定地方标准；国家污染物排放标准中已规定的项目，地方可以制定更加严格的标准。据此，国家和地方标准的关系是带有强制特征的"补漏兼从严"。而根据上表中的B方式，"国家或地方标准"的援引方式在逻辑上将强制关系变为选择关系，反而混淆了国家标准与地方标准的关系，留下了适用较低标准的漏洞。同时，上表中D方式要求援引"标准"也缺乏明确的指引，容易造成标准适用的模糊性和恣意性。(2) 缺少标准冲突的适用规则。针对同一环境要素，不同部门制定的标准存在交叉和冲突，如电磁辐射标准就有环保部门（《电磁辐射防护规定》）和卫生部门（《环境电磁波卫生标准》）的两个版本，居民住宅噪声标准也存在三个不同版本。② 由于缺乏相应的适用规则，就容易造成标准执行的随意性。(3) 缺少标准缺失的补救规则。我国目前环境标准偏重于污染防治，缺少专门针对公众健康设定的指标，造成环境保护与人体健康保障之间存在较大落差，无法满足现代环境与

---

① 就标准适用而言，如果采取"法律援引标准"的模式，其优点在于灵活性较强，但会引发一个事实上的矛盾，即标准化组织会削弱立法机关的权力。参见〔德〕布林德：《标准经济学——理论、证据与政策》，杜邢晔等译，中国标准出版社2006年版，第68页。

② 张晏、汪劲：《我国环境标准制度存在的问题及对策》，载《中国环境科学》2012年第1期。

健康问题的需要。① 同时,随着环境质量要求的不断提高,标准值的缺失或者滞后问题必然会出现,这就要求主管部门必须及时修订相关环境标准以符合经济社会发展的需要,但目前的环境立法中对此问题普遍缺乏关注②,新修订的《环境保护法》对此问题也没有加以规定,对行政机关的标准制定权缺少约束,人为地造成环境标准与公众需求的偏离。(4) 缺少标准制定的参与规则。目前我国环境标准在制定过程中缺乏公众参与,即使征求意见,公众意见也往往得不到采纳③,由行政机关单方面主导的标准限值规定也就缺少公信力,必然面临"过于宽松"的指责与怀疑。

可见,目前我国环境标准制度过于偏重行政权的行使,缺少立法权的有效约束,这阻碍了国家环境危险防御义务"外部效力"的有效实现,也在一定程度上导致环境法治的合法性危机。因此,需要弥补前述立法漏洞,对行政裁量权的行使进行严格的法律控制。其要点在于:(1) 针对标准冲突问题,应坚持"从严"的原则,处理国家标准和地方标准、不同部门之间环境标准的相互关系;(2) 针对标准缺失问题,应适用权威性原则和时效性原则,及时启动标准修订程序,确保所适用的标准限值符合当前国际上通行的要求;(3) 在环境标准编制和修订中充分体现公众参与的要求,对标准编制机关课以征求并回应公众意见的法定义务。

二、环境危险防御之内部效力的制度安排

如前所述,实践国家环境危险防御义务的"内部效力",重点在两个领域:一是紧急状态下国家权力的扩张及其限制,二是针对政府的环境行政许可,法院进行司法审查的边界所在。下面分别就这两个方面在我国的情况进行论述。

(一) 自然灾害防治中环境行政程序的简化

从总体上看,为有效应对紧急情况,简化相应的行政程序已经是我国政府和学界的共识,学者早已提出借鉴国外行政程序立法,在行政程序法典中专门设立若干紧急程序条款,以规范紧急行政行为。④ 我国相关立法中也已

---

① 参见段小丽等:《"十二五"我国环境与健康标准体系的思考》,载《环境工程技术学报》2011年第3期;赵立新:《环境标准的健康价值反思》,载《中国地质大学学报》2010年第4期。
② 在前述10部环境立法中,仅有2008年修订后《水污染防治法》第14条明确规定了环境标准的修订程序,但也只是要求"适时修订"水环境质量标准和污染物排放标准,显然并不构成强制性的法律义务。
③ 张晏、汪劲:《我国环境标准制度存在的问题及对策》,载《中国环境科学》2012年第1期。
④ 莫于川:《建议在我国行政程序法典中设立紧急程序条款》,载《政治与法律》2003年第6期。

经注重行政程序的简化,确保在紧急情况下行政目标的及时实现。如在"5·12"汶川地震后,国务院在 2008 年 6 月 8 日迅速制定并公布了《汶川地震灾后恢复重建条例》(简称《条例》),在法律框架内指导灾后恢复重建工作。综观《条例》全文,其中有多处规定涉及行政程序的简化,包括规划制定程序(第 25、26 条)和建设用地审批程序(第 44 条),为行政紧急权力的行使提供了规范依据。

然而须指出的是,《条例》忽视了环境保护行政程序的简化问题,国家相关立法也缺乏对紧急状态的规定,造成紧急行政权力行使在规范依据上的"缺位",有造成国家权力恣意的危险。具体包括两类行政程序:

1. 建设项目的环境影响评价程序。根据本书第四章的相关论述,在救灾、重建过程中,政府需要紧急修建交通道路、工程设施和生活设施,均属于我国《环境影响评价法》第三章"建设项目的环境影响评价"的规范对象,其环评程序需要得到适当简化。而纵观《环境影响评价法》全文,并无紧急状态的相关条款,这无疑是一个立法缺失。在《条例》中,也没有对建设项目环评程序的变通适用进行专门规范。

2. 水土保持方案审批程序。抗震救灾中,灾区交通及公共工程在重建过程中还可能涉及水土保持问题。根据《水土保持法》第 19 条和《水土保持法实施细则》第 14 条,水土保持方案的审批是建设项目环境影响评价的前置程序。根据比例原则分析可得,在应对自然灾害时,特定的紧急性建设项目无须编制环境影响报告书或环境影响报告表,但需向主管部门提出应对环境影响的对策报告。① 此时,该建设项目的水土保持方案的审批程序也应得到相应简化,向主管部门提交治理水土流失的方案措施即可。

因此,为保障紧急情况下的行政效能,有效实现环境危险防御义务的"内部效力",需要借鉴外国立法中的相关经验②,对环境影响评价程序在紧急状态下的简化适用问题予以专门规范,弥补目前存在的立法缺失。就具体立法对策而言,建议在《环境影响评价法》第五章"附则"中增加专门条款,内容如下:"在发生自然灾害等突发公共事件时,出于应急和恢复重建的需要而新建的建设项目,不适用本法第三章的规定。前述建设项目进行环境影响评价的具体办法,由国务院规定。"

---

① 陈海嵩:《自然灾害防治中的环境法律问题》,载《时代法学》2008 年第 4 期。
② 如日本《环境影响评价法》第 52 条规定,本法第二章至第七章的规定不适用于《灾害对策基本法》第 87 条规定的灾害重建项目。根据此规定,针对特定的灾害重建项目,《环境影响评价法》第二章至第七章的中有关制作、公布、评议、修改环境影响评价报告书的规定即被排除适用。参见赵国青主编:《外国环境法选编》,中国政法大学出版社 2000 年版,第 1012 页。

(二) 对环评审批结论的司法审查

根据我国《环境影响评价法》规定,建设项目的环评文件由建设单位负责编制,报环境保护行政主管部门审批;环评审批结论是项目能否进行的前置性条件。根据这一法律定位,从属性上看,环保部门对环评文件的审批结论是一项独立的行政许可,同相关部门(建设部门或发改部门)所作出的开发许可决定相比,在法律依据和主管机关上都存在差异,两者之间构成"多阶段行政程序"。① 因此在我国,环保部门针对环评文件作出的审批结论属于司法审查的范围,建设项目开发者如果对环评审批结论不服,自然可以其权益受到侵犯为由提起行政诉讼。

就实现国家环境危险防御义务而言,关键问题并不在于对环评审批是否侵犯建设项目开发者的合法权益进行司法审查,而是对该建设项目是否侵害公共利益进行司法审查。换言之,受到建设项目影响的公众(相邻权人),能否针对环评审批结论而提起司法审查之诉? 从司法实践看,随着环保意识的提高,各地已经出现多起居民针对可能造成环境危害的"邻避"设施(如变电站、垃圾焚烧厂等)之环评审批结论而提起的行政诉讼。根据最高人民法院《关于执行〈中华人民共和国行政诉讼法〉若干问题的解释》第 13 条第(一)款的规定,相邻权人有权针对具体行政行为提起诉讼。基于此,在相关典型案例中②,法院基本认可了居民的原告资格,对被告提出的异议也不予采纳。

然而,从判决结果看,法院均维持了被诉行政行为而驳回原告的诉讼请求。纵观上述案例,原告起诉的主要理由在于建设项目环评过程中未履行必要的公众参与程序,环评结论不具有可信性。但该诉讼请求并不为法院所接受。如在"钱宏业等不服上海市闸北区环境保护局核发技改项目审批意见案"中,法院认为编制环评报告表的建设项目依法不需要适用公众参与程序③;在"唐某等不服浙江省环保局 220 千伏庆丰输变电工程环评审批意见案"中,法院认为:《环境保护行政许可听证暂行办法》只是规定了"可以举行

---

① 就环评程序和开发许可程序的关系而言,如果环评程序仅为开发程序中的一个阶段,则两者构成"多阶段行政处分",环评审批结论属于"程序性行为"而不具有可诉性;如果环评程序是开发许可程序的前置程序,则两者构成"多阶段行政程序",环评审批结论是独立的行政处分而具有可诉性。参见李建良:《环境行政程序的法制与实务》,载《月旦法学杂志》第 104 期。
② 包括:"钱宏业等不服上海市闸北区环境保护局核发技改项目审批意见案"(2001 年);"唐某等不服浙江省环保局 220 千伏庆丰输变电工程环评审批意见案"(2006 年);"楚德升不服郑州市环境保护局 110 千伏政通输变电工程环评审批意见案"(2011 年);"上海市杨浦区正文花园(二期)业主委员会等诉上海市环境保护局环境影响报告审批决定案"(2013 年);等。
③ "钱宏业等不服上海市闸北区环境保护局核发技改项目审批意见案",上海市第二中级人民法院(2001)沪二中行终字第 129 号。

听证会",未将公众听证会作为环评文件审批的必备要件,故被诉具体行政行为合法。① 在"楚德升不服郑州市环境保护局 110 千伏政通输变电工程环评审批意见案"中,法院认定环评报告在报主管部门审批前未向公众告知,而是报批后才得以公开,存在一定的瑕疵,但其不影响被诉行政行为的合法性。② 显然,法院采纳了对环评程序仅进行形式审查的立场,在公众参与方式的裁量、公众意见的反馈情况、公众是否实质性获取相关信息等确保环评程序发挥预设功能、促进理性决策的实质性问题上,司法权并不加以介入。

综上可见,针对国家的环保许可行为,我国法院已经基本认可了相邻权人的原告资格,环评审批结论具有可诉性,但仅对被诉行政行为的形式合法性进行审查,在实质性审查上采取谨慎态度。这一立场与前文所述"司法权对行政权保持必要之谦抑"观点相一致,也与大陆法系国家的做法相类似③,有助于发挥行政权在协调利益冲突、形成风险决策上的优势。从功能比较的角度看,在技术性较强的风险与环境领域,行政机关的"专业性优势"比法院的"中立性优势"更为可取。④ 在这个意义上说,不能简单地指责法院过于保守、疏于对环评公众参与提供司法保障。环评公众参与的实现,更多依赖于立法的完善和行政程序自身的精细化,司法的强制作用在此作用有限,反而可能造成司法权对行政权的不当干涉,不利于国家环境危险防御义务的实现。

有必要指出的是,司法权对行政权的谦抑并非意味着对行政恣意的放纵。有学者指出,形式上的"不违法"并非意味着政府"真诚"的实施相关行为;环境决策的公众参与制度无法避免行政机关以"防卫性的方式进行回应",导致其成为无实质意义的仪式。⑤ 显然,在行政机关和建设单位以"防卫性"的态度对待环评制度时,法院如果完全基于程序审查的立场,就无法阻止环评程序沦为"表面文章"而对环境公共利益造成损害。基于此,法院在司法审查过程中,如果发现明确而重大的事实错误,或者有明显证据证明环评文件存在虚假情况时,就有必要采取较为严格的审查标准,判断是否造成合法性之欠缺,对行政机关和建设单位构成一定的监督。对此,日本法院

---

① 陈敏华、王重阳:《一场环评诉讼案胜诉的意义》,载《大众用电》2008 年第 3 期。
② "楚德升不服郑州市环境保护局环保行政审批案",郑州市中原区人民法院(2011)中行初字第 37 号。
③ 如在德国,如果公众欲主张环评公众参与的程序瑕疵而请求法院撤销环评结论,须证明该程序瑕疵与实体决定间的因果关系,这实际上意味着司法对环评公众参与保障的拒绝。参见张宗存:《民众参与理念在环境影响评估制度的实践》,台北大学法学系硕士论文,2004 年 6 月,第 103 页。
④ 宋亚辉:《环境管制标准在侵权法上的效力解释》,载《法学研究》2013 年第 3 期。
⑤ 〔美〕弗里曼:《合作治理与新行政法》,毕洪海、陈标冲译,商务印书馆 2010 年版,第 42 页。

在审查基于审议会的行政机关专门判断时的经验可资借鉴,其审查标准包括:(1)审议会委员的构成是否违法;(2)是否向审议会提出了公正的资料;(3)有无欠缺应加考虑要素的情况;(4)不应予以考虑的要素有无被扩大评价的情况;(5)是否研讨了反对派的意见;(6)是否研讨了替代方案等。①依据此判断方法,就在不违反"司法权谦抑"的前提下,进行适度的实质性审查以避免行政专横损害公众利益。

在司法实践中,已经出现因环评程序重大欠缺而停止项目建设的事例。例如,2011年1月,秦皇岛市潘宫营村潘庆文等四名村民代表向石家庄市桥西区法院提起诉讼,要求撤销河北省环保厅《关于浙江伟明环保股份有限公司秦皇岛西部生活垃圾焚烧发电项目环境影响报告书的批复》(冀环评〔2009〕230号)。在诉讼过程中,原告发现该垃圾焚烧厂环评报告书中的公众参与部分存在明显的伪造情形。基于此,河北省环保厅在5月27日自行撤销了环评批复,并要求该项目在环保报告重新获批前不得施工建设。6月8日,原告向法院申请撤诉。②可见,本案中所涉的环评程序属于典型的"防卫性"程序而对公共利益造成损害。尽管法院没有作出判决,但诉讼目的基本实现,在一定程度上发挥了司法权对行政权的监督作用,为国家环境危害防御义务"内部效力"的实现提供了良好的示范作用。

三、实践环境危险防御义务的实证分析

前面两部分从规范分析的角度,对我国实现环境危险防御义务的制度安排进行了研讨。欲获得环境危险防御义务的制度全景,还需要从实证的角度对环境危险防御义务在我国的实施情况进行分析。一般认为,环境保护领域的"政府失灵"问题是导致生态环境恶化的重要原因;一个基本共识是:环境监管责任的"实现不能",正是制约我国环境监管实效的主要因素。③因此,政府环境责任实施情况是判断我国环境危险防御义务实现状况的重要因素。下面即围绕政府环境责任的实现进行实证分析。

从总体上看,近年来,学界对政府环境法律责任问题展开了深入的研究,取得了较为丰硕的成果,"落实并强化政府环境责任"也是新修订的《环境保

---

① 〔日〕原田尚彦:《环境法》,于敏译,法律出版社1999年版,第190—191页。
② 参见自然大学编:《邻避运动案例集》,http://www.hero.ngo.cn/lbsj/155.html,2014年10月23日访问。
③ 刘志坚:《环境监管行政责任实现不能及其成因分析》,载《政法论丛》2013年第5期。

护法》的主要议题和突出特点之一。① 纵观目前对政府环境法律责任研究的文献,在研究进路上表现出两个基本特征:一是以规范性研究为主,即围绕政府环境法律责任的理论基础进行论证和展开;二是以整体性研究为主,即针对我国整体上政府履行环境法律责任的情况进行分析,并提出改进措施。有必要指出的是,该研究进路在取得较大成果的同时,也不可避免地存在弊端:一是相关实证研究缺乏,只能凭借新闻报道和典型性"反面教材"进行举例说明,无法清晰阐明政府履行环境法律责任的具体情况;二是没有对政府履行环境法律责任的具体领域进行区分,各研究者凭借自己的理解提出政府环境法律责任的缺陷及对策,不可避免地具有"泛泛而谈"的倾向而缺乏针对性,也难以避免"挂一漏万"的情况;三是笼统地对"政府环境法律责任"进行研讨,而忽视了不同层级政府在环境责任上的差异,一定程度上将中央政府和地方政府相混同。

因此,有必要对政府环境法律责任进行实证研究,更加深入地了解我国政府环境法律责任的现状并有针对性地提出对策措施。在方法论上,政府环境责任的实证研究需要满足三个前提性要件:一是明确研究对象,是中央政府还是地方政府;二是明确研究领域,即确认政府在特定领域所承担的环境法律责任;三是明确实证研究的具体进路,进而能够从逻辑上推导出改进政府环境法律责任的具体措施。以下分别予以展开。

(一) 政府环境法律责任实证考察的样本选择

基于上述考虑,本书选择环境风险防范领域,以地方立法评估为中心,对该领域中政府环境责任的情况进行实证考察与分析。选择该领域进行研究的理由在于:

1. 环境风险防范是政府环境责任的重要领域

随着我国城市化、工业化进程的加速,各种风险因素也得到集中与放大,造成了环境风险的集中爆发,产生了广泛的社会影响,如在全国各地发生的"血铅超标"事件、频繁爆发的环境污染事故等。可以说,环境风险及其损害已经成为制约我国经济社会发展、影响社会稳定的重要因素。在"十二五"期间,中国环境风险形势将更加严峻,重、特大环境污染事故防范风险进一步增大。② 基于此,国家环境保护"十二五"规划将"防范环境风险"作为重要战略任务之一,应视为对"环境风险防范"国家任务的明确宣告,政府即应承

---

① 2014年4月新修订的《环境保护法》的一个突出特点即为"突出强化政府在环境保护领域中的责任",参见王玮:《怎样做到尽责而不越界》,载《中国环境报》2014年5月7日。

② 卢静等:《中国环境风险现状及发展趋势分析》,载《环境科学与管理》2012年第1期。

担环境风险防范的法定责任。

2. 地方政府是履行环境风险防范政府责任的首要主体

根据新《环境保护法》第6条第2款,地方各地人民政府对本行政区域的环境质量负责。显然,地方政府是履行政府环境责任的首要主体。同时,根据《突发事件应对法》等相关法律的规定,我国现行的环境风险管理体制是以"属地原则"为主,各级地方政府及相关职能部门是本行政区内环境风险防范的负责机关。① 因此可以说,各级地方政府是环境风险防范的首要主体。

3. 地方性法规是履行环境风险防范政府责任的主要途径

根据依法行政和"法治政府"的基本要求,地方政府防范环境风险的行为必须在法律的约束与监督下进行。从国家立法层面看,就环境风险防范而言,新《环境保护法》仅针对突发环境事件应急处理规定了原则性的"引介条款",并未加以具体细化②,而各环境保护单行法中除了环境事故应急处理的规定外③,普遍缺乏预防、治理环境风险的相应条款。可以说,现行的国家立法在环境风险防范领域存在着较大的立法缺失,地方立法就成为实现环境风险防范政府责任的主要途径。

根据《立法法》的规定,省和较大市两类行政区域拥有地方立法权,具体方式有两种:由人大制定地方性法规、由政府制定规章。理论上,地方性法规和地方政府规章都可以对政府的环境风险防范责任进行规定,但从现实情况看,地方性法规更适合环境风险防范的要求:(1)从立法权限看,在上位法缺位的情况下,地方性法规拥有制定相关创制性规范的立法权,创设新的权利义务关系,成为"实施性兼创制性立法"。④ 由于环境风险防范的地方立法需要积极创设国家立法尚未规定但为实践所急需的制度,此任务只能由地方性法规承担。(2)从调整范围看,地方政府规章属于行政规范,其调整的社会关系只能是政府的行政管理事务,而地方性法规在遵循法律保留原则的前提下,可以涉及政府行政管理之外的事项,调整范围相对较广,适合环境风险综

---

① 陈海嵩:《我国环境风险治理中的府际关系》,载《南京工业大学学报》(社会科学版)2012年第3期。

② 新《环境保护法》第47条对突发环境事件应急处理进行了规定,第一款即规定"各级人民政府及其有关部门和企业事业单位,应当依照《中华人民共和国突发事件应对法》的规定……",表明该规定性质为《突发事件应对法》的"引介条款",在环境风险防范上并未取得实质性突破。

③ 如2004年修订的《固体废物污染环境防治法》第62—64条对危险废物突发性事件的应急处理进行了规定;2008年修订的《水污染防治法》中专列第六章"水污染事故处置",对突发水污染事故处理的相关问题进行了规范。

④ 阎锐:《试论地方性法规中的创制性规定》,载《人大研究》2006年第11期。

合性管理的需要。(3) 从行政相对人权益保护看,地方性法规可以成为法院裁判的依据,在不抵触上位法的前提下对法院具有约束力,但地方政府规章仅具有参考效力,可能在司法机关审查后被弃用。① 显然,地方性法规更有利于行政相对人权益的保护。

因此,地方性法规是履行环境风险防范政府责任的主要途径。欲明晰我国目前环境风险防范政府责任的整体图景,也就必须从地方性法规入手,进行深入的实证研究。从研究可行性上看,借助立法评估方法将目前各地相关立法作为"样本"进行全面归纳和分析,也能够满足实证研究的技术要求。下面即从形式和内容两个方面,对全国各地有关环境风险防范的地方性法规进行相应评估与分析。

(二) 环境风险防范政府责任立法的形式要素评估

所谓环境风险防范政府责任立法的形式要素,是指从法律文本的角度,考察各地方性法规是否在字面上规定了环境风险防范政府责任的内容,进而可以在分类的基础上对相关法律条款进行总结、归纳和对比。根据数据库搜索②,目前我国地方性法规中对环境风险防范政府责任的规定,可以分为两种类型:一般性的规定和针对特殊领域的规定。

1. 环境风险防范政府责任的一般性规定

在此类型中,地方性法规对政府防范环境风险的法律义务进行了一般性的规定,如规定:"市、区、县人民政府应当建立环境风险防范体系"。具体清单参见下表:

表 6.5 环境风险防范政府责任的一般性规定列表

法规名称	条款	制定(修订)时间
西宁市环境保护条例	第 37 条	2011 年
大连市环境保护条例	第 7 条	2011 年
重庆市环境保护条例	第 88、89、91、92、93、94、95 条	2007 年

2. 环境风险防范政府责任的特殊领域规定

根据各地方性法规的规定,在水源地保护、自然资源开发、海洋生态保护等特殊领域,有相应的条款对环境风险防范的政府责任进行了规定,主要内容是要求政府针对具体领域的环境污染和自然资源开发进行环境风险评价。

---

① 林鸿潮:《论公共应急领域的地方"二次立法"》,载《北京行政学院学报》2008 年第 3 期。
② 北大法宝"法律法规"数据库,截止时间:2014 年 8 月 30 日。

具体情况参见下表：

表6.6 特殊领域的环境风险防范政府责任规定列表

领域	法规名称	条款	制定(修订)时间
自然资源开发	海南省矿产资源管理条例	第33条	2012年
水源地保护	甘肃临夏回族自治州生活饮用水源保护管理条例	第18条	2010年
海洋生态保护	厦门市海洋环境保护若干规定	第26条	2010年

3. 法律分析

根据上述评估表格，从整体上看，各地方性法规在环境风险防范政府责任上进行了积极探索，取得了一定成果，在上位法缺位的情况下对环境风险防范问题进行了规范，个别立法(如《重庆市环境保护条例》)将"环境风险防范与应急处置"作为专章加以规定，强化了环境风险防范的法律地位，在形式上具有一定突破，值得肯定。但必须看到的是，目前地方性法规对于环境风险防范政府责任的规定仍然具有相当大的局限性和缺陷：

(1) 从法规数量看，对环境风险防范政府责任加以规定的地方性法规数量偏少，尚未形成环境保护地方立法的主流。就一般性的环境风险防范政府责任而言，全国有权制定地方性法规的省级行政区人大和较大市人大共有81个[①]，目前共有3个地方性法规对此进行了规定，仅占3.7%；即使算上特殊领域环境风险防范的规定，也仅有6个地区的地方性法规对环境风险防范政府责任进行了规定，占7.4%，比例明显偏低，说明绝大多数的环境保护地方性法规仍然对环境风险防范缺乏关注。

(2) 从条款数量看，在对环境风险防范政府责任加以规定的地方性法规中，除了《重庆市环境保护条例》外，其他立法专门针对政府责任的条款都只有1条(或者1款)，相较于环境风险防范企业责任的规定，在条款数量上明显偏少。例如，在2011年修订的《大连市环境保护条例》中，规定环境风险防范政府责任的为第7条，共计47字；规定环境风险防范企业责任的为第18条、第40条，共计466字。不难看出，环境风险防范制度责任的规定较为原则和粗略，而环境风险防范企业责任的规定比较具体、细致。

(3) 从法规分布地域看，一些环境风险高发地区尚未在地方性法规中规范环境风险防范政府责任的内容，是较为明显的立法缺失。如浙江省一直是

---

① 包括：31个省级行政区(省、自治区、直辖市)；27个省会城市；经济特区城市5个，国务院批准的较大市18个；共计81个。

环境风险及环境突发事件的高发地区,在2011年,就发生了德清血铅超标事件、建德苯酚泄漏事件、杭州饮用水水源水质异常事件等多起重大突发环境事件,在环保部通报的2011年全国11起重大突发环境事件中占到近27%。① 而从目前浙江省地方性法规看,尚无专门条款明确环境风险防范的政府责任,显然无法满足环境风险防范的现实需要。

进一步而言,从全国的情况来看,根据统计,2011年全国发生突发环境事件542次,前五位分别是上海(197次)、北京(36次)、浙江(31次)、广西(31次)和江苏(27次)。② 而从地方立法情况看,上述地区在环境保护立法中均未对环境风险防范的政府责任予以明确规定,反而是环境风险事件较少的地区(如重庆)在地方立法中明确规定了环境风险防范的政府责任,表现出较大的立法缺失。

综上所述,尽管目前各地方性法规已经开始注意到环境风险防范问题并逐步在法律文本中予以体现,但从整体上看,相关立法及条款数量偏低,且多为环境风险防范企业责任的规定,并未摆脱传统上环境保护立法"监管者监管之法"的特色,规定相对人义务、授予政府环境保护监管权力的条款畸多,规定政府环境保护责任的条款畸少,不能对权力形成有效监督。③ 因此,从形式角度看,我国环境风险防范政府责任立法需要加快立法进度,填补立法空白并对相关条款进行细化。

(三) 环境风险防范政府责任立法的内容要素评估

所谓环境风险防范政府责任立法的内容要素,是指从功能的角度,按照一定的标准,考察各地方性法规是否具备某一个或者多个环境风险防范政府责任的要素。换言之,即使某地方性法规在法律文本上没有规定环境风险防范政府责任相关内容,但个别条款符合环境风险防范政府责任的内在要求,能够发挥规范效果,也应该予以认定。

1. 环境风险防范政府责任内容要素的确立

进行环境风险防范政府责任立法的内容要素评估,首要问题是确立评估标准。如前所述,环境风险防范的国家立法具有较大的缺失,因此不适合在国家立法中确立评估标准。基于此,笔者选择《国家环境保护"十二五"规划》作为确立评估标准的主要文本。理论上,行政规划是一项独立的行政活

---

① 环境保护部应急办:《环境突发事件越来越突出》,浙江在线环保新闻网http://www.zjol.com.cn/epmap/system/2012/02/03/018174322.shtml,2013年10月6日访问。
② 资料来源:《中国统计年鉴(2012)》12—35。
③ 吕忠梅:《监管环境监管者:立法缺失及制度构建》,载《法商研究》2009年第5期。

动,具有多种法律表现形式。① 根据规定,我国的规划分为"三级三类","三级"指国家级规划、省级规划、市县级规划,"三类"指总体规划、专项规划、区域规划②。国家环境保护"十二五"规划作为环境保护领域的国家级专项规划,对十二五期间全国的环境保护工作进行了总体部署,提出了诸多环境保护的制度、措施,应视为影响性规划中"有自我约束意愿的宣示"③,能够作为明确环境风险防范政府责任内容要素的权威性文本。

根据《国家环境保护"十二五"规划》(简称《规划》)对于环境风险防范的规定,可以确立环境风险防范政府责任的基本要素,主要包括:(1)环境风险调查。《规划》要求,政府要全面调查重点环境风险源和环境敏感点,建立环境风险源数据库。这是有效防范环境风险的基础性要求。(2)突发环境事件应急。《规划》要求,有效防范和妥善应对突发环境事件是地方人民政府的重要任务,要完善环境应急预案。(3)环境责任保险制度。《规划》要求,政府要健全环境污染责任保险制度,对高环境风险企业要推行强制保险。(4)环境信息公开。"加强信息公开"是《规划》确立的基本原则,也是有效治理常规性和突发性环境风险的基本要求。上述四类要素共同构成了环境风险防范政府责任内容要素评估的标准,也是环境风险防范立法所应该规定的基本内容,是环境保护立法的内在要求。④ 根据上述要素,可以对目前地方性法规对环境风险防范政府责任的规定进行评价。

2. 对环境风险防范政府责任立法的评估

根据上述标准进行搜索与归纳,可以对全国各地方性法规中环境风险防范政府责任的规定得到整体性的认识。评估方法是:用"有"表示该法律中具备环境风险防范政府责任的某一要素,没有规定则不显示;最后统计某法规所具备要素的数量及其比重,和某要素出现次数及其比重。具体评估结果参见下表:

---

① 〔德〕沃尔夫等:《行政法》(第二卷),高家伟译,商务印书馆2002年版,第181页。
② 《国务院关于加强经济与社会发展规划编制意见》,第1条第(一)款。
③ 马怀德主编:《行政程序立法研究》,中国政法大学出版社2005年版,第358页。
④ 联合国环境规划署提出,满足环境保护需要的立法应该突破传统法律的局限,以一些共同的要素作为支撑。参见联合国环境规划署:《环境法教程》,王曦译,法律出版社2002年版,第390页。

表6.7 环境风险防范政府责任立法内容要素的评估

法规名称(制定/修订时间)	环境风险调查	突发环境事件应急	环境责任保险	环境信息公开	比重
海南省环境保护条例(2012)		有	有		50%
海南省矿产资源管理条例(2012)	有				25%
西宁市环境保护条例(2011)	有	有			50%
新疆维吾尔自治区环境保护条例(2011)		有	有		50%
重庆市长江三峡水库库区及流域水污染防治条例(2011)	有	有	有		75%
大连市环境保护条例(2011)		有	有		50%
山西省减少污染物排放条例(2010)			有		25%
厦门市海洋环境保护若干规定(2010)	有	有			50%
甘肃临夏回族自治州生活饮用水源保护管理条例(2010)	有				25%
深圳经济特区环境保护条例(2009)				有	25%
宁夏回族自治区环境保护条例(2009)	有	有			50%
江西省环境污染防治条例(2008)		有	有		50%
重庆市环境保护条例(2007)	有	有			50%
要素出现次数及比重	7/54%	9/69%	6/46%	1/7.7%	

3. 法律分析

从上述评估表格可以看出,地方性法规对于环境风险防范内容要素的规定,经历了一个发展过程。在2007—2010年期间,要素比重在25%—50%之间波动;2011年后,除个别特殊领域立法外(《海南省矿产资源管理条例》),要素比重都保持在50%,个别立法达到75%,表现出立法的进步,值得肯定。但从整体上看,目前地方性法规对环境风险防范政府责任的规定仍然存在诸多问题:

(1) 公众参与程度明显不足。环境信息公开是公众参与环境风险防范的基础性要求,但仅有一个地方性法规进行了规定,比重为7.7%,明显偏少。同时,除信息公开外,没有地方性法规对环境风险防范的公众参与问题进行规定,使政府对公众的宣传、教育、召开相关听证会、论证会等内容缺乏法律依据,实际上是回避了环境风险防范中保障公众参与权利的政府责任。

(2) 各要素之间分布不均衡。根据上表,从整体上看,"环境风险调查""突发环境事件应急""环境责任保险""环境信息公开"四个要素的出现频率分别是54%(0.54)、69%(0.69)、46%(0.46)、7.7%(0.077),在统计学上四个数据的标准差为0.22,而平均值为0.44,平均值和标准差之间具有一定差距,说明四个数据的分布不平衡,离散程度较大。可见,目前对于环境风险防范政府责任要素的规定比较分散,没有在立法中积聚起来形成"合力",尚未形成较为完备的环境风险防范政府责任体系。

(3) 新的立法中对环境风险防范政府责任要素的规定不完备。尽管2010年以后的立法在要素比重上有所提升,但除了"突发环境事件应急"要素都有规定外,"环境风险调查"要素所占比重偏低,"环境信息公开"要素更是没有规定。从具体内容看,突发环境事件应急的内容比较详细,但其他要素的内容普遍比较粗略,缺乏对相关实施细节的规定,无法对相应社会关系进行全面调整。

(4) 缺乏对政府问责的规定。"权责统一"是依法行政的基本要求,明确的法律后果是督促政府合法、有效履行职责的重要手段,而在环境风险防范地方立法中,除了《重庆市环境保护条例》第95条规定了政府责任追究外,其他相关立法都缺少政府违反环境风险防范责任之法律后果的规定。这即为典型的"重视第一性政府环境责任,轻视第二性政府环境责任"的现象,只对政府的权力配置与利益分配进行规定,忽视对政府违反环境责任的追究。① 这就使得相关立法的实施效果大打折扣。

综上所述,目前各地方性法规对环境风险防范政府责任的规定取得了一定进步,但从整体上看,立法没有充分体现环境风险防范政府责任的全部要素,各要素之间分布也非常不平衡,轻视公众参与和政府问责的规定,存在较大的立法空白与立法缺失,需要尽快加以填补。

(四) 环境风险防范政府责任立法的改进与完善

1. 立法缺失的弥补

根据前文分析,目前我国地方性法规对环境风险防范政府责任的规定存在较多的立法空白与缺失,需要有针对性地予以弥补。具体包括如下几个方面:

(1) 加大环境风险防范地方立法的进度。从法律文本的形式角度看,目

---

① 蔡守秋:《论政府环境责任的缺陷与健全》,载《河北法学》2008年第3期。

前仅有重庆市、西宁市、大连市在地方性法规中明确宣示了环境风险防范的政府责任,其他特殊领域环境风险防范的规定在规范效力和调整范围上具有较大局限,不适合作为本行政区域环境风险防范的主要规范依据。因此从整体上看,目前的地方立法未能有效回应国家提出的"防范环境风险"战略目标,需要各地方立法机关,尤其是环境风险高发地区的立法机关有针对地予以弥补和改进。值得注意的是,在 2013 年 7 月公布的《环境保护法修正案(草案二次审议稿)》中,曾经就环境风险防范的政府责任问题进行了规定①,但对比 2014 年 4 月最后修订通过的《环境保护法》,相关规定却未出现,第 47 条仍限定在"突发环境事件"领域。在此情况下,地方立法机关的意志对我国环境风险防范政府责任的完善具有关键性作用,必须引起充分重视。

(2)确认和完善政府环境风险信息公开责任,提升公众参与环境风险治理的程度。从原因上分析,目前地方性法规缺乏环境信息公开的规定,可能是各地立法者认为已经有了《政府信息公开条例》《环境信息公开办法》等法律法规,不需要在地方立法上进行重复规定。但从社会经验上分析,由于地方保护主义的普遍存在,能够对政府工作人员,特别是基层政府工作人员行为构成直接影响的法律文本,并非中央立法,而是地方立法,甚至是上级部门所发的规范性文件。相关调研也对此现象进行了证实。② 另外,我国现行的环境公开立法仍然存在较大的改进空间,制度规定在精细性和可操作性上有待提高。③ 可见,地方立法中环境风险信息公开规定的缺失非常不利于公民环境权益的保护,也极大限制了相关领域公众参与的实现,应进行有针对性的弥补。

(3)明确对政府问责的规定。如果只是宣示政府防范环境风险的责任,赋予政府环境风险治理的权力,缺乏对政府违法作为或不作为的责任追究,就极易形成环境管制的"政府失灵",这也是我国环境保护立法的普遍性问题。④ 因此,应强化政府问责的"第二性政府环境责任",明确规定追究政府及工作人员违反环境风险防范责任的具体制度、程序,对政府行为构成有效的监督和约束,克服和避免环境风险治理的"政府失灵"。

---

① 在全国人大 2013 年 7 月公布的《环境保护法修正案(草案二次审议稿)》中,对环境风险防范政府责任的规定主要在第 38 条:"各级人民政府及其有关部门应当依法加强环境污染风险控制,在应对突发事件时应当在抢险、救援、处置过程中采取必要措施,避免或减少突发事件对环境造成损害。"其中的"依法加强环境污染风险控制"规定可视为环境风险防范政府责任的"一般条款"。

② 吕忠梅等:《理想与现实:中国环境侵权纠纷现状及救济机制构建》,法律出版社 2011 年版,第 138—140 页。

③ 陈海嵩:《论环境信息公开的范围》,载《河北法学》2011 年第 11 期。

④ 王曦:《当前我国环境法制建设亟须解决的三大问题》,载《法学评论》2008 年第 4 期。

2. 法律规定的完善

除了前述立法空白需要及时弥补外,目前环境风险防范政府责任立法在一些领域已经有了规定,但需要进行完善。具体包括如下几个方面:

(1) 强化"环境风险调查"和"环境责任保险"要素的规定。政府对环境风险进行全面调研、排查,推行环境污染责任保险制度,是有效环境风险防范的内在要求。根据前述评估表格,目前"环境风险调查"要素的比重为33%,"环境责任保险"要素的比重为50%,都存在较大的提升空间,需要在今后的地方立法过程中予以补充完善。

(2) 完善"突发环境事件应急"要素的规定。"突发环境事件应急"要素是目前环境风险防范立法中相对较为完备的部分,但从相关法条的细化度和可操作性看,不同地区之间的差异较大,如《江西省环境污染防治条例》相关条文仅有1款(第4条第3款),共计14字;《海南省环境保护条例》相关条文有1条(第55条),共计54字,《西宁市环境保护条例》相关条文有两条(第37条、第38条),共计204字。从内容要素完备的角度看,无疑需要在地方性法规中细化突发环境事件应急的规定,对突发环境事件应急处理事前、事中、事后的全过程进行全面规范。

必须指出的是,不能简单地认为我国应急预案体系已经相对完善,依据《国家突发环境事件应急预案》和各省市制定的相关预案,就不需要在地方性法规中对突发环境事件应急制度加以规定。从性质看,应急预案由地方政府制定,可视为落实上位应急法律的地方政府规章,但应急预案和法规范仍然存在较大差异。① 因此,将突发环境事件应急处置的法律依据完全归置与应急预案,在行政合法性上无疑存在瑕疵。另外,目前《国家突发环境事件应急预案》和各省市的相关预案在立法思想、法律体系衔接、可操作性等方面都存在较多问题,内容也未能完全公布②,根据法治的基本精神,也不适宜将较为"敏感"的应急预案作为政府环境风险防范的法律依据。因此,应完善突发事件应急的地方立法,以相关应急预案为补充,对突发性环境事件进行有效防范。

第三节 实现风险预防义务的制度设计

在现代风险社会中,国家的风险预防义务意味着对国家对各类风险进行

---

① 林鸿潮:《论应急预案的性质和效力》,载《法学家》2009年第2期。
② 参见邵道萍:《突发环境事件应急立法亟待完善》,载《环境保护》2010年第1期;阮啸:《试析〈突发事件应对法〉下的环境应急法制》,载《辽宁行政学院学报》2009年第12期。

有效规制,对公民加以必要的保护。一般而言,风险规制主要通过政府进行,其依据立法者的授权,在国民面临风险威胁时采取相关行动。① 我国环境风险规制的现状并不容乐观。从近年来多地发生的由邻避设施建设(如 PX 化工项目、垃圾焚烧厂、核电站等)引发的环境群体性事件看,政府往往束手无策而被迫宣布项目"下马",非理性的社会情绪则日益高涨。同时,以水污染事故和重金属污染事故为代表的环境公共事件频发,政府的应对措施极易引发社会争议,面临着越来越大的舆论压力。这些都充分暴露出政府风险规制能力的缺失,亟须加以改进。在现阶段,通过政府风险规制能力的提升落实国家的风险预防义务,是实践国家环境保护义务的关键目标。下面即围绕近年来我国发生的环境群体性事件展开研究,对国家风险预防义务的有效实现进行探讨。

一、环境群体性事件:实现国家风险预防义务的典型场域

从总体上看,以 2007 年厦门 PX 事件为分界点,我国的环境群体性事件经历了从"事后救济型"到"预防型"的发展。② 近年来具有代表性的环境群体性事件可参见下表:

表 6.8　代表性的环境群体性事件一览表

名称	发生时间	事件起因	主要抗议活动	政府回应	后续发展
厦门 PX 事件	2007 年 6—12 月	腾龙芳烃公司在厦门海沧区投资区兴建 80 万吨/年 PX 项目	6 月 1—2 日,厦门市民到市政府前"散步"以表达抗议	12 月 16 日,福建省政府、厦门市政府决定停止建设海沧 PX 项目。	项目迁往漳州市古雷半岛,2013 年 6 月基本建成。
四川什邡钼铜事件	2012 年 7 月	四川什邡宏达集团宣布投资 104 亿元建设钼铜项目生产基地	7 月 1—2 日,什邡市民在政府前和宏达广场两地聚集,反对项目建设	7 月 3 日,什邡市政府表示,停建宏达钼铜项目,今后不再建设。	
江苏启东排海管道事件	2012 年 7 月	南通市经济技术开发区建设大型达标水排海基础设施工程	7 月 28 日上午,启东市民在市政府门前抗议,场面一度失控。	7 月 28 日中午,南通市政府宣布,永久取消排海工程项目。	

---

① 金自宁:《风险规制与行政法治》,载《法制与社会发展》2012 年第 4 期。
② 于建嵘:《自媒体时代公众参与的困境与破解路径》,载《上海大学学报》2013 年第 4 期。

(续表)

名称	发生时间	事件起因	主要抗议活动	政府回应	后续发展
宁波镇海PX事件	2012年10月	中石化镇海炼化分公司计划扩建乙烯一体化项目,包含100万吨/年的PX项目	10月25—28日,宁波市民发起抗议,要求项目停建。	10月28日,宁波市政府宣布:(1)坚决不上PX项目;(2)炼化一体化项目停止推进,再作科学论证。	炼化一体化项目列入浙江省2013年"411"重大项目计划(前期·预选类)
广东茂名PX事件	2014年2—4月	茂名市计划兴建芳烃(PX)项目,2014年2月底开始进行相关宣传活动	3月30日—4月1日,茂名市民发起抗议,反对建设PX项目。	4月3日,茂名市政府表示,在社会没有达成充分共识前绝不会启动该项目。	

正确认识当前环境群体性事件的特征,是有效应对的前提与基础。然而,学术界和社会舆论对目前我国环境群体性事件的认识,在很大程度上受到传统"维权思维"模式的影响,仍然停留在"企业侵害公民权益——政府放任不管——公民集体抗争"的传统认识中,在二元对立的"侵权/维权"结构中看待环境群体性事件。以权利话语为基础、简单套用"环境维权"框架对环境群体性事件的发生原因进行静态、先验的归因,最大危险在于对当代中国复杂社会事实的遮蔽,已在一定程度上影响了对当前环境群体性事件的理性判断与有效应对,有必要加以深入辨析。下面从三个方面出发,揭示以"环境维权"视角看待环境群体性事件的缺失:

(一)对企业行为的理解

在环境维权话语中,企业是具有"原罪"的污染制造者,是侵害公民权利的罪魁祸首。必须承认,在环境违法行为大量存在的当代中国,对企业的这一道德预设具有一定合理性。有观点认为,正是公众预见到企业必然在环境管制"红线"范围外偷偷排污,因此在项目立项之初就提出反对,形成环境群体性事件。[1] 但是,深入考察环境群体性事件不难发现,认为引起抗议的项目及企业行为必然"侵害公民权利"是过于狭隘和绝对化的理解。

例如,在宁波镇海PX事件中,引起抗议的项目是中石化镇海分公司计划扩建的"炼化一体化项目",是与已有化工炼厂相配套的建设项目,目的是

---

[1] 凌斌:《规则选择的效率比较:以环保制度为例》,载《法学研究》2013年第3期。

对周边的小化工企业形成挤出效应,实现镇海化工业的转型升级。① 在这个意义上看,环境群体性事件属于"以环保名义反对环保",在整体上反而对宁波地区的整体环保目标造成损害。在启东排海管道事件中,这一现象表现得更加明显。引起抗议的"排海管道"工程项目初衷是利用黄海环境容量、减轻南通经济技术开发区的环保压力。然而,在该工程被宣布永久停工后,王子制纸集团等企业产生的污水就只能继续排入长江,直接影响到下游居民的饮用水安全(包括上海),这实际上造成了一个多输的局面。② 在什邡钼铜事件中,引起抗议的宏达钼铜项目属于灾后重建项目,在环保部对什邡地区进行排污总量控制的要求下,该项目建成生产后,当地原有的几十家小化工企业就需要关闭。③ 可见,考虑到环境决策的复杂性和生态环境的整体性,上述群体性事件中对企业兴建项目的抵制反而可能对区域整体性环境目标造成损害,这一事实往往为环境维权话语所遮蔽。

(二) 对政府行为的理解

在环境维权话语中,地方政府出于政绩考虑或者被企业所"俘获",往往成为污染企业的"帮凶"而导致公民权利无法得到救济。有学者将其归纳为独特的"政经一体化"机制。④ 但是,在当前的环境群体性事件中,政府行为的形态非常复杂,绝非单一的"帮凶"所能概括。

例如,镇海 PX 事件源于不在项目搬迁范围的村民上访,但实际上,计划搬迁的村庄并不属于项目工程用地。政府的原意是利用项目扩建的机会,将位于新防护林与老化工区之间的村庄搬出去,在新项目中解决老问题,"还历史欠账"。⑤ 在启东排海管道事件中,当地政府的行为则更加复杂。2012年7月28日晨,启东市民冲进市政府,围堵市委书记,引发此次事件。但在此之前,已经有包括记者在内的许多人得到"7月28日将有事要发生"的信息。⑥ 值得注意的是,这一能够精确到具体日期,并且事后证明丝毫不差的"预测",能够在事发前广泛传播,当地政府不知情是不可想象的,其行为策略颇值玩味。有观察者指出,因为启东市并不是造纸工厂所在地,仅仅为排污地,政府也未得到税收好处,因而本地政府和民众的利益相对一致。⑦ 这

---

① 陈晓:《宁波人的抗议:以 PX 的名义》,载《三联生活周刊》2012 年第 45 期。
② 谭翔飞、贺涛:《求解环境群体性事件》,载《财经》2012 年第 21 期。
③ 冯洁、汪韬:《开窗:求解环境群体性事件》,载《南方周末》2012 年 11 月 29 日。
④ 张玉林:《政经一体化开发机制与中国农村的环境冲突》,载《探索与争鸣》2006 年第 5 期。
⑤ 钟坚:《宁波镇海反 PX 事件始末》,载《凤凰周刊》2012 年第 32 期。
⑥ 谭翔飞、贺涛:《求解环境群体性事件》,载《财经》2012 年第 21 期。
⑦ 陈晓:《宁波人的抗议:以 PX 的名义》,载《三联生活周刊》2012 年第 45 期。

为我们正确理解该事件中地方政府的行为动机与策略选择提供了可能性。

可见,在当代中国的环境保护领域中,地方政府并非一定是"环境维权"框架中所预设的"帮凶",也可能是有心办好事却不被理解的"家长"(如镇海PX事件);在特定的条件下,也存在与公众成为"伙伴"、采取特定的策略而实现共同目标的可能性。简单认为政府一定与企业相勾结侵害公民权利,显然遮蔽了政府决策的复杂性,并不符合当前地方政府的行为逻辑。

(三) 对公众行为的理解

在环境维权话语中,公众的抗争行为被天然的理解为对不义的反抗。但是,从环境群体性事件的实际场景出发,下列问题值得深入思考:

首先,公众"维权"是否基于真实的环境利益? 已经有学者指出,目前的环境群体性事件背后均有较为复杂的利益关系,环保因其正当性而被各种利益诉求所共同运用。① 从抗争行为的实践逻辑观之,这实质上是在问题形成的初期,通过将公众的具体诉求不断抽象化的策略,以"维权"为核心建立认同感。② 以"环境维权"取得道德制高点与话语优势后,通过特定的传播策略形成"强烈反对"的主流民意,无从辨识"民意"背后的真实利益。

其次,公众"维权"是理性的还是非理性的? 从性质上看,目前我国的环境群体性事件表现出强烈的"邻避"特征,即居民基于"别在我家后院"(Not In My Back Yard,NIMBY)的认识而反对修建公共设施。一般认为,公众的"邻避"心理是一种典型的情绪化反应。③ 这一现象也反映在我国环境群体性事件中:由于公众对政府、专家缺乏信任,政府和建设方所主张的"技术安全""依法行政"等话语完全失去效力,反而会激发更多的人参与抗争。④ 在舆论"一边倒"的强大压力下,任何理性的公共对话与风险沟通都难以存在(被妖魔化的PX项目即为例证),而政府在维稳压力下迅速妥协以求"息事宁人"也就成为常态。

最后,公众"维权"的法律基础为何? 或者说,公众通过发动环境群体性事件要维护什么权利? "我们要生存、我们要健康"是环境群体性事件中经常出现的口号,似乎可以认为公众所主张的是生存权、健康权等集体人权。但考虑到公众强烈的"邻避"心理和以"保卫家园"为核心的动员机制,公众

---

① 于建嵘:《自媒体时代公众参与的困境与破解路径》,载《上海大学学报》2013年第4期。
② 龚文娟:《约制与建构:环境议题的呈现机制》,载《社会》2013年第1期。
③ See Vittes M. E, Pollock P. H, Lilie S. A, Factors Contributing to NIMBY Attitudes, Waste Management, 13(2),1993. pp.125—129.
④ 何艳玲、陈晓运:《"一般人群"在邻避冲突中如何形成抗争动机》,载《学术研究》2012年第5期。

此时所主张是带有典型区域性和团体化的利益,并不具备人权的普遍性,反而会对其他地区造成损害。进而言之,环境群体性事件中公众主张的所谓"权利",更多的是公众基于权利话语强势地位而选择的一种斗争策略,并不是一种规范性的表达与主张。从社会学的角度加以解读,"机会主义的麻烦制造者"是当代中国社会抗争的基本特征,即抗争者以"有用"为标准采取不同的抗争策略,表现出典型的实用主义态度。①

根据上述分析,对当代中国环境群体性事件发生原因更为合理的解释是:相关民众出于维护自身利益的目的,以环保的名义而发起的策略性运动。将其同美国环境运动的发展相比较,一个重要的差异是:在美国,是为了维护私人财产权而发起反对环保主义的"绿色反弹"运动②,而在中国,同样是为了维护私人利益,则是发起以环保为旗帜的社会运动,并采取"实用"的策略达到目标。海外中国研究的学者指出,在中国集体示威和抗议中所主张的"生存权"具有浓厚的功利主义色彩,同西方人权理论中的"权利"有本质差异。③ 可见,用根源于西方法治传统的权利话语来解释当代中国的环境群体性事件,必然出现"南橘北枳"的困惑。因此,认为公众基于环境权利意识觉醒而通过群体性事件"维权",更多是权利话语的理论想象而不符合中国现实。

综上可见,用权利话语来解释当代中国的环境群体性事件,客观上将环境纠纷问题进行了结构固化,将企业和政府推向公众与道德的对立面,使人们下意识地在其预设的"侵权—维权"结构中理解环境纠纷。这就遮蔽了环境纠纷在当今中国社会中呈现出的复杂形态,无法有效解释与应对我国日益突出的环境群体性事件。从根源上说,当前"预防型"环境群体性事件的诱因并不是"权利受损",而是公众对环境风险的恐惧与抗拒;国家的核心任务,并非"救济权利",而是如何有效进行风险规制。

因此,不应以"环境维权"视角看待当代中国的环境群体性事件,而应以"风险规制"视角看待环境群体性事件,将其视为国家实现风险预防义务的典型场域。如此,方能揭示环境群体性事件在当前中国社会的实践逻辑与治理之道。

---

① Elizabeth J. Perry and Merle Goldman. Grassroots Political Reform in Contemporary China, Harvard University Press, 2007, p.254.

② Mark Dowie, Losing Ground: American Environmentalism at the Close of the Twentieth Century, Cambridge: MIT Press, 1995, pp.83—84.

③ Elizabeth J. Perry. Chinese Conceptions of "Rights": From Mencius to Mao and Now, Perspectives on Politics, 6(1),2008, pp.37—50.

二、对环境群体性事件治理困境的解释

从风险规制的角度看,当前我国环境群体性事件无疑陷入了"政府和公众都不满意"的治理困境。以最为典型的环境群体性事件——PX 事件为例。近年来,我国各地发生有较大影响的 PX 事件包括:2007 年的厦门 PX 事件、2011 年大连 PX 事件、2012 年宁波镇海 PX 事件、2013 年昆明 PX 事件、2014 年茂名 PX 事件。上述多个 PX 事件具有极为相似的发展轨迹,可归纳为"抗议—停止":从事件的源头看(民众参与抗争活动的目的),"妥善处理"邻避设施是其关注的唯一议题,达到目的后抗争随即停止①;从事件的结果看(政府的应对),几乎无一例外的都是政府宣布采取停建、迁址等措施。然而,从社会评价上看,PX 事件发生了显著的变化:厦门 PX 事件被舆论公认为中国公众参与的"里程碑",是"民意的胜利""政府和民众互动的经典范例"②,在理论上则被归纳为"行政决策的参与式治理模式",代表了我国行政决策模式的转型③;但之后发生的 PX 事件,则被认为是非理性社会情绪所集中发泄的场所,"PX 项目"被公众彻底"妖魔化";事件陷入"不闹不解决,小闹小解决,大闹大解决"的中国式循环。④

基于 PX 事件从"双赢"到"双输"的评价变迁,我们必须诚实地承认:从厦门 PX 事件中"总结"出的理论逻辑,并未在随后的类似事件中得到证实;以 PX 事件为代表的邻避型环境群体性事件陷入了"政府和公众都不满意"的治理困境。对此,一个显然的问题是:将近年发生的"PX 事件"同作为"范例"的厦门 PX 事件相比,为何存在如此之大的差异?下面对此进行深入分析。

(一)现有解释及其不足

纵观目前对 PX 事件治理困境的解释,主要有如下三种:

解释一:"昙花一现"论。该观点认为,厦门 PX 事件开创了中国环境政治治理的"PX 模式",但由于相应的政治社会条件并未有效改观,这一模式

---

① 这一点也为全国规模的民意调查研究所证明。参见王奎明、钟杨:《"中国式"邻避运动核心议题探析》,载《上海交通大学学报》(哲学社会科学版)2014 年第 1 期。
② 参见笑蜀:《祝愿厦门 PX 事件成为里程碑》,载《南方周末》2007 年 12 月 19 日;上官敫铭:《厦门人反 PX 之战:环保旗帜下的民意胜利》,载《南方都市报》2007 年 12 月 25 日;刘向晖、周丽娜:《历史的鉴证 民本导向的典范——厦门 PX 事件始末》,载《中国新闻周刊》2008 年第 1 期。
③ 参见王锡锌、章永乐:《我国行政决策模式之转型》,载《法商研究》2010 年第 5 期。
④ 龙小农、舒凌云:《自媒体时代舆论聚变的非理性与信息公开滞后性的互构——以"PX 项目魔咒"的建构为例》,载《浙江学刊》2013 年第 3 期。

只能"昙花一现"。① 从实践层面上说,厦门 PX 事件中的积极经验,尤其是政府如何预防和回应邻避型群体性事件的能力,并未如期待和预料中的那样被重视。②

解释二:"公众无知"论。该观点强调,PX 并非危险化学品而是"低毒化合物",是在全球蓬勃发展的基础性化工项目,具有广泛的用途,而中国目前存在较大的产量缺口;公众对 PX 存在误解。"中国需要 PX 是事实;居民因为不充分了解 PX、不相信 PX 项目能管理好而反对 PX,也是事实。"③

解释三:"公众参与缺失"论。有学者认为,错位的"官民"关系、梗阻的利益表达机制、封闭的权力运行机制、缺损的权利救济渠道、非法治化的应急处置机制、缺位的善后处理制度是当下我国群体性事件频发的主要原因。④根据此观点,在 PX 项目的行政决策过程中,公众知情权、参与权、监督权无法得到保障和充分实现,导致政府公信力下降并引发群体性事件。⑤

以上三种解释是本书讨论的基础。但是,这些解释都留有存疑之处。就"昙花一现"论而言,其在逻辑上属于"事后诸葛亮"式的归因,将厦门 PX 事件的"成功"归于当地政府的"开明"和民众的"高素质",其他 PX 事件的"失败"归于"不重视厦门的经验",显然忽视了政府近年来为维护社会稳定而采取的诸多制度措施。例如,"十二五"规划中提出"建立重大工程项目建设和重大政策制定的社会稳定风险评估机制";四川、山东、浙江、辽宁、江苏等地均建立了重大事项社会稳定风险评估机制。⑥ 2012 年 8 月,国家发改委出台《重大固定资产投资项目社会稳定风险评估暂行办法》。这些显然是政府越来越重视行政决策的社会稳定风险、避免出现群体性事件的证明,而"昙花一现"论不能给出令人信服的解释。

就"公众无知"论而言,它在破除"PX 谣言"及宣传相关科学知识上⑦发挥了重要作用。但是,首先,在现代风险社会中,专家和公众在风险本质、风

---

① 田飞龙、王又平:《环境信息公开与环境政治治理》,载《绿叶》2012 年第 9 期。
② 李永政、王李霞:《邻避型群体性事件实例分析》,载《人民论坛》2014 年第 1 期。
③ 参见冉永平等:《揭开 PX 的神秘面纱》,载《人民日报》2013 年 6 月 24 日;马龙等:《PX:一场特殊的"科学保卫战"》,载《人民日报》2014 年 4 月 6 日。
④ 杨海坤:《我国群体性事件之公法防治对策研究》,载《法商研究》2012 年第 2 期。
⑤ 参见郑旭涛:《预防式环境群体性事件的成因分析》,载《东南学术》2013 年第 3 期;李文曾:《诊脉"PX"困局》,载《新产经》2013 年第 6 期。
⑥ 廉如鉴、黄家亮:《关于"遂宁模式"的反思:探索重大事项社会稳定风险评估工作的新思路》,载《长春市委党校学报》2012 年第 1 期。
⑦ 2013 年以来,政府部门、石化企业、中央媒体、权威专家针对 PX 开展了密集的宣传教育活动。参见彭利国、龚君楠:《PX 国家公关》,载《南方周末》2013 年 7 月 25 日。

险严重程度的判断、评价风险之方法等方面存在较大分歧①,这是一个普遍存在的现象而非"PX事件"所独有。一般认为,公众和专家在风险认知上的差异不能简单归结于"公众无知",而是代表了科学理性和社会理性的矛盾和分裂;政府和专家并不能垄断对风险的判断和解释,偏离公众的"社会理性"而进行的决策既不正当,也不合理。② 其次,对PX危害性的判断固然要破除"PX是剧毒致癌物""国际上PX工厂必须距离居民区100公里"等明显违反事实的谣言,但简单强调"PX是低毒化合物""PX毒性和酒精差不多"也存在片面的嫌疑。有观点指出,二甲苯(PX)在毒理学上属于"急性低毒",长期接触仍然具有较大危害;简单说"低毒"容易给大众造成误导。③ 最后,还必须考虑到,我国化工石化企业在产业布局上存在安全隐患,环境风险问题日趋严重,近年来已经造成多起重大污染事故,也强化了公众对化工项目的排斥心理。可见,建立在单一专家视角上的"公众无知"论在理论上缺乏正当性,在科学基础上也存在一定争议,无法针对PX事件的治理困境提供适宜的解释。

"公众参与缺失"论对环境群体性事件中阻碍公众参与的因素进行了分析,强调公民知情权、参与权、监督权的保障与实现,被几乎一致视为是解决环境群体性事件的当然之策。这无疑具有重要意义,公众参与也具有不可辩驳的理论正当性。然而,就破除PX事件治理困境而言,存在一个逻辑悖论:既然厦门PX事件已经在公众参与上作出了"示范",政府也一再强调"民主决策"和社会稳定,为何随后发生的PX事件仍然还是"公众参与缺失"?换言之,"压力型体制"④下的地方政府作为一个理性经济人,明知"不开放公众参与就很可能导致群体性事件",为何还一再固执地进行所谓"黑箱决策"而无视"维稳任务"?这显然有悖于当前地方政府运行的基本常理,也是"公众参与缺失"论所无法解释的。

综上,目前对于PX事件治理困境的三种解释均存在漏洞。从性质上看,上述解释均属于泛道德判断,即根据某价值预判进行单向度的推导,并对经验事实进行选择性的"裁剪",得出"昙花一现""公众无知"或"公众参与缺失"的结论,无疑遮蔽了PX事件中复杂的社会事实。此时,就需要从道德

---

① 戚建刚:《风险认知模式及其行政法制之意蕴》,载《法学研究》2009年第5期。
② 陈海嵩:《风险社会中的公共决策困境》,载《社会科学管理与评论》2010年第1期。
③ 郑玉新:《也谈百度百科PX词条》,科学网 http://blog.sciencenet.cn/blog-532053-782628.html,2014年4月6日。
④ "压力型体制"是对当前中国地方政府运作机制的理论概括,其强调地方政府的运行是对不同来源发展压力的分解和应对,已得到广泛认同。参见杨雪冬:《压力型体制:一个概念的简明史》,载《社会科学》2012年第11期。

评价转入规范评价,以法社会学的视角,通过多案例比较的方式,揭示真正影响 PX 事件的关键要素。

(二) PX 事件中行政决策的影响因素分析

在前文事实归纳的基础上,进一步提炼各 PX 事件中影响政府决策的实质性因素,还原政府作出相应决策的背景与过程。具体参见下表。

表 6.9 "PX 事件"中行政决策的影响因素及其结果

因素与决策 案例	影响因素				政府决策
	所涉项目规模	项目进展情况(事件发生时)	公众的"民意"	利益相关方①	
厦门 PX 事件	单一的 PX 项目(海沧 PX 项目)	项目刚开工建设	反对 PX 项目,要求项目迁址	腾龙芳烃公司;海沧地区业主与房地产商	开展规划环评;PX 项目最终迁址漳州
大连 PX 事件	单一的 PX 项目(福佳大化 PX 项目)	已经建成并投产	反对 PX 项目,要求项目停产并搬迁	福佳·大化石油化工有限公司	PX 工厂停产并搬迁;半年后恢复生产
宁波镇海 PX 事件	中石化镇海炼化一体化扩建项目(包含 PX 项目)	尚未开工建设	反对"镇海 PX 项目";部分市民提出"宁波不需要化工业"	中国石化镇海炼化分公司;镇海炼化附近村民	不建 PX 项目;炼化一体化扩建项目重新论证
昆明 PX 事件	中石油安宁炼油项目(未确定是否建设 PX 项目)	前期工作基本完成,等待开工建设	第一次散步提出"反对 PX";第二次散步扩大到"反对云南炼油项目"	中国石油云南石化有限公司	根据群众意见决定是否建炼油配套项目
茂名 PX 事件	单一的 PX 项目(茂名芳烃项目)	项目尚未获批	反对建设 PX 项目	中国石化茂名分公司	社会没有达成充分共识,绝不启动 PX 项目

根据上表,可以对不同因素影响行政决策的情况进行分析:

1. 项目自身规模对行政决策的影响。从上表中可以看出,所涉项目如果为单一的 PX 化工项目(厦门 PX 事件、大连 PX 事件、茂名 PX 事件),政府

---

① 这里的利益相关方,指除政府和公众外,在 PX 事件中还涉及其他利益主体,主要包括项目建设主体、项目特殊利益群体等。

态度比较坚决,表示停建、搬迁 PX 项目;如果所涉项目为整体性的石化项目,由于涉及综合性的整体利益①,政府态度比较模糊:在宁波镇海 PX 事件中,政府承诺"停止推进、再做论证"而不是"取消建设计划";在昆明 PX 事件中,政府则没有明确表态。换言之,政府在承诺不建 PX 项目的同时,并未明确表示停建或搬迁化工项目。因此,项目规模对行政决策有直接的影响。

2. 项目进展情况对行政决策的影响。从上表中可以看出,除大连 PX 事件外,其余 PX 事件中所涉项目均未建成投产,包括项目待批(茂名 PX 事件)、前期审批(宁波镇海 PX 事件)、等待开工(昆明 PX 事件)、项目刚开工(厦门 PX 事件)四类情况,政府也作出了相似的"停建或迁址"决定。而在大连 PX 事件中,所涉 PX 工厂在停止生产半年后通过安全性评估并恢复生产,行政决策经历了"停止—恢复"的过程。可见,项目进展情况对行政决策有直接的影响。

3. "民意"对行政决策的影响。从发生原因上看,通过各种方式聚集而成的"民意"无疑是爆发"PX 事件"的最直接因素。应该说,在"PX 事件"这个典型的公共事件中,"民意"起到了公共政策"议程设置"(agenda-setting)的作用,属于典型的"外压模式"。② 但是,议程设置与政策形成(政府决策)之间并非是单向度的线性联系,而是具有多种可能的模式。③ 从上表可以看出,PX 事件中"民意"和政府最终的行政决策并不绝对保持一致。在厦门 PX 事件、大连 PX 事件和茂名 PX 事件中,"民意"和行政决策基本一致;在宁波镇海 PX 事件中,"民意"和行政决策在 PX 项目上保持一致,但在对待炼化一体化项目上有微妙的区别;在昆明 PX 事件中,"民意"和行政决策基本不一致,政府和公众对石化项目的态度截然相反。由此可见,"民意"对行政决策的影响,取决于其与政府态度的"契合度":如果两者"完全一致"或"部分一致",则"民意"对行政决策能够产生一定的间接影响;如果两者截然相反,则"民意"对行政决策不产生实质性影响。

4. 利益相关方对行政决策的影响。利益相关方是 PX 事件中不被人关注的"隐藏"主体,最具代表性的即为项目建设主体。综合各方面因素分析,其在行政决策中发挥的作用大致分为两种情况:(1) 在宁波镇海 PX 事件、

---

① 例如,在昆明 PX 事件中,中石油云南炼油项目是国家重大能源项目,寄托着改变云南油荒的梦想,可以说是"大势所趋不忍不为"。参见彭利国、龚君楠:《PX 国家公关》,载《南方周末》2013 年 7 月 25 日。
② 对公共政策议程设置各种模式的分析,参见王绍光:《中国公共政策议程设置的模式》,载《中国社会科学》2006 年第 5 期。
③ 翁士洪、顾丽梅:《网络参与下的政府决策回应模式》,载《中国行政管理》2012 年第 8 期。

昆明 PX 事件、茂名 PX 事件中,项目建设主体是中石油、中石化等大型国有企业,在事件全过程中与政府保持"高度一致",其意见应视为间接影响政府行政决策;(2) 在厦门 PX 事件、大连 PX 事件中,项目建设单位是社会资本控股的民营企业。从企业自身利益考虑,自然不希望 PX 项目停建或停产,但显然没有对政府决策产生影响,甚至发生了企业老板到北京上访"维权"的举动。①

需要特别指出的是,除项目建设主体外,具体情境中的"PX 事件"还可能存在其他的利益相关方,其影响行政决策的情况更为复杂。具体而言:(1) 在厦门 PX 事件中,必须注意到一个重大利益相关方:海沧地区的业主及房地产商。有观点提出,稀缺的海滨景观、巨大的房价升值前景,使 PX 项目所在地——海沧地区成为房地产开发商趋之若鹜的"宝地",加上已经存在于化工区旁边的众多房地产项目,PX 项目迁址符合其最大利益。② 尽管没有直接证据表明房地产业涉入该事件,但从整个事件的推动和发展过程中,该地区楼盘"未来海岸"的业主是最早提出 PX 问题的群体并积极参与各项活动,这也使得有人对所谓"厦门市民"的参与动机提出质疑。③ 由此可见,在厦门 PX 事件中,房地产商及业主应视为间接影响了政府行政决策。(2) 在宁波镇海 PX 事件中,附近村民也是不可忽视的利益相关方。如前所述,引发事件的"导火索"是镇海炼化附近未纳入搬迁范围内的村民集体上访,而从事件的实际过程看,村民"点燃了宁波反 PX 的导火索,事件却朝着他们完全没想到的方向发展";政府表示"项目停止推进"后,围绕项目建设的所有前期工作陷入停顿,原本计划迁出化工区的棉丰村自然无人过问,村民意见强烈,"民怨沸腾"。④ 由此可见,在镇海 PX 事件中,附近村民对政府行政决策没有产生影响。

综上,在 PX 事件中,不同因素对行政决策产生实质性影响的情况可归纳为:(1) 项目自身规模及其进展情况对行政决策具有直接影响;(2) "民意"是否对行政决策产生影响,取决于其与政府态度的"契合度";在两者一致的前提下,"民意"能够产生一定的间接影响;(3) 利益相关方对行政决策是否产生影响,取决于具体情境,不可一概而论。

---

① 如厦门海沧 PX 项目停建后,腾龙芳烃公司遭受巨大经济损失,不得以采取各种形式、各级层面的维权。参见薛子进:《维权之路有多长》,载《法人》2008 年第 6 期。
② 薛子进:《谁要赶走 PX 项目》,载《法人》2008 年第 6 期。
③ 例如,厦门市委一位官员认为参加座谈会的公众不是真正意义上的"市民代表",而"基本是利益相关方"。参见曾繁旭、蒋志高:《厦门市民与 PX 的 PK 战》,载《南方人物周刊》2008 年第 1 期。
④ 钟坚等:《宁波镇海反 PX 事件始末》,载《凤凰周刊》2012 年第 32 期。

（三）嵌入式决策：对厦门PX事件的反思与重构

综合以上论述，我们得以反思厦门PX事件，进而对当前我国日益多发的、以PX事件为代表的邻避型环境群体性事件有更为全面和深入的认识。纵观对厦门PX事件的规范性评价，基本从"民意的胜利"角度给予充分肯定，具体包括两个方面：一是政府决策积极回应"民意"，实现了"双赢"，最终将PX项目迁出厦门；二是政府主动引进公众参与的程序技术，并构建对话平台来化解危机。① 这也正是研究者普遍认为厦门PX事件的"示范"意义之所在。然而，根据前文分析，我们可以看出这两点均有值得反思之处：

1. 根据前文，PX事件中的"民意"并不必然影响政府决策。对此，不能简单地认为厦门PX事件中的政府"开明"，而其他事件中的地方政府"封闭保守"。关键问题在于，PX事件中的"民意"并不必然是整体公共利益的代表，而是表现出明确的"邻避"特征，即居民基于"别在我家后院"的认识而进行的抗议活动，带有强烈的自利动机。已经有研究指出，厦门PX事件中居民的参与是以保护自己生活区域的环境质量为主要目的的，是一种环境自私主义；PX项目最后迁址漳州，厦门市民对此"反应平淡"即为证明。② 在这个意义上说，简单地"回应"民意反而是一种"不负责任"的政府决策；政府和公众是否实现"双赢"，不能简单地将"民意"转变为政府决策，而应基于社会公共利益作出理性决策。

2. 就公众参与而言，考虑到当时的立法状况，厦门PX事件中政府在规划环评阶段对公众参与的引入，应视为"可操作性法规缺位下的探索"，值得充分肯定；同时，公众座谈会中市民代表的选择、发言顺序的安排等细节也应肯定。③ 然而值得反思的是：一方面，在公众参与的整个过程中，利益相关方——腾龙芳烃公司被选择性地忽视；另一方面，根据事后调查，积极参与厦门PX事件人士并不认为是政治参与的结果，而是其他外部因素作用的结果；简言之，"厦门PX事件绝不是民意的胜利"。④ 在这个意义上说，如果简单认为厦门PX事件是市民通过公众参与改变决策，就有"裁剪"复杂社会事

---

① 参见王锡锌、章永乐：《我国行政决策模式之转型》，载《法商研究》2010年第5期；罗依平、覃事顺：《民意表达与政府回应的决策机制构建——厦门PX事件引发的思考》，载《科学决策》2009年第7期；胡象明、唐波勇：《危机状态中的公共参与和公共精神》，载《人文杂志》2009年第3期。

② 周志家：《环境保护、群体压力还是利益波及：厦门居民PX环境运动参与行为的动机分析》，载《社会》2011年第1期。

③ 朱谦：《抗争中的环境信息应及时公开——评厦门PX项目与城市总体规划环评》，载《法学》2008年第1期。

④ 相关调查情况及分析，参见周葆华：《突发公共事件中的媒体接触、公众参与与政治效能——以"厦门PX事件"为例的经验研究》，载《开放时代》2011年第5期。

实以符合理论想象之嫌。

综合各方面情况,可以总结出厦门 PX 事件中的几个关键事实:(1) 海沧 PX 项目是由民营企业投资兴建的单一性化工项目;(2) 事件爆发时,海沧 PX 项目刚刚开工建设;(3) 政府未能有效履行监管责任,造成建设项目和区域定位相冲突的事实,海沧地区化工业和房地产业的矛盾日益突出①;(4) "民意"强烈要求 PX 项目迁址,并通过"散步"等方式进行表达;(5) 来自其他方面的压力,包括房地产业等相关利益方、国内外舆论等。

对此做进一步分析,得以重构厦门 PX 事件的实践逻辑:事实(1)、(2)决定了 PX 项目迁址面临较小的"阻力",事实(3)、(4)、(5)则从不同方面,提供了 PX 项目迁址的强大动力。厦门 PX 事件中政府最终做出的行政决策,应视为上述因素"合力"作用的结果。从另一个方面说,不能因为厦门 PX 事件中公众"民意"和政府决策具有高度一致,就简单地认定其是"民意的胜利",其背后隐藏着多个面向的复杂社会事实。

基于此,针对"为何双赢的厦门 PX 事件反而成为反 PX 的经典范例"这一现象,笔者的解释是:将厦门 PX 事件视为"范例",是根据"民意与政府决策相一致"表象而得出的结论,将"政府决策是否回应民意"作为唯一的评价标准,本质上是一种简化事实的泛道德评价;在现实中,"PX 事件"的缘起、发展与结束,是多重因素相互博弈、共同作用的结果,"民意"不是,也不应是影响政府决策的唯一因素。更进一步说,在厦门 PX 事件中,表面上"民意的胜利"掩盖了其复杂的博弈过程,将其视为"范例"本身就隐含着道德预判和话语暴力,反而对类似事件的合理解决造成阻碍;当前 PX 事件的治理困境并不是简单地从"双赢"到"双输",而是肇始于厦门 PX 事件中的道德评价和话语霸权,并在随后的类似事件中得以一再重复和强化。

根据上述 PX 事件中政府决策的特征,本书将其界定为"嵌入式决策"。这一概念受到新经济社会学"嵌入理论"(embeddedness)的启发。根据该理论,人不是脱离社会关系的孤立个体,而是嵌入于具体的、持续运转的社会关系之中的行动者并作出有利于自己的选择。② "嵌入"这一概念非常形象的描绘了 PX 事件中行政决策的真实场景。所谓"嵌入式决策"是指:在 PX 事件中,政府不是依据既定的规则作出具有稳定性和可预期性的行政决策,而是嵌入在当今中国的政治经济体制与社会网络中,即政府在"维稳"的刚性

---

① 2007 年 6 月 7 日,厦门市政府在新闻发布会上承认:在五六年前海沧区审批的一些房地产项目是不够慎重的,和原来规划没有很好衔接起来,不够协调。参见薛子进:《谁要赶走 PX 项目》,载《法人》2008 年第 6 期。

② 符平:《"嵌入性":两种取向及其分歧》,载《社会学研究》2009 年第 5 期。

约束下①,根据当前的"首要任务",在政府意愿、企业利益、"民意"要求、舆论压力的多重博弈中采取"有用"的策略,并作出相应决策。以策略思维和实用思维支配决策意味着,政府作出决策的基本态度是"走一步看一步";当"首要任务"或者博弈的力量对比发生变化,政府很可能采取新的策略,相应决策也随之改变。

显然,"嵌入式决策"体现出权力运作的短期属性和"权变"逻辑,无助于建立政府和公众的相互信任,停建的决定也难免被质疑为"缓兵之计"并对政府公信力构成危害。在此模式下,每一次 PX 事件的"解决",并不意味着环境公共利益的实现,而是日益强化了公众"闹大"的心理预期,反而深化了后续类似事件的治理困境。在这个意义上说,PX 事件治理困境的根源,是政府权力运作的短期性与随意性。

三、有效应对环境群体性事件的制度结构

为化解环境群体性事件的治理困境、有效实现国家的风险预防义务,关键环节是实现行政决策模式的转型,即以公共利益为导向,实现政府决策从"嵌入"到"善治"的根本性转变。在制度结构上,包括两个层面的主要内容:

1. 理念层面:从单一评价到综合评价

在理念上,破除当前邻避型环境群体性事件治理困境、实现环境公共问题的"善治",重点在于破除对"民意"的盲目崇拜,正确认识"回应民意"和公众参与的关系,充分考虑各方面的相关情况而进行综合评价,基于社会现实(而不是理论推导)为政府行政决策提供指导。具体而言,包含如下几个方面:

(1)合法性评价。在"依法治国"的时代背景中,任何行为都必须首先符合法律的要求。由此,在环境群体性事件中,相关主体在项目建设的全过程中都必须严格遵守法律法规的规定,履行其法定义务。概括而言,政府和企业必须遵守环境影响评价、信息公开、公众参与等领域的法律规定,确保建设项目与行政决策具有"形式合法性"。

(2)合理性评价。在高度分工和利益多元的现代社会中,任何公共决策在合法的基础上,都必须对所涉利益进行综合考虑并进行科学论证。由此,在环境群体性事件中,相关主体在项目建设及行政决策全过程中,有必要通

---

① 一般认为,中国的社会政治稳定形态属于"刚性稳定",将所有社会抗议活动均视为无序和混乱。参见唐皇凤:《"中国式"维稳:困境与超越》,载《武汉大学学报》(哲学社会科学版)2012 年第 5 期。

过专家论证会、委托专业咨询机构、征求其他部门意见等方式,对专业性、技术性较强的问题进行深入论证和综合协调,通过吸纳专家理性使建设项目与行政决策具有"技术合理性"。

(3) 民主性评价。环境问题天然的具有两大特点:高度科技背景与决策风险;广度利益冲突与决策均衡。① 这就必然要求公众广泛的参与到项目建设与行政决策过程中,弥补传统政治过程的"民主赤字",对政府及企业行为进行必要的监督。申言之,在环境群体性事件中,除严格履行法律法规所设定的公众参与义务外,相关主体还应通过适当的方式汇集公众意见,并通过制度化的渠道予以及时反馈,在政府、专家与民众间形成理性的沟通与对话,避免出现极端化的"民意"表达,使建设项目与行政决策具备"民主正当性"。

综上,形式合法性、技术合理性与民主正当性共同构成了评价环境群体性事件的标准,也是相关主体进行理性决策所必须综合考虑的三大因素。如此,就避免了以"民意"或"科学"作为单一标准看待环境群体性事件而极易产生的泛道德评价,确保不同主体的价值偏好与利益诉求都能够得到充分考虑和反映,使社会沟通在理性的轨道上进行而不是加深双方的隔阂②,为公共利益的实现提供认识论基础。

2. 制度层面:实现风险沟通的程序要素

在制度层面上,破除邻避型环境群体性事件治理困境、实现环境公共问题"善治"的关键环节,是使参与各方(政府、专家和公众)能够实现有效的风险沟通(risk communication)并达成实质意义上的共识。一个本土化的例证是:2005 年深圳深港西部通道环评事件之所以得到较好解决,关键在于政府和居民之间的风险交流获得了成功;这展示了公众推进风险交流而实质性参与行政决策的可能性。③

有必要指出的是,强调风险沟通的重要性并不意味着要据此演绎出若干具体制度,并作为"范例"加以推广。实际上,由于风险规制场域的多变性及利益博弈的复杂性,任何试图照搬公众参与"先进经验"的做法都可能在实践中变成"东施效颦"。④ 因此,制度建构的重点在于以实现有效风险沟通为

---

① 叶俊荣:《环境政策与法律》,中国政法大学出版社 2003 年版,第 23—24 页。
② 基于道德判断的辩论与沟通,往往并不会消除分歧达成共识,反而会激化彼此间的矛盾;"道德辩论只是加深分歧,而不是沟通分歧"。参见〔美〕波斯纳:《道德与法律理论的疑问》,苏力译,中国政法大学出版社 2001 年版,第 8 页。
③ 金自宁:《跨越专业门槛的风险交流与公众参与》,载《中外法学》2014 年第 1 期。
④ 例如在茂名 PX 事件中,当地政府在启动项目宣传之前,专门赴江西九江学习其推进 PX 项目的经验,但效果适得其反,"签订承诺书"等措施引发公众的强烈抵触。参见周清树:《茂名 PX 事件前的 31 天》,载《新京报》2014 年 4 月 5 日。

宗旨,明确若干重要的公众参与程序要素并在建构具体制度时予以充分考虑。具体而言,包括如下三个关键要素:

(1) 程序的中立性。在传统上,决策者往往基于"防卫式"的立场而启动公众参与,目的在于消极的不违法。此时,决策者对于结果具有预设的判断,公众参与只是解决合法性的背书问题。① 因此,风险沟通的前提在于排除任何预设的立场,确保公众参与程序的中立性。这也是在政府和公众之间建立并不断累积信任的必要条件。从功能上看,由于情感是主导群体性事件发生与演进的重要机制②,强调并保障程序的中立性,核心在于引导公众进入参与程序,避免公众产生"上当受骗"或"走过场"的感觉并形成弥散性的非理性群体情感,为风险沟通进程创造理性的社会氛围。

(2) 程序的交涉性。欲实现真正的风险沟通,不能是单向的灌输或教育,而应是双向的互动。③ 只有参与者相互之间进行真正的交涉和协商,才可能形成实质性的共识。因此,风险沟通的重点在于通过参与各方双向的、开放的沟通与互动,形塑公众参与程序的交涉性,主要包括三个方面的要求:摈弃传统上单纯基于技术理性而采取的单向、封闭式风险沟通模式,充分重视心理、情感、道德、文化等社会因素对风险认知与决策的影响;实现双向性的信息公开,即政府不仅是单纯的信息发布者,同时还应做一个好的接受者,对公众提供的信息予以充分考虑④;保障决策的开放和透明,确认公众参与的政府反馈机制,对每一阶段的公众意见予以及时回应。

(3) 程序的自足性。风险沟通的目的不仅仅在于搭建多方主体的协商平台,还应对行政决策产生实质影响。此时,应保障协商的结果具有相对独立性,并对行政权力构成一定制约。因此,风险沟通过程及其结论应具有明确的规范效力,以实现公众参与程序的自足性。其主要包括两个方面的要求:由独立的第三方对风险沟通全过程进行记录和监督,归纳多方互动协商后形成的公众参与意见和推荐方案,形成最终的书面报告并提交给政府;政府原则上应根据第三方的书面报告作出行政决策,如果不予采纳,则需要详细地说明理由,同时应重新启动公众参与程序并形成新的报告。

---

① 唐明良:《环评行政程序的法理与技术》,社会科学文献出版社 2012 年版,第 161—162 页。
② 相关问题的详细论证,参见陈颀、吴毅:《群体性事件的情感逻辑》,载《社会》2014 年第 1 期。
③ National Research Council, Improving Risk Communication, National Academy Press, 1989, p.21.
④ 汪劲:《中外环境影响评价制度比较研究》,北京大学出版社 2006 年版,第 190—191 页。

参考文献

一、中文著作

1. 金瑞林、汪劲:《20世纪环境法学研究评述》,北京大学出版社2003年版。
2. 陈慈阳:《环境法总论》,中国政法大学出版社2003年版。
3. 陈泉生、张梓太:《宪法与行政法的生态化》,法律出版社2003年版。
4. 许祥民、田其云等:《环境权:环境法学的基础研究》,北京大学出版社2004年版。
5. 吕忠梅:《环境法新视野》(修订版),中国政法大学出版社2007年版。
6. 汪劲主编:《环保法治三十年:我们成功了吗》,北京大学出版社2011年版。
7. 王曦:《美国环境法概论》,武汉大学出版社1992年版。
8. 李艳芳:《公众参与环境影响评价制度研究》,中国人民大学出版社2004年版。
9. 吴卫星:《环境权研究——公法学的视角》,法律出版社2007年版。
10. 叶俊荣:《环境政策与法律》,中国政法大学出版社2003年版。
11. 王曦主编:《国际环境法资料选编》,民主与法制出版社1999年版。
12. 赵国青主编:《外国环境法选编》,中国政法大学出版社2000年版。
13. 冷罗生:《日本公害诉讼理论与案例评析》,商务印书馆2005年版。
14. 蔡守秋主编:《欧盟环境政策法律研究》,武汉大学出版社2002年版。
15. 高家伟:《欧洲环境法》,工商出版社2000年版。
16. 王树义:《俄罗斯生态法》,武汉大学出版社2001年版。
17. 唐双娥:《环境法风险防范原则研究》,高等教育出版社2004年版。
18. 吕忠梅:《超越与保守——可持续发展视野下的环境法创新》,法律出版社2003年版。
19. 汪劲:《中外环境影响评价制度比较研究》,北京大学出版社2006年版。
20. 高中华:《环境问题抉择论》,社会科学文献出版社2004年版。
21. 陈虹:《寻求荒野》,三联书店2001年版。
22. 林娅:《环境哲学概论》,中国政法大学出版社2000年版。
23. 杨云彦主编:《人口、资源与环境经济学》,中国经济出版社1999年版。
24. 张帆:《环境与自然资源经济学》,上海人民出版社1998年版。
25. 沈满洪:《环境经济手段研究》,中国环境科学出版社2001年版。
26. 郇庆治:《环境政治国际比较》,山东大学出版社2007年版。
27. 夏光等:《环境与发展综合决策:理论与机制研究》,中国环境科学出版社2000年版。

28. 吴忠标、陈劲：《环境管理与可持续发展》，中国环境科学出版社 2001 年版。

29. 廖红、克里斯·郎革：《美国环境管理的历史与发展》，中国环境科学出版社 2006 年版。

30. 曲格平：《我们需要一场变革》，吉林人民出版社 1997 年版。

31. 洪大用：《中国民间环保力量的成长》，中国人民大学出版社 2007 年版。

32. 郑杭生主编：《中国社会发展研究报告》，中国人民大学出版社 2006 年版。

33. 姜士林等主编：《世界宪法全书》，青岛出版社 1997 年版。

34. 许崇德主编：《中国宪法》，中国人民大学出版社 1996 年版。

35. 胡锦光、韩大元：《中国宪法》，法律出版社 2004 年版。

36. 韩大元主编：《中国宪法学说史研究》，中国人民大学出版社 2012 年版。

37. 林来梵：《从宪法规范到规范宪法》，法律出版社 2001 年版。

38. 龚祥瑞：《比较宪法与行政法》，法律出版社 2003 年版。

39. 袁曙宏、宋功德：《统一公法学原论》，中国人民大学出版社 2005 年版。

40. 陈新民：《公法学札记》，中国政法大学出版社 2001 年版。

41. 张千帆：《宪法学导论》，法律出版社 2004 年版。

42. 夏正林：《社会权规范研究》，山东人民出版社 2007 年版。

43. 张翔：《基本权利的规范建构》，高等教育出版社 2008 年版。

44. 王月明：《宪法学基本问题》，法律出版社 2006 年版。

45. 杨福忠：《立法不作为问题研究》，知识产权出版社 2008 年版。

46. 秦前红：《宪法变迁论》，武汉大学出版社 2002 年版。

47. 周伟：《宪法基本权利司法救济研究》，中国人民公安大学出版社 2003 年版。

48. 杨海坤主编：《宪法基本权利新论》，北京大学出版社 2004 年版。

49. 肖海军：《营业自由论》，法律出版社 2007 年版。

50. 翁岳生主编：《行政法》，中国法制出版社 2002 年版。

51. 吴庚：《行政法之理论与实用》，中国人民大学出版社 2005 年版。

52. 孙笑侠主编：《回归法的形而下》，法律出版社 2003 年版。

53. 谢晖：《法律的意义追问——阐释学视野中的法哲学》，商务印书馆 2003 年版。

54. 陈景辉：《法律的界限——实证主义命题群及展开》，中国政法大学出版社 2007 年版。

55. 颜厥安：《法与实践理性》，中国政法大学出版社 2003 年版。

56. 张文显：《二十世纪西方法哲学思潮研究》，法律出版社 1996 年版。

57. 徐爱国等：《西方法律思想史》，北京大学出版社 2002 年版。

58. 邓正来、亚历山大主编：《国家与市民社会》，中央编译出版社 1999 年版。

59. 国际人权法教程编写组：《国际人权法教程》（第 1 卷），中国政法大学出版社 2002 年版。

60. 左为民等：《诉讼权研究》，法律出版社 2003 年版。

61. 许育典：《宪法》（第三版），元照出版有限公司 2009 年版。

62. 李惠宗:《宪法要义》,元照出版有限公司 2001 年版。
63. 陈慈阳:《宪法学》,元照出版有限公司 2004 年版。
64. 李健良:《宪法理论与实践》(二),学林文化事业有限公司 2000 年版。
65. 刘孔中、李建良主编:《宪法解释之理论与实务》(第 1 辑),"中研院"人文社科研究所 1998 年版。
66. 李建良等编:《宪法解释之理论与实务》(第 2 辑),"中研院"人文社科研究所 2000 年版。
67. 苏永钦主编:《部门宪法》,元照出版有限公司 2006 年版。
68. 陈新民:《宪法学释论》,三民书局 2005 年版。
69. 陈新民:《宪法基本权利之基本理论》,三民书局 1996 年版。
70. 法治斌、董保诚:《宪法新论》,元照出版有限公司 2004 年版。
71. 葛克昌:《税法基本问题——财政宪法》,月旦出版有限公司 1996 年版。
72. 葛克昌:《国家学与国家法》,月旦出版有限公司 1996 年版。
73. 陈清秀:《现代国家与宪法》,月旦出版股份有限公司 1997 年版。
74. 吴庚:《宪法的解释与适用》,三民书局 2003 年版。
75. 李震山:《多元、宽容与人权保障》,元照出版有限公司 2007 年版。
76. 陈新民:《行政法学总论》,三民书局 2000 年版。
77. 叶俊荣:《环境行政的正当法律程序》,翰庐图书出版有限公司 2001 年版。
78. 汤德宗:《行政程序法论》(增订二版),元照出版有限公司 2003 年版。
79. 陈敏:《行政法总论》(第五版),新学林出版有限公司 2007 年版。
80. 林锡尧:《行政法要义》,元照出版有限公司 2006 年版。
81. 城仲模:《行政法之基础理论》,三民书局 1999 年版。
82. 陈春生:《行政法之学理与体系》(一),三民书局 1996 年版。
83. 陈春生:《行政法之学理与体系》(二),元照出版有限公司 2007 年版。
84. 陈春生:《核能利用与法之规制》,月旦出版股份有限公司 1996 年版。
85. 蔡震荣:《行政法理论与基本人权之保障》,五南图书出版公司 1999 年版。
86. 梁小民编著:《西方经济学教程》,中国统计出版社 1995 年版。
87. 何怀宏:《伦理学入门》,北京大学出版社 2002 年版。
88. 刘小枫:《现代性社会理论绪论》,上海三联书店 1998 年版。
89. 薛晓勇、周战超主编:《全球化与风险社会》,社会科学文献出版社 2005 年版。
90. 朴贞子等:《政策执行论》,中国社会科学出版社 2010 年版。

二、中译本著作

1. 〔德〕康拉德·黑塞:《联邦德国宪法纲要》,李辉译,商务印书馆 2007 年版。
2. 〔德〕施托贝尔:《经济宪法与经济行政法》,谢立斌译,商务印书馆 2008 年版。
3. 〔德〕魏德士:《法理学》,丁小春、吴越译,法律出版社 2003 年版。
4. 〔德〕考夫曼:《法律哲学》,刘幸义等译,法律出版社 2004 年版。

5. 〔德〕拉伦茨:《法学方法论》,陈爱娥译,商务印书馆2003年版。
6. 〔德〕哈贝马斯:《在事实与规范之间》,童世骏译,三联书店2003年版。
7. 〔德〕哈贝马斯:《包容他者》,曹卫东译,上海人民出版社2002年版。
8. 〔德〕阿列克西:《法律论证理论》,舒国滢译,中国法制出版社2002年版。
9. 〔德〕马克斯·韦伯:《社会科学方法论》,杨富斌译,华夏出版社1999年版。
10. 〔德〕哈特穆特·毛雷尔:《行政法学总论》,高家伟译,法律出版社2000年版。
11. 〔德〕阿斯曼:《秩序理念下的行政法体系建构》,林明锵等译,北京大学出版社2012年版。
12. 〔德〕K.茨威格特、H.克茨:《比较法总论》,潘汉典等译,法律出版社2003年版。
13. 〔德〕贝克:《风险社会》,何博闻译,译林出版社2004年版。
14. 〔日〕原田尚彦:《环境法》,于敏译,法律出版社1999年版。
15. 〔日〕大须贺明:《生存权论》,林浩译,法律出版社2001年版。
16. 〔日〕南博方:《行政法》(第六版),杨建顺译,中国人民大学出版社2009年版。
17. 〔日〕美浓部达吉:《宪法学原理》,欧宗祐、何作霖译,中国政法大学出版社2003年版。
18. 〔日〕卢部信喜:《宪法》,林来梵等译,北京大学出版社2006年版。
19. 〔日〕阿部照哉等:《宪法——基本人权篇》,周宗宪译,中国政法大学出版社2006年版。
20. 〔日〕三浦隆:《实践宪法学》,李力、白云海译,中国人民公安大学出版社2002年版。
21. 〔日〕宫本宪一:《环境经济学》,朴玉译,三联书店2004年版。
22. 〔日〕岩佐茂:《环境的思想》,韩立新等译,中央编译出版社2006年版
23. 〔日〕饭岛伸子:《环境社会学》,包智明译,社会科学文献出版社1999年版。
24. 〔英〕哈特:《法律的概念》,张文显等译,中国大百科全书出版社1996年版。
25. 〔英〕哈特:《法理学与哲学论文集》,支振峰译,法律出版社2005年版。
26. 〔英〕拉兹:《法律的权威》,朱峰译,法律出版社2005年版。
27. 〔英〕惠尔:《现代宪法》,翟小波译,法律出版社2006年版。
28. 〔英〕戴维·赫尔德:《民主的模式》,燕继荣等译,中央编译出版社1998年版。
29. 〔英〕韦德:《行政法》,徐炳等译,中国大百科全书出版社1997年版。
30. 〔英〕帕特莎·波尼、埃伦·波义尔:《国际法与环境》,那力等译,高等教育出版社2007年版。
31. 〔英〕米尔恩:《人的权利与人的多样性——人权哲学》,夏勇、张志铭译,中国大百科全书出版社1996年版。
32. 〔英〕安东尼·吉登斯、克里斯多弗·皮尔森:《现代性——吉登斯访谈录》,尹宏毅译,新华出版社2001年版。
33. 〔法〕狄骥:《公法的变迁·法律与国家》,郑戈、冷静译,辽海出版社1999年版。
34. 〔法〕卢梭:《社会契约论》,何兆武译,商务印书馆1982年版。

35. 〔法〕孟德斯鸠:《论法的精神》(上册),张雁深译,商务印书馆1994年版。

36. 〔法〕亚历山大·基斯:《国际环境法》,张若思编译,法律出版社2000年版。

37. 〔美〕博登海默:《法理学,法律哲学与法律方法》,邓正来译,中国政法大学出版社1999年版。

38. 〔美〕德沃金:《法律帝国》,李长青译,中国大百科全书出版社1996年版。

39. 〔美〕亨金:《权利的时代》,信春鹰等译,知识出版社1997年版。

40. 〔美〕路易斯·亨金等编:《宪政与权利》,郑戈等译,三联书店1996年版。

41. 〔美〕埃尔斯特、〔挪〕斯莱格斯塔德编:《宪政与民主》,潘勤等译,三联书店1997年版。

42. 〔美〕托马斯:《公共决策中的公民参与》,孙柏瑛等译,中国人民大学出版社2005年版。

43. 〔美〕斯蒂芬·布雷耶:《打破恶性循环:政府如何有效规制风险》,宋华琳译,法律出版社2009年版。

44. 〔美〕刘易斯:《技术与风险》,杨健、缪健兴译,中国对外翻译出版公司1994年版。

45. 〔美〕戴伊:《理解公共政策》,彭勃等译,华夏出版社2004年版。

46. 〔美〕普特南:《事实与价值二分法的崩溃》,应奇译,东方出版社2006年版。

47. 〔美〕范伯格:《自由、权利和社会正义——现代社会哲学》,王守昌、戴栩译,贵州人民出版社1998年版。

48. 〔美〕魏伊丝:《公平地对待未来人类:国际法、共同遗产与世代间衡平》,汪劲等译,法律出版社2000年版。

49. 〔美〕曼昆:《经济学基础》,梁小民译,三联书店2003年版。

50. 〔美〕丹尼尔·H.科尔:《污染与财产权:环境保护的所有权制度比较研究》,严厚福等译,北京大学出版社2009年版。

51. 〔美〕杰里·马肖:《贪婪、混沌和治理——利用公共选择改良公法》,宋功德译,商务印书馆2009年版。

52. 〔美〕查尔斯·哈珀:《环境与社会——环境问题中的人文视野》,肖晨阳等译,天津人民出版社1998年版。

53. 〔美〕保罗·R.伯特尼、罗伯特·N.史蒂文斯主编:《环境保护的公共政策》(第2版),穆贤清等译,上海三联书店2004年版。

54. 〔奥〕凯尔森:《法与国家的一般理论》,沈宗灵译,中国大百科全书出版社1996年版。

55. 〔加〕布鲁斯·米切尔:《资源与环境管理》,蔡运龙等译,商务印书馆2004年版。

56. 〔瑞典〕托马斯·思德纳:《环境与自然资源管理的政策工具》,张蔚文、黄祖辉译,上海人民出版社2005年版。

57. 〔荷〕亨克·范·马尔塞文、格尔·范·德·唐:《成文宪法——通过计算机进行的比较研究》,陈云生译,北京大学出版社2007年版。

58. 世界环境与发展委员会:《我们共同的未来》,王之佳等译,吉林人民出版社 1997 年版。

59. 英国上议院科学技术特别委员会:《科学与社会》,张卜天、张东林译,北京理工大学出版社 2005 年。

60. 刘刚编译:《风险规制:德国的理论与实践》,法律出版社 2012 年版。

61. 马骧聪译:《俄罗斯联邦环境保护法和土地法典》,中国法制出版社 2003 年版。

62. 全国人大环境与资源委员会编译:《瑞典环境法》,中国环境科学出版社 1997 年版。

63. Scott J. Calla、Janet M. Thomas:《环境经济学与环境管理:理论、政策和应用》(第 3 版),李建民、姚从容译,清华大学出版社 2006 年版。

64. Scholler/ Schloer:《德国警察与秩序法原理》,李震山译,登文书局 1995 年版。

65. Christian Starck:《法学、宪法法院审判权与基本权利》,杨子慧等译,元照出版有限公司 2006 年版。

三、外文著作

1. Tim Hayward, Constitutional Environmental Rights, Oxford University Press, 2005.

2. Alan Boyle & Michael Anderson (eds.), Human Rights Approaches to Environmental Protection, Oxford: Clarendon Press, 1996.

3. Robyn Eckersley, Environmentalism and political theory: Toward an Ecocentric Approach, UCL Press, Oxford, 1992.

4. Maarten A. Hajer, The Politics of Environmental Discourse: Ecological Modernization and the policy Process, Oxford University Press, 1995.

5. Edward Goldsmith et al. , A Blueprint for Survival, New York: Signet Books, 1974.

6. M. Redclift. & G. Woodgate. (eds.), The International Handbook of Environmental Sociology, Edward Elgar Publishing,1997.

7. F. H. Buttel, The Environmental State Under Pressure, Department of Rural Sociology and Institute for Environmental Studies, 2002.

8. James Meadowcroft, From Welfare State to Ecostate, in John Barry and Robyn Eckersley (eds), The State and the Global Ecological Crisis, MIT press,2005.

9. Alexandre Kiss & Dinah Shelton, International Environmental Law, 2nd ed, New York: Transnational Publishers, 1999.

10. David Short, Assessing the Utility of a Human rights Approach to International Environmental Protection, McGill University Company, 1995.

11. Cairo A. R. Robb(eds), International Environmental Law Reports, Human Rights and Environment(Vol. 3), Cambridge University Press, 2001.

12. Philip Alston(ed). Peoples' Rights, Oxford University Press, 2001.

13. Brown Weiss(eds), Environmental Change and International Law: New Challenges

and Dimensions, United Nations University Press, 1992.

14. Jan Hancock, Environmental Human Rights: Power, Ethics and Law, Ashgate Publishing Company, 2003.

15. Tom Barkhuysen & Siewert Lindenbergh (eds.), Constitutionalisation of Private Law, Martinus nuhoff Publishers, 2006.

16. Carl Bruch, Constitutional Environmental Law: Giving Force to Fundamental Principles in Africa (2nd ed.), Environmental Law Institute, 2007.

17. Joaquin Bernas, The Constitution of the Republic of the Philippines: A Commentary, Vol. 2, Manila: Rex Book Store,1988.

18. Edith Brown Weiss(ed), Environmental Change and International Law: New challenges and dimensions, United Nations University Press,1992.

19. Robert Alexy, A Theory of Constitutional Rights, translated by Julian Rivers, Oxford University Press, 2002.

20. R. D. Yadav, Glimpses of Jurisprudence, Criterion Publication, 1989.

21. Dworkin, R., Taking Rights Seriously, Cambridge (Mass): Harvard University Press, 1977.

22. E. Fischer, J. Jones & R. v. Schomberg (Eds.), Implementing the Precautionary Principle: Perspectives and Prospects, Cheltenham: Edward Elgar,2006.

23. Indur M. Goklany, The Precautionary Principle: A Critical Appraisal, Washington, D. C. :The Cato Institute, 2001.

24. Robert. V. Zener(ed), Guide to Environmental Law, New York: Practicing Law Institute,1981.

25. Patricia Birnie & Alan Boyle, International law and the Environment(2nd Ed), Oxford University Press,2002.

26. Roger W. Findley & Daniel A. Farber, Environmental Law, 2nd, West Publishing Company, 1988.

27. Eugene W. Hickok, ed., The Bill of Rights: Original Meaning and Current Understanding, The University Press of Virginia, 1991.

28. M. Kloepfer,. Umweltrecht, 2 Auflage, München 1998.

29. M. Kloepfer(Hrsg). Umweltstaat, Springer, Berlin,1989.

30. M. Kloepfer, Interdisziplinare Aspekte des Umweltstaats, DVBL. 1994.

31. M. Kloepfer. Umweltstaat als Zukunft, Economica: Bonn,1994.

32. Christian Calliess, Rechtsstaat und Umweltstaat: Zugleich ein Beitrag zur Grundrechtsdogmatik im Rahmen mehrpoliger Verfassung, Verlag: Mohr Siebeck,2001.

33. A. Katz, Staatsrecht, Heidelberg: Muller, 2005.

34. Hans-Werner Rengeling / Peter Szczekalla, Grundrechte in der Europäischen Union, 2004.

35. K. Bosselmann(ed.). Ökologische Grundrechte. Zum Verhältnis zwischen individueller Freiheit und Natur, Baden-Baden:Nomos, 1998.

36. Theodor Meder: Die Verfassung des Freistaates Bayern. Handkommentar, Commentary (3d ed),1985.

37. Josef Isensee /Paul Kirchhof (Hrsg.), Handbuch des Staatsrechts der Republik Deutschland,Bd.6,2. Aufl, 2001.

38. P. Busch & H. Jörgens, Globale Diffusionsmuster umweltpolitischer Innovationen, FFU-report; Berlin,2002.

39. J. Isensee/P. Kirchhof(Hg.), Handbuch des Staatsrechts, Band III, § 57,1988.

40. J. Isensee/P. Kirchhof(Hisg), Handbuch des Staatsrechts der Bundesrepublik Deutschland, Heidelberg: C. F. Muller, 1992.

41. Winfried Brohm, Soziale Grundrechte und Staatszielbestimmungen in der Verfassung, JZ 1994.

42. Rausch, Die Umweltschutzgesetzgebung: Aufgabe, geltendes Recht und Konzepte, Zurich: Schulthess, 1977.

43. H. Dreier (Hrsg.), Grundgesetz-Kommentar, Bd. 2, 1998.

44. Di. Fabio, Riskoentscheidunhgen im Rechtsstsaat, J. C. B. Mohr, 1994.

45. H. -H. Trute, Vorsorgestrukturen und Luftreinhalteplanung im Bundesimmissionsschutzgesetz, Hei- delberg, 1989.

46. Petra Hiller, Probleme prozeduraler Risikoregulienrung, Rechtliches Risikomanagement,1999.

47. Kloepfer Michael et al,Umweltgesetzbuch: allgemeiner Teil, Berlin: Erich Schmidt, 1991.

48. D. Murswiek, Die staatliche Verantwortung für die Risiken der Technik, Duncker & Humblot: Berlin, 1985.

49. Grimm, Die Zukunft der Verfassung, in Zum Begriff der Verfassung, Ulrich K. Preuss,1991.

50. 〔日〕小林直树:《现代基本权の展开》,岩波书店1987年版。

51. 〔日〕山村恒年:《環境保護の法と政策》,信山社1996年版。

四、论文

1. 李建良:《环境议题的形成与国家任务的变迁——"环境国家"理念的初步研究》,载《宪政体制与法治行政》(一)宪法篇,三民书局1998年版。

2. 李建良:《论环境保护与人权保障之关系》,载《东吴法律学报》第12卷第2期。

3. 李建良:《基本权利理论体系之构成及其思考层次》,载《人文及社会科学集刊》第9卷第1期。

4. 李建良:《论立法裁量之宪法基础理论》,载《台北大学法学论丛》第47期。

5. 张嘉尹:《环境保护人宪的问题——德国经验的初步考察》,载《月旦法学杂志》第 38 期。

6. 王毓正:《论国家环境保护任务之私化》,载《月旦法学杂志》第 104 期。

7. 林明锵:《论基本国策——以环境基本国策为中心》,载《现代国家与宪法》,月旦出版有限公司 1997 年版。

8. 叶俊荣:《宪法位阶的环境权——从拥有环境到参与环境决策》,载《台大法学论丛》第 19 卷第 1 期。

9. 陈爱娥:《自由——平等——博爱——社会国原则与法治国原则的交互作用》,载《台大法学论丛》第 26 卷第 2 期。

10. 陈爱娥:《立法怠惰之回应》,载《宪政时代》第 21 卷第 1 期。

11. 许宗力:《基本权的功能与司法审查》,载《人文及社会科学》,第 6 卷第 1 期。

12. 李震山:《程序基本权》,载《月旦法学教室》第 19 期。

13. 许育典:《国家目标条款》,载《月旦法学教室》第 30 期。

14. 陈慈阳:《论规范具体化之行政规则在环境法中的外部效力》,载《台湾本土法学杂志》1999 年第 5 期。

15. 刘淑范:《公法上结果除去请求权之基本理念》,载《政大法学评论》第 72 期。

16. 蔡秀卿:《基本法之意义与课题》,载《当代公法新论》(中),元照出版有限公司 2002 年版。

17. 雷文玫:《再访"社会权"——1990 年代中东欧国家宪法变迁中社会权入宪之研究》,载《当代公法新论》(下),元照出版有限公司 2002 年版。

18. 蔡守秋:《论修改〈环境保护法〉的几个问题》,载《政法论丛》2013 年第 4 期。

19. 蔡守秋:《从环境权到国家环境保护义务和环境公益诉讼》,载《现代法学》2013 年第 6 期。

20. 陈泉生:《环境时代宪法的权利生态化特征》,载《现代法学》2003 年第 2 期。

21. 陈泉生:《环境权之辨析》,载《中国法学》1997 年第 2 期。

22. 徐祥民:《环境权论——人权发展历史分期的视角》,载《中国社会科学》2004 年第 4 期。

23. 徐祥民、宋宁而:《环境共有思想——日本环境权说的本土文化基础》,载《政法论丛》2011 年第 4 期。

24. 吕忠梅:《论公民环境权》,载《法学研究》1995 年第 2 期。

25. 吕忠梅:《监管环境监管者:立法缺失及制度构建》,载《法商研究》2009 年第 5 期。

26. 吕忠梅等:《中国环境司法现状调查》,载《法学》2011 年第 4 期。

27. 吴卫星:《生态危机的宪法回应》,载《法商研究》2006 年第 5 期。

28. 吴卫星:《环境保护:当代国家的宪法任务》,载《华东政法学院学报》2005 年第 6 期。

29. 吴卫星:《生态文明建设进程中环境权入宪的功能》,载《环境保护》2008 年第 2A

期。

30. 杜群:《环境法与自然资源法的融合》,载《法学研究》2000 年第 6 期。

31. 宋亚辉:《环境管制标准在侵权法上的效力解释》,载《法学研究》2013 年第 3 期。

32. 王曦:《当前我国环境法制建设亟须解决的三大问题》,载《法学评论》2008 年第 4 期。

33. 王曦:《论美国〈国家环境政策法〉对完善我国环境法制的启示》,载《现代法学》2009 年第 4 期。

34. 罗丽:《日本环境权理论和实践的新展开》,载《当代法学》2007 年第 3 期。

35. 杨松才:《国际人权公约中的环境权》,载《学术界》2007 年第 6 期。

36. 张震:《从民法上的环境权到宪法上的环境权》,载《北方法学》2008 年第 2 期。

37. 李挚萍:《20 世纪政府环境管制的三个演进时代》,载《学术研究》2005 年第 6 期。

38. 李艳芳:《对我国环境法"协调发展"原则重心的思考》,载《中州学刊》2002 年第 2 期。

39. 邓君韬:《"邻避运动"视野下 PX 项目事件审视》,载《湖南社会科学》2013 年第 5 期。

40. 于建嵘:《自媒体时代公众参与的困境与破解路径》,载《上海大学学报》(社会科学版)2013 年第 4 期。

41. 李修棋:《为权利而斗争:环境群体性事件的多视角解读》,载《江西社会科学》2013 年第 11 期。

42. 矫波:《加拿大环境保护法的变迁:1988—2008》,载《中国地质大学学报》2009 年第 3 期。

43. 顾海波:《俄罗斯环境管理体制及其改革评析》,载《东北亚论坛》2003 年第 4 期。

44. 张玉林:《政经一体化开发机制与中国农村的环境冲突》,载《探索与争鸣》2006 年第 5 期。

45. 李万新:《中国的环境监管与治理》,载《公共行政评论》2008 年第 5 期。

46. 孙佑海:《如何使环境法治真正管用?》,载《环境保护》2013 年第 14 期。

47. 别涛:《环境公益诉讼立法的新起点》,载《法学评论》2013 年第 1 期。

48. 陈虹:《环境公益诉讼功能研究》,载《法商研究》2009 年第 1 期。

49. 阮丽娟:《环境公益诉讼的性质识别、原告寻找与审理机关专门化》,载《北方法学》2013 年第 6 期。

50. 陈亮:《环境公益诉讼"零受案率"之反思》,载《法学》2013 年第 7 期。

51. 沈寿文:《环境公益诉讼行政机关原告资格之反思》,载《当代法学》2013 年第 1 期。

52. 巩固:《环境法律观检讨》,载《法学研究》2011 年第 6 期。

53. 刘超:《环境风险行政规制的断裂与统合》,载《法学评论》2013 年第 3 期。

54. 李干杰:《生态保护红线——确保国家生态安全的生命线》,载《求是》2014 年第 2 期。

55. 陈金木、梁迎修:《实行最严格水资源管理制度的立法对策》,载《人民黄河》2014 年第 1 期。

56. 张晏、汪劲:《我国环境标准制度存在的问题及对策》,载《中国环境科学》2012 年第 1 期。

57. 赵立新:《环境标准的健康价值反思》,载《中国地质大学学报》2010 年第 4 期。

58. 邓成明:《节能减排问责制的软法进路分析及其完善》,载《暨南学报》(哲学社会科学版)2013 年第 6 期。

59. 肖建华、胡美灵:《国内自然保护区的立法争议与重构》,载《法学杂志》2009 年第 10 期。

60. 高利红、程芳:《我国自然遗产保护的立法合理性研究》,载《江西社会科学》2012 年第 1 期。

61. 韩大元:《中国宪法学研究三十年:历史脉络与学术自主性》,载《中国法学》2008 年第 5 期。

62. 韩大元:《迈向专业化的中国宪法学》,载《中国法学》2007 年第 1 期。

63. 韩大元:《社会转型与宪法解释功能》,载《法制与社会发展》2002 年第 6 期。

64. 韩大元:《论宪法规范与社会现实的冲突》,载《中国法学》2000 年第 5 期。

65. 陈端洪:《论宪法作为国家的根本法与高级法》,载《中外法学》2008 年第 4 期。

66. 郑贤君:《基本权利的宪法构成及其实证化》,载《法学研究》2002 年第 2 期。

67. 郑贤君:《权利义务相一致原理的宪法释义》,载《首都师范大学学报》2007 年第 5 期。

68. 龚向和:《国家义务是公民权利的根本保障》,载《法律科学》2010 年第 4 期。

69. 林来梵、翟国强:《有关社会科学方法论的反思》,载《浙江学刊》2006 年第 5 期。

70. 林来梵、郑磊:《所谓"围绕规范"——续谈方法论意义上的规范宪法学》,载《浙江学刊》2005 年第 4 期。

71. 林来梵、翟国强:《宪法学思考中的事实与价值》,载《四川大学学报》2007 年第 3 期。

72. 张翔:《宪法教义学初阶》,载《中外法学》2013 年第 5 期。

73. 张翔:《基本权利的受益权功能与国家的给付义务》,载《中国法学》2006 年第 1 期。

74. 张翔:《宪法学为什么要以宪法文本为中心?》,载《浙江学刊》2006 年第 3 期。

75. 郑磊:《宪法学方法论的开放性》,载《浙江学刊》2009 年第 2 期。

76. 郑磊:《价值是如何进入规范的:宪法学的基本立场》,载《江苏行政学院学报》2008 年第 4 期。

77. 刘连泰:《价值与规范纠葛的展开图景》,载《江苏行政学院学报》2008 年第

4 期。

78. 夏正林:《从基本权利到宪法权利》,载《法学研究》2007 年第 6 期。

79. 王广辉:《论宪法的调整对象和宪法学的学理体系》,载《法学家》2007 年第 6 期。

80. 王广辉:《论宪法未列举权利》,载《法商研究》2007 年第 5 期。

81. 侯健:《宪法变迁模式与宪政秩序的塑造》,载《法律科学》2004 年第 4 期。

82. 谢维雁:《我国宪法修改原则论析》,载《现代法学》2006 年第 6 期。

83. 欧爱民:《立宪主义语境下对我国宪法权利属性的考问》,载《法学评论》2006 年第 2 期。

84. 屠振宇:《未列举权利的认定方法》,载《法学》2007 年第 9 期。

85. 吴家清、杜承铭:《论宪法权利价值理念的转型与基本权利的宪法变迁》,载《法学评论》2004 年第 6 期。

86. 冉思东:《论中国宪法的人权表达》,载《法学家》2006 年第 3 期。

87. 姜峰:《宪法权利是否多多益善?》,载《读书》2013 年第 1 期。

88. 姜峰:《权利宪法化的隐忧》,载《清华法学》2010 年第 5 期。

89. 杜强强:《自由权的受益权功能之省思》,载《北方法学》2013 年第 4 期。

90. 王旭:《论自然资源国家所有权的宪法规制功能》,载《中国法学》2013 年第 6 期。

91. 叶海波、秦前红:《法律保留功能的时代变迁》,载《法学评论》2008 年第 4 期。

92. 刘志刚:《宪法"私法"适用的法理分析》,载《法学研究》2004 年第 2 期。

93. 余净植:《宪法中的法益衡量:一种可能的重构》,载《浙江社会科学》2008 年第 2 期。

94. 张千帆:《宪法不应该规定什么》,载《华东政法学院学报》2005 年第 3 期。

95. 王世涛:《宪法不应该规定公民的基本义务吗——与张千帆教授商榷》,载《时代法学》2006 年第 5 期。

96. 李勇、蒋清华:《权界式公民宪法义务比较研究》,载《环球法律评论》2008 年第 4 期。

97. 刘东亮,郑春燕:《宪法基本国策研究》,载《西南政法大学学报》2000 年第 1 期。

98. 张义清:《基本国策的宪法效力研究》,载《社会主义研究》2008 年第 6 期。

99. 朱孔武:《基本义务的宪法学议题》,载《广东社会科学》2008 年第 1 期。

100. 徐振东:《基本权利冲突认识的几个误区》,载《法商研究》2007 年第 6 期。

101. 丁文:《权利限制论之疏解》,载《法商研究》2007 年第 2 期。

102. 汪进元、陈兵:《权利限制的立宪模式之比较》,载《法学评论》2005 年第 5 期。

103. 徐以祥:《环境规制与财产权保障的冲突和协调》,载《现代法学》2009 年第 2 期。

104. 江必新:《紧急状态与行政法治》,载《法学研究》2004 年第 2 期。

105. 沈岿:《解析行政规则对司法的约束力》,载《中外法学》2006 年第 2 期。

106. 宋华琳:《论行政规则对司法的规范效应》,载《中国法学》2006 年第 6 期。

107. 栾志红:《论环境标准在行政诉讼中的效力》,载《河北法学》2007 年第 3 期。

108. 金启洲:《德国公法相邻关系制度初论》,载《环球法律评论》2006 年第 1 期。

109. 王天华:《日本的"公法上当事人诉讼"》,载《比较法研究》2008 年第 3 期。

110. 沈岿:《解析行政规则对司法的约束力》,载《中外法学》2006 年第 2 期。

111. 黄学贤、周春华:《略论行政紧急权力法治化的缘由与路径》,载《北方法学》2008 年第 1 期。

112. 罗豪才、毕洪海:《通过软法的治理》,载《法学家》2006 年第 1 期。

113. 谢晖:《论规范分析方法》,载《中国法学》2009 年第 2 期。

114. 谢晖:《法律规范之为法学体系的核心》,载《学习与探索》2003 年第 6 期。

115. 谢晖:《转型社会的法理面向》,载《广东社会科学》2003 年第 2 期。

116. 白建军:《论法律实证分析》,载《中国法学》2000 年第 4 期。

117. 徐梦秋:《规范何以可能》,载《学术月刊》2002 年第 7 期。

118. 苗炎:《凯尔森法律规范性理论评析》,载《法制与社会发展》2009 年第 6 期。

119. 魏治勋:《"规范分析"概念的分析》,载《法学论坛》2008 年第 5 期。

120. 冯健鹏:《论规范法学对法律自创生理论的影响》,载《浙江社会科学》2006 年第 2 期。

121. 侯宇:《美国公共信托理论的形成与发展》,载《中外法学》2009 年第 4 期。

122. 刘雪斌:《正义、文明传承与后代人:代际正义的可能与限度》,载《法制与社会发展》2007 年第 6 期。

123. 刘长兴:《论环境法上的代际公平》,载《武汉理工大学学报》2006 年第 1 期。

124. 王韬洋:《有差异的主体与不一样的环境"想象"——环境正义视角中的环境伦理命题分析》,载《哲学研究》2003 年第 3 期。

125. 郇庆治:《生态现代化理论与绿色变革》,载《马克思主义与现实》2006 年第 2 期。

126. 郁建兴:《治理与国家建构的张力》,载《马克思主义与现实》2008 年第 1 期。

127. 黄英娜、叶平:《20 世纪末西方生态现代化思想述评》,载《国外社会科学》2001 年第 4 期。

128. 沈素红、邢来顺:《德国绿党对德国政治的影响析论》,载《长江论坛》2006 年第 4 期。

129. 黄锡生、张国鹏:《论生产者责任延伸制度》,载《法学论坛》2006 年第 3 期。

130. 宋国君:《论中国污染物排放总量控制和浓度控制》,载《环境保护》2000 年第 6 期。

131. 赵绘宇、赵晶晶:《污染物总量控制的法律演进及趋势》,载《上海交通大学学报》2009 年第 1 期。

132. Ernst Brandl & Hartwin Bungert. Constitutional Entrenchment of Environmental Protection:A Comparative Analysis of Experiences Abroad, 16 Harv. Envtl. L. Rev, 1992.

132. Frank, David John, Ann Hironaka, The Nation-State and the Natural Environment over the Twentieth Century, 65 American Sociological Review, 2000.

133. Andersen. M. S. & Liefferink D. (eds). Ecological Modernization: Origins, Dilemmas and Future Directions, Journal of Environmental Policy and Planning 2. (4).

134. Scott Frickel & Debra J. Davidson, Building Environmental States: Legitimacy and Rationalization in Sustainability Governance, International Sociology, 2004 (1).

135. M. T. Acevedo. The Intersection of Human Rights and Environmental Protection in the European Court of Human Rights, 8 New York University Environmental Law Journal, 2000.

136. Sumudu Atapattu, The Right to a Healthy Life or the Right To Die Polluted?: The Emergence of a Human Right to a Healthy Environment Under International Law, 16 Tulane Environmental Law Journal, 2002.

137. Rodrinuez Rivera, Is the human rights to environment recognized under international law? It depends on the source, 12 Colorado Journal of International Environmental Law and Policy, 2001.

138. Barry E. Hill, Steve Wolfson, Nicholas Targ, Human Rights and the Environment: A Synopsis and Some Predictions, 16 Georgetown International Environmental Law Review, 2004.

139. Jerry Z. Li,, Introduction to and Comments on the Aarhus Convention, Human Rights, Vol. 3 No. 1 January 2004.

140. Kate Cook, Environmental Rights As Human Rights, 2 Europe Human Rights Law Review, 196 (2002).

141. Eckstein Gabriel & Miriam Gitlin. , Human Rights and Environmentalism: Forging Common Ground. , Human Rights Brief 2:3, 1995.

142. Tanya Smith, The Violation of Basic Rights in the Russian Federations, 3 East European Constitutional Review, Summer / Fall 1994.

143. Rak-Hyun Kim, Principles of Sustainable Development in Korean Environmental Law, 4 New Zealand Postgraduate Law e-Journal, 2007.

144. Antonio G. M. La Vina, The Right to a Balanced and Healthful Ecology: The Odyssey of a Constitutional Policy, 6 Phil. Nat. Res. L. J. 3, 1994.

145. Dante B. Gatmaytan, The Illusion of Intergenerational Equity: Oposa v. Factoran as Pyrrhic Victory, 15 Georgetown International Environmental Law Review, 2003.

146. D. E. Fisher, Legal and Paralegal Rules for Biodiversity Conservation: A Sequence of Conceptual, linguistic and Legal Challenges, 18 Environmental Law and Management, 2005.

147. Prudence. E. Taylor, From Environmental to Ecological Human Rights: A New Dynamic in International Law?. 10 Georgetown International Environmental Law Review, 1998.

148. Adriana Fabra & Eva Arnal, Review of Jurisprudence on Human Rights and the En-

vironment in Latin America, Joint UNEP-OHCHR Expert Seminar on Human Rights and the Environment, Background Paper No. 6, 2002.

150. Barton Thompson, Constitutionalizing the Environment: The History and Future of Montana's Environmental Provisions, 64 Montana Law Review, 2003.

151. Barry E. Hill, Steve Wolfson, Nicholas Targ, Human Rights and the Environment: A Synopsis and Some Predictions, 16 Georgetown International Environmental Law Review, 2004.

161. Bret Adams et al. , Environmental and Natural Resources Provisions in State Constitutions, 22 Journal of Land, Resources and Environmental Law, 2002.

162. Thomas I. Emerson, Legal Foundations of the Right to Know, Washington University Law Quarterly, 14—16(1976).

163. Frank B. Cross, Paradoxical Perils of the Precautionary Principle, 53 Washington and Lee Law Review, 1996.

164. Gerry Bates & Zada Lipman, Recent Trends in Environmental Law in Australia: Proposals for Intergrated Environmental Management, 9 Resources Management Law Association of New Zealand, 1997.

165. Richard J. Pierce, Distinguishing Legislative Rules from Interpretative Rules, 52 Administrative Law Review, 2000.

166. Jonathan H. Adler. More Sorry Than Safe: Assessing The Precautionary Principle and The Proposed International Biosafety Protocol, 35 Texas International law Journal, 2000.

167. Jonathan B. Wiener & Michael D. Rogers, Comparing Precaution in the United States and Europe, 5 Journal of Risk Research,317—319 (2002).

168. Cass R. Sunstein, Beyond The Precautionary Principle, 151 University of Pennsylvania Law Review, 2003.

169. Cass R. Sunstein, Irreversible and Catastrophic: Global warming, Terrorism and Other Problems, Eleventh Annual Lloyd K. Garrison Lecture on Environmental Law, Pace Environmental Law Review, Winter 2005—2006.

170. Celia Campbell-Mohn, John S. Applegate, Learning From NEPA: Guidelines for Responsible Risk Legislation, 23 Harvard Environmental Law Review, 1999.

171. Mark Eliot Shere, The Myth of Meaningful Environmental Risk Assessment, 19 Harvard Environmental Law Review, 1995.

172. Douglas A. Kysar, It Might Have Been: Risk, Precaution, and Opportunity Costs, 22 Journal of Land Use and Environment law, 2006.

173. Katie Steele, The Precautionary Principle: A new Approach to Public Decision-making?, 5 Law, Probability and Risk, 2006.

174. S. Joss & A. Brownlea. Considering the concept of procedural justice for public policy—and decision-making in science and technology, 26 Science and Public Policy, 1999.

175. Jonathan H. Adler. Back to the Future of Conservation: Changing Perceptions of Property Rights and Environmental Protection, 1 NYU Journal of Law & Liberty, 2005.

176. Gregory S. Alexander, Property as a Fundamental Constitutional Right: The German Example, 88 Cornell Law Review, 2003.

177. Orth, Umweltschutz in der Verfassungen der EU-Mitgliedstaaten, Natur und Recht, 2007.

178. Thym, Umweltschutz in den Verfassungen der EU-Mitgliedstaaten, Natur und Recht, 2000.

179. Foder/Orth, Umweltschutz in der ungarischen Verfassung, Osteuropa-Recht 1/2005.

180. D. Rauschning, Staatsaufgabe Umweltschutz, VVDStRL 38(1980).

181. Hermann Soell, Umweltschutz, ein Grundrecht?, Natur und Recht 1985.

182. dazu Friedrich Sohoch, Informationfreiheitsgesetz fur die Bundesrepublik Deutschland, Die Verwaltung 35(2002).

183. Detlef Merten. Uber Staatsziele, DÖV 1993.

184. J. Wolf, Die Kompetenz der Verwaltung zur Normsetzung durch Verwaltungsvorschriften, DÖV 1986.

185. Theodor Maunz, Staatsziele in den Verfassungen von Bund und Ländern, BayVBl. 1989.

186. Di. Fabio, Gefahr, Vorsorge, Risiko: Die Gefahrenabwehr unter dem Einfluss des Vorsorgeprinzips, JURA 1996, Heft 11.

187. Oliver Lepsius, Risikosteuerung durch Verwaltungsrecht: Ermöglichung oder Begrenzung von Innovationen?, VVDStRL 63, 2004.

188. Ossenbuhl, Vorsorge als Rechtsprinzip im Gesundheits, Arbeits—und Umweltschutz, NVwZ, Heft 3, 1986.

189. Hasso Hofmann, Grundpflichten als verfassungsrechtliche Dimension, VVDStRL, H.41, 1983.

190. 竹下賢:《環境国家論の現代的意義——環境基本法を手がかりとして—》,関西大学法学論集,第44巻4・5合併号(1995)。

191. 山下竜一:《ドイツ環境國家論ノート(1):クレプファーの所説を中心に》,北大法学論集,第59巻第6号(2009)。